Für die letzte Samurai

Dennis Gastmann

GANG NACH CANOSSA

Ein Mann, ein Ziel, ein Abenteuer

Rowohlt Taschenbuch Verlag

Eine Karte zu Dennis Gastmanns Gang nach Canossa
befindet sich auf Seite 319.

Veröffentlicht im Rowohlt Taschenbuch Verlag,

Reinbek bei Hamburg, Dezember 2013

Copyright © 2012 by Rowohlt · Berlin Verlag GmbH, Berlin

Abbildungen im Text © Dennis Gastmann

Karte Peter Palm, Berlin

Umschlaggestaltung ZERO Werbeagentur, München,

nach einem Entwurf von Frank Ortmann

Satz aus der DTL Documenta PostScript (InDesign) bei

Pinkuin Satz und Datentechnik, Berlin

Druck und Bindung CPI books GmbH, Leck

Printed in Germany

ISBN 978 3 499 62999 4

«Riechst du es? Das ist der Duft Italiens!»
Alberto Bolognesi, Bergpirat, Mai 2012

Inhalt

KAPITEL 1

Wo die Hunde mit dem Schwanz bellen

(Hamburg–Buxtehude)

Daruma ist keine Schönheit. Nicht nur, weil ihm Arme und Beine fehlen. Er hat buschige Augenbrauen, trägt einen gezwirbelten Schnurrbart, und seinen kugelrunden Leib bedeckt ein Rotkäppchengewand mit goldenen japanischen Schriftzeichen. Und wo sind seine Pupillen? Er hat keine. Der kleine Kobold hockt auf meinem Küchensims und starrt aus toten, schneeweißen Höhlen ins Leere. «Wären die Dinger nicht so furchtbar hässlich, hätte ich dir einen größeren geschenkt!», lächelte meine Liebe. Das war Heiligabend.

Heute ist der 6. März. Der Tag kam schnell. Viel zu schnell. Und nun schultere ich den Rucksack und ziehe einen schwarzen Filzstift aus der Schublade meines

Schreibtisches. Die Japaner glauben, Daruma besitze magische Kräfte. Er soll Glück, Erfolg und gutes Karma bringen. Wer einen Wunsch hat, malt der Figur ein Auge aus. Hat sich der Wunsch erfüllt, pinselt man ein zweites hinzu und verbrennt den seltsamen Wicht in einem Tempel. Meine Hand ist zittrig. Daruma schielt mir einäugig hinterher, als ich die Mitgliedskarte des Alpenvereins Hamburg einstecke, die Wohnungstür schließe und für lange Zeit verschwinde. Ich weiß nicht, wann ich zurückkehre. Ich weiß nicht, ob ich zurückkehre. Ich gehe nach Italien. Zu Fuß. Was für ein absurdes Gefühl.

Eigentlich hatte ich mir vorgenommen, im Morgengrauen aufzubrechen. Das hätte so schön konspirativ und geheimnisvoll gewirkt. Doch es ist fast elf, als ich den ersten Wanderfuß ins Treppenhaus setze, und natürlich treffe ich meinen Nachbarn. Herr Römer ist einfach immer da, wenn ich meine Wohnung verlasse. Manchmal denke ich, er arbeitet für irgendeinen Geheimdienst und beschattet mich. Sein Nachname spricht sich übrigens hanseatisch «Rööööömä» aus, mit fünf Ö, einem Ä und einem verschluckten R. «Junge, mit Sack und Pack!», staunt er. «Du willst diesmal wohl länger ausbüxen, wat? Wohin geht denn die Reise?» – «Nach Canossa», antworte ich, und Herr Römer verzieht keine Miene. «Na denn, viel Spaß», sagt er trocken, und ich frage mich, ob der Gute mir überhaupt zugehört hat.

Meine Stadt kennt nur drei verschiedene Wetterlagen: Nieselregen, Sprühregen und Platzregen. Zwölf Jahre mache ich das schon mit. Aber zum Abschied hat der liebe Gott das ewige Grau beiseitegeschoben. Der wolkenlose Himmel spiegelt sich in den Pfützen auf dem Kopfsteinpflaster von St. Pauli, die S-Bahn rattert, und eine schwer überlackierte Frau mit rasierten Brauen ruft «Ey, Digger, ich schwöre!» in ihr Handy. Vor einem Gemüseladen steht ein kleiner Junge und zielt mit seinem verpackten gold-glänzenden Magnum-Eis auf meine Brust. Ich hebe die Hände, er drückt ab, und ich tue so, als hätte Mandel-Nuss gerade mein Herz durchschlagen. Sonst nimmt niemand von mir Notiz. Trotz der olivgrünen Militärhose, trotz der schweren Wanderschuhe, trotz der zwölf Kilo auf meinem Rücken falle ich nicht auf, als ich die Reeperbahn überquere und Richtung Elbe stiefle. Verrückte gibt es hier genug.

«Zurückbleiben, bitte, Gangway wird bewegt!», knarzt ein Lautsprecher, die Hafenfähre legt blubbernd von den Landungsbrücken ab, und ich sitze als einziger Passagier an Deck. Es ist warm, der Wind schmeckt nach Sehn-sucht, und im Morgenlicht glänzen die Wellen silbern. Wie eiserne Riesen stehen hundert Kräne Spalier, ein griechisches Containerschiff zieht vorbei, auch meine Freunde sagen Lebwohl: Michel, Peter und Wilhelmine, die Schlepper. In meinem Herzen mischen sich Schmerz und Euphorie. Hamburg ist das Tor zur Welt. Aber eben nur das Tor. Und manchmal muss ich raus.

Was habe ich mir da eigentlich vorgenommen? Nach Canossa gehen. Andare a Canossa. Aller à Canossa. «Canos-savandring» heißt es im Schwedischen und «kanosszajá-rás» in Ungarn. Es bedeutet, zurück auf den Teppich zu kommen. Zu büßen. Zu bereuen.

Ich folge den Spuren eines zweifelhaften Vorbilds. Es heißt, er habe Mägde geschändet, seine eigene Schwes-ter vergewaltigen lassen und die Sachsen abgeschlachtet wie Vieh: König Heinrich IV., Herrscher über Deutschland, Burgund und Italien. Ein Hurenbock, ein Dämon, vielleicht der Berlusconi seiner Zeit. Doch im Jahre 1076 machte der Lüstling einen folgenschweren Fehler: Er legte sich mit der Kirche an. Heinrich nannte Papst Gregor VII. einen «falschen Mönch», und dummerweise verstand der damalige Pontifex noch weniger Spaß als der heutige. Er setzte den König ab und bannte ihn aus der Kirche. Heinrichs Feinde, die Fürsten, rieben sich die Hände. Sie wollten den Tyrannen schon lange loswerden und stellten ihm ein Ultimatum: Wenn sich Seine Majestät nicht binnen eines Jahres vom Bann befreie, würden sie einen neuen König wählen. Und so zog Heinrich im tiefsten Winter über die Alpen auf die Burg Canossa, um sich mit dem Papst zu versöhnen. Allerdings startete der Adlige in Speyer, meine Reise beginnt schon im hohen Norden. Warum ich nach Canossa gehe? Das weiß ich noch nicht genau. Aber angeblich soll es dort fabelhafte Tortellini geben.

Die Sonne steht senkrecht am Himmel, und meine Hafenfähre landet auf dem Mond. Ich war schon in New York, aber noch niemals am südlichen Ufer der Elbe. Jemand hat ein Herzchen in den Rasen gemäht, an der Ecke verkaufen sie Kaminholz, und in den Fenstern der rot verklinkerten Giebelhäuschen sitzen hübsch angezogene, sonnengebleichte Puppen. «Moin!», sagt die Omi auf der Straße, norddeutsch kurz und bündig. Auf einem kleinen, künstlich aufgeschütteten Hügel am Ende der Siedlung stehen acht Rentner und warten, die Spiegelreflexkameras im Anschlag. Sie haben Glück. Ein Beluga landet auf dem Airbus-Gelände, dreht eine Ehrenrunde übers Rollfeld und posiert wie Germany's Next Topmoppel von allen

Seiten. Wie schnell könnte ich auf diesem gigantischen Moby Dick nach Canossa reiten? Und wie lange brauche ich zu Fuß? Es ist verrückt, aber von meiner Wohnung aus sind es exakt 999,9 Kilometer Luftlinie bis ans Ziel, und Google Maps macht Mut: Für einen Wanderer sei die Strecke in lächerlichen zehn Tagen und acht Stunden zu schaffen. Allerdings weist die allwissende Suchmaschine darauf hin, dass der Routenplaner für Fußgänger erst im Beta-Stadium sei. Und noch etwas macht mich skeptisch. Google meint, der kürzeste Weg führe über Helgoland.

Ich lasse die Insel aus und stapfe den Rest den Tages durch unendliche Weiten aus Wiesen, Moor und Moorwiesen. Meine Oma Anneliese würde sagen: Ganz schön viel Gegend hier. Manchmal schrecke ich Gänse auf oder bleibe stehen und esse einen Müsliriegel, der Rest ist Zen. Ich lasse die Gedanken kommen und wieder gehen, stundenlang, und mit jedem Schritt fühle ich mich langsam besser. So vergehen die Stunden.

Im ersten Sonnenuntergang des Jahres laufe ich auf eine sagenumwobene Stadt zu. Jeder kennt ihren sonderbaren Namen, doch kein Mensch hat sie je zuvor gesehen. «In Buxtehude, da bellen die Hunde mit dem Schwanz!», heißt es im Norden, und wenn man ärgerlich ist, sagt man im Süden: «Geh doch gleich nach Buxtehude!», weil dieser Ort so unvorstellbar weit weg scheint. Angeblich wächst hier der Pfeffer, und irgendwo am Stadtrand sollen sich Fuchs und Hase gute Nacht sagen. Wie wunderbar. Ich fuhr mit der Rikscha durch Bangalore, tauchte meine Hand in den pechschwarzen Ölboden von Baku und tanzte Tango in Buenos Aires. Doch das größte Abenteuer meines Lebens beginnt ausgerechnet in Buxtehude.

KAPITEL 2

Into the Wild

(Buxtehude–Wildeshausen)

Es war einmal ein Kollege von mir, der war klein, dünn und trug eine Brille. Auch sonst wirkte er ganz und gar unscheinbar, dennoch blickten die Leute voller Ehrfurcht auf den Knirps und nannten ihn die «Legende von Buxtehude». Sein wahrer Name klang nicht weniger bedeutend und mysteriös, er hieß Volker Pickenpack. In den achtziger Jahren, als die Menschen noch Nackenspoiler und Schenkelbürsten trugen, sorgte er für Angst und Schrecken in den Strafräumen der Landesliga. Seine Pässe schienen von Geistern gelenkt zu werden, und seine Schüsse waren so kraftvoll, dass es hieß, er könne sogar eine Kuh umschießen. Und so begab es sich zu dieser Zeit, dass der S V Buxtehude in jeder Saison die meisten Treffer im Lande erzielte.

Doch auf Zwerg Pickenpack lastete ein Fluch. Je mehr Tore er schoss, desto mehr kassierte auch sein Verein. Und sosehr er sich auch reckte, sosehr er fluchte und vollstreckte, niemals wollte der Aufstieg in die Verbandsliga gelingen. Es war zum Haareraufen.

Zehn Jahre gingen ins Land, das Männlein war ein Greis geworden, und endlich, in seinem allerletzten Fußballspiel, war der Aufstieg plötzlich zum Greifen nah. Die Uhr stand schon auf neunzig, Buxtehude lag gegen die Wandsbeker knapp in Führung, da sollte das Männlein einen Eckstoß ausführen. Grimm regte sich auf den Rängen, nun schieß doch, rief die Meute, schieß doch endlich! Doch Zwerg Pickenpack zögerte. Eine Ecke für Buxtehude bedeutete Gefahr fürs eigene Tor: Wie schnell hätten die Wandsbeker einen Konter fahren können, und dann, ja dann wäre es mit dem süßen Traum vom Aufstieg vielleicht vorbei gewesen.

Was machte das Männlein also? Es drehte sich nach rechts und schoss den Ball auf den Grill einer Bratwurstbude. Der Schiedsrichter pfiff, ließ den Zwerg zu sich holen und sagte: «Pickenpack, dafür hätten Sie Rot verdient. Aber ich kenne Sie einfach schon zu lange: Gratulation.» Und so feierten die Buxtehuder die ganze Nacht und blieben glücklich bis an ihr Lebensende.

Dieser Pickenpack ist übrigens bis heute mein großes journalistisches Vorbild. Zu Studentenzeiten jobbte ich beim Sat.1-Videotext, tippte die Sportnachrichten der Seiten 210 bis 219, und mein Redakteur, die Legende von Buxtehude, erfand die lustigsten Überschriften dazu. Als der Tunesier Adel Sellimi zum SC Freiburg wechselte, titelte das Männlein: «Adel verpflichtet».

Offenbar werden die großen Geschichten des Sports in Buxtehude geschrieben. An meinem zweiten Wandermorgen entdecke ich ein Straßenschild, das mich wirklich überrascht: «Wettloopsweg – Dat Wettlopen twischen den Hasen un den Swinegel up de lütje Heide bi Buxtehude». Auf einem Acker in der Nähe soll sich also die Rallye zwischen Hase und Igel ereignet haben. Können die Buxtehuder darauf wirklich stolz sein? Der Rammler macht sich über die krummen Beine des Igels lustig, und der Igel fordert ihn zu einem Wettrennen heraus. Es geht um ein Goldstück und eine Flasche Branntwein. Der Igel wetzt nur ein paar Schritte und lässt den Hasen dann davonlaufen, denn am Ende der Furche hat er seine Frau postiert, die ihm zum Verwechseln ähnlich sieht. Kein Wunder, der Genpool auf dem Land ist arg begrenzt. «Ick bün al dor!», ruft sie, als der Hase das Ziel erreicht. Natürlich kann das Langohr seine Niederlage nicht fassen und fordert immer wieder Revanche. Geschlagene vierundsiebzig Mal sprintet der Hoppelhase hin und her, bis er tot zusammenbricht.

Was sollen uns diese Provinzgeschichten sagen? Negativ formuliert: Wer bescheißt, gewinnt. Positiv formuliert: Was man im Kopf hat, braucht man nicht in den Beinen. Allerdings helfen mir beide Weisheiten auf meinem Weg nach Canossa wenig. Ich möchte nicht mogeln, und ich habe es satt, mein Gehirn anzustrengen, in meinem Kopf ist ständig Disco, das macht mich verrückt. Ich will mich auspowern, ich will mich plagen, ich will so lange marschieren, bis alle Fragen, alle Sorgen und alle Zweifel zwischen mir und dem Universum geklärt sind.

Gestern Abend schien ein riesiger Vollmond über den

Fachwerkhäusern von Buxtehude. Ich fand ein Hotel am Stadtrand und bekam ein kleines Zimmer im Keller des Hauses. Es roch etwas modrig, nach feuchter Wäsche und verstaubten Gardinen, doch zum Frühstück gab es Zwiebelmett. Wie sehr ich diesen fabelhaften Brotaufstrich doch liebe. Die gute alte Maurermarmelade. Meine ersten zwanzig Kilometer zu Fuß habe ich gut überstanden, mal abgesehen von zwei Blutergüssen an den Hüften – der Bauchspeck hatte sich zwischen Gürtel und Rucksack eingeklemmt. Gut, dass ich jetzt zum ersten Mal in meinem Leben regelmäßig Sport treiben werde. Ansonsten keine Blasen, wenig Muskelkater und viel Motivation: Heute möchte ich die doppelte Distanz schaffen.

Meine zweite Etappe führt über siebenunddreißig Kilometer quer durchs wilde Niedersachsen bis nach Zeven im Kreis Rotenburg/Wümme. Der dopende Ex-Tour-de-France-Fahrer Udo Bölts würde sagen: Quäl dich, du Sau! Allerdings komme ich nicht so recht in die Gänge, die Buxtehuder Straßen sind wie ein verwunschener Irrgarten, ich finde einfach nicht heraus. Mein gesunder Menschenverstand versagt, und das Navigationssystem auf meinem Handy führt mich nicht ans Ziel, sondern nur zum «Bestattungsinstitut & Trauerhaus Holger Ringel» im Brillenburgsweg. Feuerbestattung ab 1622 Euro, Erdbestattung ab 2055 Euro, Seebestattung ab 1690 Euro und Friedwaldbestattung ab 1955 Euro, keine versteckten Kosten. Es ist mir etwas peinlich, aber immer wieder stiefle ich im Kreis und lande aufs Neue beim «Bestatter mit Herz». Ein schlechtes Omen? Vielleicht.

Als ich nach einer Stunde endlich den Ortsausgang erreiche, begrüßt mich ein armes, plattgefahrenes Eichhörnchen. Ein blitzsauberer Roadkill. Auch sonst erinnert alles an texanische Tristesse. Die Welt besteht nur noch aus zwei Farben: Der Himmel ist so grau wie die Landstraße, und das Gras, das neben dem Gehsteig wächst, ist genauso braun wie die gefrorenen Äcker links und rechts. Krähen schreien in den Gerippen der Birken, es riecht nach Tod und feuchter Erde, die Luft ist eiskalt.

Das Dorf Apensen ist der letzte Außenposten der Zivilisation. Ich kaufe noch zwei Mettbrötchen, eine Flasche Wasser und einen schwarzen Kaffee. Es gibt hier sogar eine Sparkasse. Vor dem Friseursalon «Haarmonie» auf der anderen Straßenseite steigt gerade eine Frau in ihren roten Kombi. «Das sieht sportlich aus!», ruft sie. «Wo soll's denn hingehen?» – «Nach Canossa!», antworte ich. «Oha, das ist aber die falsche Richtung», sagt sie, und für einen kurzen Moment muss ich die Dame wohl so angesehen haben, als hätte sie gerade mein Urvertrauen zerstört. «Ist nur ein Scherz, junger Mann, immer geradeaus. Bewundernswert, was Sie da machen. Sie sollten den Wulff gleich mitnehmen. Viel Glück!»

Ob sie ahnt, wie goldrichtig sie liegt? Auf gewisse Weise trage ich die Sünden von Christian Wulff tatsächlich nach Canossa, ich bin nämlich über viele Ecken mit unserem Rabatt-Präsidenten verwandt. Wir sind beide Osnabrücker, und sein Urgroßvater und meine Urgroßmutter, eine geborene Wulff, sollen Cousin und Cousine gewesen sein. Ich kann nicht behaupten, dass ich darauf stolz wäre. Ob ich Christian schon persönlich begegnet bin? Oh ja. Ich habe ihn mal an der Käsetheke bei Allfrisch getroffen, ich durfte ihn sogar mal interviewen, aber nie war der richtige Zeitpunkt, ihm von unseren zarten familiären Banden zu erzählen.

Bei einer späteren Gelegenheit machte ich ihn wütend. Als Wulff noch Ministerpräsident von Niedersachsen war, erpresste er den Norddeutschen Rundfunk. Sein wunderschönes Bundesland, tönte er, sei im Programm völlig unterrepräsentiert. Und wenn sich das nicht bald ändere, wolle er dem NDR den Gebührenhahn zudrehen. Meine damalige Redaktion nahm ihn beim Wort und schickte mich quer durch Osnabrück, um die hässlichsten Ecken der Stadt zu dokumentieren. Ich filmte ein verwahrlostes Industriegebiet und eine heruntergekommene Mehrzweckhalle und machte episch lange Aufnahmen von trostlosen Bushaltestellen. Aus dem Material entstand eine wunderbare Serie: «Mehr Sendezeit für Niedersachsen». Dummerweise hat man sie nie gesendet. Warum? Das darf ich nicht verraten.

Hinter Apensen beginnt das Flachland, in dem der Bauer bereits morgens weiß, wer abends zu Besuch kommt. Mir ist, als könnte ich Zeven schon jetzt am Horizont erkennen. Der Fußweg ist verschwunden, die Felder sind nass und lehmig, also laufe ich dem Verkehr auf dem Grünstreifen entgegen. So sehe ich wenigstens, wer mich überfährt. Manchmal kann ich parallel zur Straße durch ein Waldstück gehen, doch meistens bin ich den Traktoren, den Pick-ups und den VW-Kombis der Landjugend (silbermetallic, Sportsitze, Heckfenster getönt) schutzlos ausgeliefert.

Wenn du etwas über die Bewohner eines Hauses erfahren willst, dann wühle in ihrem Abfall. Es ist wirklich bemerkenswert, was die Nordlichter so alles aus dem Autofenster werfen. Im schlammfarbenen Landstraßengras liegen Radkappen und zersplitterte Außenspiegel,

Warnwesten und Bauarbeiterhelme, Thermoskannen und MC-Kassetten, benutzte Kondome, Analstöpsel (ich lüge nicht) und die Kauf-DVDs «Transi-Spektakel» und «Fuck-Girls: Chasing Pussy». Alle zwanzig Meter stolpere ich über blecherne Zigarilloschachteln, Dannemann Sweets. Noch viel häufiger entdecke ich leere Schnapsflaschen: Doppelkorn, Jägermeister, Kleiner Feigling, Chantré, Wodka Borisov und den mir bis dato unbekannten Kräuterlikör «Fläminger Jagd». Manchmal schimmern sogar Patronenhülsen im Boden. In Niedersachsen pflegt man alte Traditionen, hier schießt man noch auf Straßenschilder.

An den dicksten Bäumen der Alleen stehen Holzkreuze. Manche sollen wohl nur Raser abschrecken, einige aber sind bunt bemalt und tragen Namen: Anna, Alisa, Sascha, Vivien. Der Wind hat die rostigen Laternen unter den Kreuzen umgeweht, modriges Laub bedeckt ein Engelchen aus Stein. Dieser Unfall war vor vier Jahren in allen norddeutschen Zeitungen: Anna, Alisa und Sascha fuhren nachts vom «Mic Mac» in Moisburg nach Hause und stießen frontal mit dem BMW einer Selbstmörderin zusammen. Die Motorblöcke beider Wagen sollen sich tief in die Fahrerkabinen gebohrt haben. Drei Tage später entzündete Vivien für ihre drei Freunde eine Trauerkerze an der Unfallstelle. Auf dem Rückweg nach Buxtehude erfasste sie ein Mitsubishi. Ich weiß nicht, wie oft wir so einen Scheiß in meiner Heimat erleben mussten. Auch ich verlor einen Kumpel auf der Landstraße. Dominik, der mir zu meinem achtzehnten Geburtstag einen Joint schenkte, saß bekifft am Steuer und meinte, er müsste mit seinem Mini-Cooper einen Sattelschlepper überholen.

Der Tod gehört zu Norddeutschland wie die Krabbenkutter, die Shantychöre und der andere Küstenkitsch. Doch so morbide wie heute habe ich das Land selten erlebt. Wer geht zu dieser Jahreszeit auch wandern? Und vor allem: Wie masochistisch und lebensmüde muss man veranlagt sein, um ausgerechnet durch diese Gegend zu flanieren? Die Bauern scheinen das Gleiche zu denken. Sie sehen mich an, als käme ich vom Mars.

Es ist mittlerweile früher Nachmittag, und ich habe zwanzig Kilometer geschafft, fünf pro Stunde, mehr ist nicht drin. Noch immer quetsche ich mich den Seitenstreifen entlang und bete, dass mich niemand übersieht. Jedes Mal, wenn ein Auto nur knapp an mir vorbeirast, streiche ich mit der Hand über zwei Glücksbringer in meiner linken Brusttasche: einen marineblauen Lapislazuli, den ich seit meiner Kindheit bei mir trage (nach dem chinesischen Horoskop soll er mein persönlicher Glücksstein sein), und ein kleines, japanisches Amulett, das ich zusammen mit Daruma, meinem Kobold, geschenkt bekommen habe. Es sorgt angeblich für Sicherheit im Straßenverkehr und seltsamerweise auch für Erfolg in der Schule.

Meine Fußsohlen machen mir Sorgen. So langsam fühlen sie sich an, als hätte ich Kieselsteine im Schuh. Aber ich will nicht jammern, schließlich habe ich es so gewollt. Na ja, ein bisschen jammern möchte ich doch, denn leider habe ich noch dazu meine Mettbrötchen und die letzten Müsliriegel von gestern schon verputzt. Wahnsinn, was mein Körper so verfeuert. Ich bin eine Dampflok, wenn ich keine Briketts nachwerfe, ist der Ofen aus. Eigentlich dachte ich, man könnte auf dem Dorf gut essen, doch bisher waren alle Gaststätten auf dem Weg geschlossen. Vor dem «Kiek mol in – der Treff für nette Leute» stehen

Autowracks, und das Lokal «Zur Post» in Wangersen hat Ruhetag.

Vielleicht ist das in diesem Fall auch besser so. Angeblich soll der Gasthof ein beliebter Neonazi-Treffpunkt sein. Dem braunen Gesocks gefällt es in der Einöde offenbar ganz gut. Wangersen wird deshalb vom niedersächsischen Verfassungsschutz beobachtet, und so geistert der Ort immer mal wieder durch die Presse. Ein Grabstein auf dem Dorffriedhof ist sogar bundesweit berühmt geworden, denn seine spiegelblank polierte Oberfläche ziert ein blitzsauberes Hakenkreuz – seit 1941 und völlig unbehelligt bis heute. Niemand in Wangersen scheint sich daran zu stören. Vor vier Jahren entdeckte ein Spaziergänger das verbotene Zeichen und erstattete Anzeige, genützt hat es nichts. Die Rechtslage ist schwierig. Eigentlich müssen Nazisymbole im öffentlichen Raum entfernt werden, doch dieses Grab ist in privaten Händen. Nicht ganz zufällig gehört es einem NPD-Politiker. Der Mann sitzt im Gemeinderat, ist hochangesehen und denkt nicht im Leben daran, das Hakenkreuz zu beseitigen. Die Ruhestätte seines Vaters sei schließlich eine der schönsten und gepflegtesten.

Immerhin ist in Wangersen mal was los, wenn die Medien einfallen, denn ansonsten ernüchtert der Blick auf den Veranstaltungskalender eher:

März

13. 03.   **Jahreshauptversammlung Heimatverein**

20. 03.   **Blutspenden**

24. 03.   **Müllsammeln**

26. 03.   **Seniorennachmittag**

Weitere Highlights des Jahres: das Feuerwehrfest am vierten und fünften Mai, Schulfaustball am siebten Juni und Kniffeln am zweiten Oktober. Man muss ja nicht gleich Nazi werden, aber was soll man in dieser Gegend auch machen – außer saufen, schießen oder vögeln?

Essen ist der Sex des Wanderers, und ich schleppe mich hungrig von Dorf zu Dorf. Nach fünfundzwanzig Kilometern brennen die Fußsohlen, nach dreißig Kilometern verziehe ich bei jedem Schritt das Gesicht, und nach fünfunddreißig Kilometern setze ich mich hin. Zum ersten Mal an diesem Tag. Irgendwie war ich der Meinung, ich könnte sieben, acht Stunden nonstop durchlaufen. Als ich mich wieder aufrichten will, blockieren meine Oberschenkel. Es ist, als würde Blitzeis in meine Muskeln fahren. Auch die Waden verkrampfen, versteifen und verhärten sich so sehr, dass ich sie nur unter großen Schmerzen bewegen kann. Gehören diese Beine überhaupt noch mir? Sie fühlen sich an wie Baumstämme. Voilà – ich wollte Canossa, jetzt habe ich Canossa. Ich hebe den Daumen, doch ich bin nicht Uma Thurman und auch nicht Hape Kerkeling. Völlig unbeeindruckt rauscht die Landbevölkerung an mir vorbei, und so wackle ich in Super-Slow-Motion weiter, wie ein Taucher mit bleischweren Gewichten auf dem Meeresboden. Es muss großartig aussehen, vermutlich würde ich hervorragend in Monty Python's «Ministry of Silly Walks» passen.

«Meine Güte, laufen Sie etwa den Jakobsweg?», fragt die besorgte Dame an der Rezeption in Zeven.

«So ähnlich. Ich eröffne gerade einen neuen Pilgerpfad.»

«Verstehe. Herr Gastmann, Sie wohnen im zweiten

Stock. Schaffen Sie die Treppen? Wir hätten auch einen Lift...»

Ich muss nach dieser Nummer wohl nicht erklären, warum ich auf meiner Reise in Gasthöfen und Hotels übernachte. Wenigstens abends möchte ich ein bisschen Komfort. Zelten wäre in dieser Jahreszeit keine gute Idee, und ich bin auch nicht scharf darauf, von Kloster zu Kloster zu ziehen. Mit Religion habe ich nicht viel am Hut, da geht es mir wie meinem historischen Vorbild. Was den Reisekomfort betrifft: Heinrich IV. zog nicht allein nach Canossa. Seine Frau, sein kleiner Sohn und seine Diener begleiteten ihn. Am Tagesende wusch man den Tyrannen und wickelte ihn in warmes Fell, damit sich Hochwohlgeboren bloß keinen Schnupfen einfing.

Leider bin ich mein eigener Diener und mein eigener Arzt. Ich massiere die Oberschenkel mit Sportsalbe, werfe eine Schmerztablette ein und spüle sie mit einem kräftigen Schluck Bier runter. Doch was zur Hölle mache ich mit meinem rechten kleinen Zeh? Der Junge ist fast doppelt so groß wie sonst, er sieht aus wie eine Nacktschnecke. Für solche Fälle habe ich ein Schweizer Taschenmesser eingesteckt, das Einzige, was mir von meinem Großvater geblieben ist. Otto kannte keine Schmerzen. Als er mal vom Schützenfest nach Hause kam, legte er sich flach auf die beheizten Kacheln in der Stube und bat meine Oma, sich auf seinen Brustkorb zu stellen – er wollte ihr demonstrieren, wie rüstig er im hohen Alten noch sei. Sie brach ihm dabei zwei Rippen. Zum Thema Schmerzen sagte er mir immer: «Heul nicht, mein Junge, denn wenn du heiratest, ist alles vorbei.» Das Messer hat an der Seite eine winzige Schere zum Ausklappen. Ganz in Ottos Sinne schneide ich beherzt in die Blase, lasse das Wundwasser herauslaufen und desinfiziere mein Werk mit Nordhäuser Doppelkorn aus der Minibar.

Jetzt haben Zeh und Zeven die gleiche Farbe: Orange-rot. Ganz Downtown Zeven ist rot geklinkert, das Rathaus, die Fußgängerzone, die Geschäfte in der Innenstadt, und auf die roten Ziegeldächer prasselt kalter Regen. Der Ort ist für zwei große Unternehmen berüchtigt, die vermutlich eine Symbiose eingegangen sind. Das eine ist die Großraumdisco «Meyer's Tanzpalast», das andere ist die Firma Mapa. Sie produziert Blausiegel, Fromms und Billy Boy. In den Gaststätten der Gegend gibt es noch Clubräume und verrauchte Herrenzimmer, in denen die Senioren Skat kloppen.

Heute Abend findet ein besonderes gesellschaftliches Ereignis statt: Der «Fachverband Schießsport im Kreissportbund Rotenburg / Wümme» trifft sich zur jährlichen Delegiertenversammlung im Landhaus Roose. Die Tagesordnung:

1. Begrüßung
2. Grußworte
3. Bericht des Vorsitzenden
4. Bericht des Kassenwartes
5. Bericht der Kassenprüfer
6. Entlastung der Kassenführung und des Vorstandes
7. Referat des Schießsachverständigen

Bedauerlicherweise darf ich mir den Vortrag des Sachverständigen nicht anhören. Es geht um die Installation, den Betrieb und die Sicherheit von Schießsportanlagen, ein heikles Thema, da bleiben die Delegierten gerne unter sich. Im Saal bereitet der Referent in Sakko und Krawatte seine Powerpoint-Präsentation vor, und ich lasse den Tag stilecht mit einem Jägerschnitzel ausklingen. Zwei Schützenbrüder essen am Nebentisch.

«Ker, Ker, Ker, ist das traurich.»

«Nich wahr?»

«Keiner macht mehr Vereinsarbeit. Heute ist ja alles Individualismus.»

«Wat willste machen?»

«Da kannste nix machen.»

«Und unser Bundespräsident?»

«Traurich.»

«Eine Blamage.»

«Der hatte nicht das Format.»

«Man mag sich gar nicht mehr vorstellen, dass das mal unser Ministerpräsident war.»

«Und der Gottschalk?»

«Traurich. Ganz traurich.»

«Da hat die ARD ja so viel Zuschauerverlust.»

«Was will der Kerl denn auch? Der soll zurück nach Amerika gehen und fertich!»

«Nee, da guck ich mir lieber ZDF-Küstenwache an.»

«Zahlen bitte!»

«Das macht dann 8,20.»

«Dann machen Sie mal 9,20.»

«Danke.»

«Da nich für.»

In der Nacht bekomme ich die Quittung für meinen Gewaltmarsch. Alle halbe Stunde wache ich auf. Mal ist die Bettdecke schweißnass, mal zittere ich wie ein Aal im Steinhuder Meer. Auch mein Zeh erholt sich nicht. Im Gegenteil: Am Morgen ist die Nacktschnecke wieder genauso prall wie am Abend zuvor. Ich wiederhole meine fragwürdige medizinische Notversorgung, umwickle den kleinen Onkel mit mehreren Pflastern und schnüre den rechten Schuh etwas lockerer als sonst. Dies ist die erste längere Wanderung meines Lebens, und natürlich rebelliert mein Schwabbelkörper. Von nun an halte ich die Etappen kürzer, maximal fünfundzwanzig Kilometer, und zwinge mich dazu, mindestens einmal pro Stunde zehn Minuten Pause zu machen. Dann hocke ich auf einem Stein an der Landstraße 133 oder auf einer Bank in Kirchtimke, Westertimke oder Tarmstedt und labe mich an Käsebroten, die ich am Frühstücksbuffet geklaut habe.

Die Dörfer sind alle gleich hübsch und gleich tot. Aufgeräumte Gärten, akribisch geschnittener Rasen, Buchsbäume, Jägerzäune, Klinker, keine Menschenseele, keine Läden, null Infrastruktur. Das «Café und Bistro Muckefuck» macht Winterpause, auch «Wolfgangs Bierstube» und «... nach Fred» sind dicht. Es bleiben nur die Friseure, ein krisenfestes Gewerbe. In den Schaufenstern der Salons hängen die üblichen Modelfotos aus Hamburg und Berlin. Atemberaubende Frisuren, die Tante Trude aus Buxtehude niemals tragen würde. Die schönen, jungen Leute auf den Fotos sind in die Stadt gezogen, der Rest juckelt in auberginefarbenen VW Golf in den nächsten Lidl-Markt.

Ich versuche, meine Schmerzen rauszulaufen. Das klappt ganz gut. Mit der Zeit habe ich meinen kleinen Zeh so platt getrampelt, dass ich ihn nicht mehr spüre. Doch an jedem Wandertag tauchen neue Zipperlein auf. Mal sind es die Knie, mal die Schienbeine, und als ich die Bremer Innenstadt erreiche, sticht es auf einmal in meiner linken Achillessehne. Bei jedem zehnten Schritt fühlt es sich an, als würde mir ein Dackel in die Ferse beißen. Ich probiere es noch eine Weile, aber dieser eklige Schmerz will ums Verrecken nicht verschwinden.

Was nun? Ich suche etwas Liebe an einem vertrauten Ort und bestelle das Hamburger-Royal-TS-Sparmenü mit Cola und Kartoffelwedges bei McDonald's in der Bahnhofstraße. Doch ein betrunkener Russe stört meinen Frieden. Er randaliert mit einer Halbliterdose Astra in der Hand vor dem Tresen, und zwei Angestellte versuchen vergeblich, ihn zu beruhigen. Witzigerweise kann ich jedes zweite Schimpfwort verstehen, dafür reicht eine Woche auf den Straßen Moskaus. «Bled!» heißt Nutte, und «Idi Nachuy!» bedeutet wörtlich übersetzt «Geh zum Schwanz!».

Mir bleibt nur übrig, zum Zug zu gehen. Oder besser: zu humpeln. Sosehr ich es auch will, ich komme zu Fuß einfach nicht mehr weiter. Delmenhorst, mein Tagesziel, ist noch dreizehn Kilometer entfernt, und ich muss es noch heute erreichen – morgen bin ich in der Gegend verabredet. Schweren Herzens nehme ich den Regionalexpress 4414 Norddeich Mole, er soll für die Strecke nur neun Minuten brauchen, und die Fahrkarte kostet mich vier Euro.

Allerdings können neun Minuten extrem lang sein. Es ist Freitagmittag, und das Großraumabteil ist voll belegt. Die üblichen Verdächtigen: Omis, Opis, Schulklassen, schreiende Kinder, überforderte Eltern. Auf den Klappstühlen vor den Toiletten starrt ein bärtiger Alki ins Leere und redet mit sich selbst. Um ihn herum liegen Netto-

Tüten voller Leergut, seine alte Lederjacke ist speckig, und er hat sich augenscheinlich vollgepisst. Offenbar löst der Alkohol bei ihm eine Art Tourette-Syndrom aus. Immer wieder brüllt er «So ist das!» und «Du Scheißtyp!» und «Du Idiot!». Vier «Mädels» im gesetzten Alter stimmen in den Chor mit ein. Sie haben Prosecco dabei und Pappbecher und Würstchen und einen Ghettoblaster, und sie tanzen zu Shakataks «Down on the Street», 1984. Die Nervensägen wollen auf Norderney Junggesellinnenabschied feiern. «So ist das!», ruft der Alki.

Mir gegenüber sitzen Zwillinge, identische Ringelpullis, identische Brillen, identischer Vollbart. Sie rollen sogar synchron mit den Augen. «Besoffene Idioten», tuschelt ein Mann links hinter mir, «Scheißweiber!», ruft ein Familienvater, der mich ein wenig an Johannes B. Kerner erinnert. Er hat einen rosafarbenen Pulli über die Schultern geworfen, und seine beiden Töchter haben weißblonde Zöpfe. «Du Scheißtyp!», brüllt der Alki, und plötzlich betritt ein Polizist den Wagen. «Herr Wachtmeister!», ruft Johannes B. Kerner, die Staatsgewalt schreitet ein, und die Lage beruhigt sich. Diese Bahn scheint in neun Minuten direkt nach Canossa zu fahren.

«Mahlzeit, die Fahrscheine bitte!», trällert der Zugbegleiter, und ich drücke ihm mein Ticket in die Hand.

«So ist das!», meint der Alki.

Die Mädels spielen «Broken Wings», Mr. Mister, 1985.

«Da fehlt noch was!», sagt der Schaffner, und ich blicke ihn fragend an. «Was fehlt denn?»

«Die hättest du entwerten müssen!», sagt der linke Zwilling.

«Das stimmt!», sagt der rechte.

«So ist das!», ruft der Alki.

«Die Fahrt wird teuer für Sie», sagt der Schaffner.

«Vierzig Euro», sagt der linke Zwilling.

«Das stimmt!», sagt der rechte.

«So ist das!», ruft der Alki, und ich will nur noch raus.

Das kann nicht wahr sein. Vierzig Euro für neun Minuten Terror, willkommen in Deutschland. «Du Idiot! Du Scheißtyp!», brüllt der Alki zum Abschied, die Mädels singen «Never Gonna Give You Up», Rick Astley, 1987. Entnervt stiefle ich in einen Delmenhorster Gasthof und tröste mich mit Schmerztabletten und einer Grünkohlpfanne. Über diese Stadt gibt es nichts zu erzählen. Sarah Connor hat hier lange gelebt, schlimm genug. Gute Nacht.

Nein, es macht mich nicht gerade stolz, gleich in der ersten Wanderwoche zu mogeln. Vielleicht bin ich deshalb so frustriert. Doch Zwerg Pickenpack und der Igel aus Buxtehude hätten wohl das Gleiche getan, und mein Bußgeld sollte Strafe genug sein.

Irgendwie steckt Niedersachsen, die Heimat der Pferderipper und Hühnerwürger, voller krimineller Energie. Gerade die Weserregion verführt mich immer wieder zu Gesetzesverstößen. In Wildeshausen stand ich sogar mal vor Gericht, allerdings nur als Zeuge. Mein Kumpel Delle meinte, er müsste einen Kombi auf der A1 rechts überholen. Ich saß auf dem Beifahrersitz und las den Kicker. Als sich der Fahrer vehement mit Lichthupe beschwerte, streckte Delle seinen Mittelfinger in den Rückspiegel. Das hätte er besser gelassen, denn dummerweise entpuppte sich der Überholte als Zivilpolizist, und wir drei sahen uns vor dem Amtsgericht Wildeshausen wieder.

Delle war ein ambitionierter Jurastudent und hielt es für eine gute Idee, sich selbst zu vertreten. Der Richter begrüßte ihn mit den Worten: «Mein lieber Herr Dellbrügge, Sie sind ein kleiner Wicht, und Ihrem Zeugen werde ich sowieso kein Wort glauben.» Trotzdem hatte ich bei meiner Aussage ein richtig gutes Gefühl. Ich war fabelhaft gebrieft und erzählte in rührenden Worten, wie besonnen, rücksichtsvoll und defensiv sich Delle durch den internationalen Straßenverkehr bewegen würde. Gandhi wäre stolz auf mich gewesen.

«Herr Gastmann, würden Sie denn sagen, Ihr Freund fährt flott oder vielleicht zügig?»

«Gott bewahre, Herr Richter. Herr Dellbrügge fährt ganz normal.»

«Und warum fährt er dann GTI?»

«Den hat ihm seine Mutter geschenkt. Das ist ein besonders sicheres Auto», sagte ich und fand meine Antworten wirklich schlüssig. Ich glaube, Delle wäre sogar freigesprochen worden, wenn nicht mitten in der Vernehmung mein Handy geklingelt hätte. Ein Kardinalfehler. Natürlich war der Richter not amused, er brach meine Aussage ab, man einigte sich auf einen Vergleich, und Delle musste eintausendzweihundert Euro an die ostdeutschen Flutopfer spenden. Irgendjemand in Grimma hat mir seine neue Couchgarnitur zu verdanken.

Ich laufe durch die Wildeshauser Geest, und würde es nicht nieseln, dann wäre es hier richtig schön. Heute ist mein fünfter Wandertag, das Wochenende bricht an, und mein Weg führt kreuz und quer durch Weidelandschaften. Auf manchen Feldern wächst sogar Rollrasen für Fußballstadien, Betreten verboten. Im Schritttempo kommt mir ein Traktor mit Anhänger entgegen, hinter ihm laufen zwei Bauern und sammeln die Wodkaflaschen, Zigarilloschachteln und Hardcore-Pornos aus dem Graben. Ein gutes Zeichen.

Die Geest ist ein Naturschutzgebiet im Dreieck zwischen Bremen, Oldenburg und Vechta. Ein riesiger Abenteuerspielplatz aus Mooren, Urwäldern und Hünengräbern. Passenderweise habe ich hier in der Gegend eine Art Outdoor- und Survivaltraining gebucht. Wer nach Canossa geht, dachte ich mir, sollte ein paar Dinge beherrschen: Feuer machen, Würmer fressen, Fische mit Speeren fangen, sich tarnen, Bärenfallen bauen, Hirsche ausnehmen, das ganze Programm. So zumindest stelle ich mir den Kurs vor. Er trägt den etwas kryptischen Namen «Coyote Mentoring», Gastgeber ist die Wildnisschule Wildeshausen, und wie der Name schon vermuten lässt, liegt sie irgendwo mitten in der Pampa.

Eine halbe Ewigkeit irre ich durch einen lichten Birken- und Kiefernwald, dann entdecke ich ein Haus, das mich an ein Schullandheim erinnert. Die Wände im Foyer sind in Pastellfarben getupft, an der Garderobe hängen bunte Gore-Tex-Jacken, gefütterte Westen und ein großer asiatischer Gong, und auf dem Boden liegt ein Haufen aus Trekkingstiefeln und Sandalen. Leider komme ich viel zu spät. Der Lehrgang hat schon begonnen, und Myriam, die Seminarleiterin, bittet mich, erst einmal einen Tee im Wintergarten zu trinken. Mit ihrem grünen Pulli und der braunen Mähne erinnert sie etwas an Ronja Räubertochter, doch dafür ist sie eigentlich viel zu schön. Sie sagt, ich solle mich bis zum Mittagessen gedulden. Danach müsse die Gruppe entscheiden, ob ich noch zu ihr stoßen darf.

Ich kann aus fünf Sorten Tee auswählen: Schwarz, Grün, Weiß, Rot und Yogi Tee. Auch die Kannen haben unterschiedliche Farben. Der schwarze Tee ist in der weißen Kanne, der rote in der blauen Kanne, der grüne in der schwarzen Kanne und so weiter und so fort. Mich überfordert das alles, ich gieße mir einen Getreidekaffee ein, lasse mich auf einem türkisfarbenen Holzstuhl nieder und sehe mich um. Der Wintergarten befindet sich unter einer langgezogenen, verglasten Dachschräge, ich sitze quasi direkt im Wald. Ein friedlicher Ort, wäre da nicht dieser Lärm. Es hört sich an, als würde die Küchenchefin nebenan mit Töpfen um sich werfen. Kocht sie, oder spielt sie Schlagzeug? Auf der hellblauen Fensterbank liegt ein Stapel Flyer, und ich vertreibe mir damit die Zeit. Das Moor- und Bauernmuseum Benthullen-Harbern lädt ein:

> Wie war es noch, das Leben auf dem Land in der Mitte des letzten Jahrhunderts? Besichtigen Sie eine liebevoll nachgebaute Moorlandschaft, historische Trecker und Ackergeräte, zahlreiche komplett eingerichtete Handwerksbetriebe vom Schuster bis zum Schmied oder eine Zahnarztpraxis und einen Friseursalon mit zig Föhnen. Werfen Sie auch einen Blick in die ‹gute Stube› und lassen Sie sich im Cocktailsessel von Rudi Schurickes Caprifischern berieseln.

Klingt nett. In Wardenburg gibt es ein Schreibmaschinenmuseum, zwischen Delmenhorst und Harpstedt pendelt im Sommer eine historische Dampfeisenbahn, und das

Landesmuseum Natur und Mensch in Oldenburg kündigt die Sonderausstellung «Außerirdische Steine» an. Das Prunkstück der Sammlung: ein Chevrolet Malibu, dessen Heck 1992 in New York von einem Meteoriten durchschlagen wurde.

Ich finde auch eine Broschüre des Hauses. Jetzt weiß ich endlich, wo genau ich hier gelandet bin: Der Ort heißt Prinzhöfte-Horstedt, und bei dem vermeintlichen Schullandheim handelt es sich um ein «Kultur- und Tagungshaus für ganzheitliches Lernen». Das Gebäude sei «nach permakulturellen Gesichtspunkten gestaltet» und befördere «eine Atmosphäre der Kreativität und Ruhe». Ich ahne Böses. Manchmal dringt kindliches Gelächter aus den Seminarräumen, manchmal auch sphärische Flöten- und Gitarrenklänge. Es ist kurz vor eins, und nun höre ich die Teilnehmer singen: «Ich mag die Bäume, ich mag das bunte Laub, ich mag die Gräser, ich mag hier jeden Strauch, ich mag das Eichhörnchen, die Vögel hier im Wald, du-pi, du-pi, du-pi, du-pi, du-pi, du-pi, du-pi, du-pi, du.»

Es scheint das Pausenlied zu sein, denn jetzt jagen die Wildnisfreunde ans kalte Buffet. Meine Klischees erfüllen sich sofort: Norwegerpullis, Latzhosen, Batiktücher, Birkenstock. Allerdings füge ich mich mit meinen braunen Wollsocken, dem schwarzen Fleece und der Fidel-Castro-Kappe ganz wunderbar ein. Die Köchin hat sich wirklich ins Zeug gelegt, es gibt Kichererbsensalat, Mozzarella und Tomaten, Auberginenpolenta, Grießbrei und «vegetarische Fleischgerichte auf Anfrage». Dazu fällt mir ein, dass ich schon vor Jahren ein unschlagbares Geschäftsmodell entwickelt habe, das mich eines Tages sehr reich machen wird – ich möchte vegetarisches Angeln anbieten. Wie genau das funktionieren könnte, muss ich mir allerdings noch überlegen.

Das Essen ist erstaunlich lecker, und Myriam räumt ein, dass sie den Seminartitel «Coyote Mentoring» selbst etwas verkopft findet. Kojoten seien eben besonders elegante und trickreiche Jäger, das sei die Idee dabei gewesen. Eigentlich gehe es darum, das Wissen der Indianer zu vermitteln: Welche Pflanzen sind essbar? Wie lese ich eine Fährte? Wie lebe ich im Einklang mit der Natur? Der Kurs richte sich vor allem an Pädagogen – Biolehrer und Waldkindergärtner –, aber auch Anwälte, Ärzte und Journalisten wie ich sollten ab und zu vorbeischauen. «Die Sinne verkümmern nun mal in der Großstadt», sagt Myriam, «hat nicht jeder Zweite mittlerweile ADHS?» Das könnte stimmen. Tatsächlich soll ich angeblich auch unter einer Aufmerksamkeitsdefizitstörung leiden, bei mir führt sie offenbar zu einer Art Hyperneugier. Ich muss ein unglaublich anstrengendes Kind gewesen sein, jeden Tag habe ich mein Umfeld mit achtzigtausend Fragen bombardiert. Was ist das da? Wie funktioniert dies? Und warum? Meine Mutter nannte mich immer den «Trichter». Bis heute ist es so, als würde mein Gehirn die ganze Welt in sich aufsaugen. Leider nur banale Dinge: Werbejingles, Schlagertexte, Quizfragen. Ich habe Shakespeares Hamlet nie gelesen, weiß aber, dass er bereits auf Klingonisch übersetzt wurde.

Myriam hat drei Kinder und führte mit ihrem Exmann lange Zeit ein Hippieleben, sie waren monatelang auf Reisen. Doch drei Tage in der Wildnisschule änderten alles. Noch nie habe sie eine so intensive Erfahrung gemacht, schwärmt sie, der Wildeshauser Wald stecke voller Energie. Ihre Kollegin Judith, eine freundliche blonde Frau mit roten Bäckchen, hat Biologie in Mainz studiert und dann gemerkt, dass man damit keinen Job findet. Dreizehn Jahre lebte sie in einem Zirkuswagen, dann zog es sie der Liebe wegen nach Niedersachsen. Heute nennt sie sich «Wildnispädagogin» und «Visionssucheleiterin».

Wer ist noch dabei? Zum Beispiel Floyd, zweiundvierzig, aus Brighton. Der skurrile, kahlköpfige Schlaks ist gelernter Tischler und versucht sich jetzt als Waldorflehrer in Stuttgart. Christine, dreiunddreißig, hat über die sizilianische Sumpfschildkröte promoviert und sich vor kurzem mit ihrer Bremer Agentur «Raus ins Grüne!» selbständig gemacht. Sie möchte Erlebnistage für Manager anbieten und die gestressten Seelen der Burn-out-Kandidaten zurück auf den grünen Teppich bringen. Und dann ist da noch Nele, ein neunzehnjähriges Mädchen mit dunklen Rastalocken, die sich auf eine Weltreise vorbereitet. Mit ihrer Freundin Marie will sie einmal um den Globus trampen. Nicht nur die Art der Fortbewegung, auch die Route ist etwas gewagt. Erst soll es in die Slowakei zu einem Festival gehen, dann nach Pakistan und Thailand. «Pakistan?», frage ich. «Ja, da soll es für Frauen sicherer sein als in Indien. Meine Mutter darf das alles gar nicht wissen.» Nele sagt, sie wolle einfach frei und ohne Verpflichtungen leben. Die Reise sei das Ziel. «Wenn eine von uns in einem Land bleiben möchte, dann ist das eben so. Vielleicht heirate ich einen Pakistani?»

Meine vertrauensbildenden Maßnahmen fruchten. Die Gruppe nimmt mich auf, wir ziehen unsere Waldklamotten an, und ich folge den anderen auf eine Lichtung. Im Wintergarten habe ich einen Apfel gegessen, nun werfe ich die Reste etwas arglos in die Landschaft. «Das sehen wir aber gar nicht gerne!», ruft Myriam. «Es ist nur ein Apfel!», antworte ich und möchte «Frau Richterin» beifügen, denn irgendwie sitze ich mental schon wieder vor dem Wildeshauser Amtsgericht. Myriam ist milde und bittet mich, das Gehäuse zu vergraben, es locke sonst die Tiere an. Ich solle auch mein Handy ausschalten, meint eine Teilnehmerin. Eine Minute Strahlung zerstöre eine Million roter Blutkörperchen, das sei erwiesen.

Wir sind etwa zwanzig Leute, und zum Warmwerden spielen wir Fangen oder, genau genommen, «Versteinern». Floyd ist der Fänger, und alle, die er abklatscht, dürfen sich nicht mehr bewegen. Wenn alle versteinert sind, hat Floyd gewonnen. Allerdings kann man die Gefangenen leicht befreien, man muss nur zwischen ihren Beinen hindurchklettern. Diese etwas erotische Komponente macht das Spiel für Erwachsene offenbar besonders attraktiv, denn es will einfach nicht enden. Kreischend wie kleine Mädchen rennen wir uns gegenseitig über den Haufen, bald liegen mehrere Mitspieler übereinander auf dem Waldboden. Es klingt albern, und das ist es auch. Aber es macht wirklich Spaß. Myriam muss das Spiel abbrechen und teilt uns in «feuchte Tiere» und «trockene Tiere» ein. Ich bin ab sofort ein Lurch.

Es folgt das «Child Passion Play». Der Name gefällt mir, man könnte ihn mit «Passionsspiele für Kinder» übersetzen, es geht jedoch um etwas völlig anderes. Mit der naiven Begeisterung eines Kleinkinds sollen wir eine halbe Stunde durch den Wald tollen, so als hätten wir noch nie einen Baum, einen Grashalm oder einen Pilz gesehen. Myriam schickt die feuchten Tiere nach links und die trockenen nach rechts. Und während ich noch den Sinn der infantilen Passionsspiele hinterfrage, rast Floyd schon mit dem Ruf der Indianer über den sandigen Geestboden. Die sizilianische Sumpfschildkrötenforscherin steckt sich Blätter ins lange Haar und schmiert ihr Gesicht mit Erde ein, die Weltreisende Nele hängt bis zum Hals in einem Fuchsbau und horcht, ob jemand zu Hause ist.

Jetzt rächt sich, dass ich mit Pädagogen unterwegs bin. Sie nehmen mich als Versuchsobjekt, und auf jede meiner Fragen folgt eine Gegenfrage.

«Gibt es hier Wildschweine?»

«Glaubst du denn, dass es hier Wildschweine gibt?»

«Kann man die Birkenblätter essen?»

«Glaubst du denn, dass man sie essen kann?»

«Wie baut man eigentlich eine Bärenfalle?»

«Was glaubst du denn, wie man eine Bärenfalle baut?»

Das macht mich rasend, und es kommt noch schlimmer. Die Sumpfschildkrötenforscherin möchte, dass ich einen Baum umarme. Sie hat von meinem Leben als stressgeplagter Journalist erfahren. Bitte nicht, denke ich mir. Herr im Himmel, warum müssen sich alle billigen Vorurteile eigentlich immer sofort bestätigen? Ich will Feuer machen und Hirsche ausnehmen, ich bin ein Mann! Stattdessen suche ich mir widerwillig eine Birke, die ich besonders anziehend finde, und umarme sie. Dann drücke ich sie fester. Und noch fester. Ich schließe die Augen, und je enger ich mich an den Stamm schmiege, desto mehr verliere ich die Kontrolle. Die Baumkrone schaukelt im Winterwind und wiegt mich sachte hin und her. Es klingt absurd, aber dieses Gefühl ist wirklich schön.

«Siehst du!», sagt die Sumpfschildkröte. «Und wenn du dein Ohr an die Rinde legst, dann hörst du sogar die

Baumsäfte fließen.» Ich bin angefixt und lausche tief in meine geliebte Birkenfreundin hinein. Doch leider höre ich etwas ganz anderes. Es klingt irgendwie metallisch, wie ein alter Röhrenfernseher, den man auf stumm geschaltet hat. Das gleiche Fiepen, das gleiche Rauschen, dieselbe unerträgliche Penetranz. Es begann vor einigen Monaten. Ich hatte ein großes Projekt für meinen Sender zu Ende gebracht, stand in der Küche und hörte plötzlich das Brutzeln in der Pfanne nicht mehr. Mein Gehör kam schnell zurück, aber der verdammte Tinnitus ist geblieben, und er nervt mich zu Tode. Er kommt immer dann, wenn es ganz ruhig ist, meistens nachts. Manchmal raubt er mir den Schlaf, manchmal das Gleichgewicht, aber vor allem hat er mir eins im Leben genommen, das unersetzbar ist: die Stille.

Den Rest der Child-Passion-Zeit liege ich mit der feuchten Gruppe im feuchten Moos, blicke in die Baumwipfel und kaue Vogelmiere. Ich erwähne, dass ich noch nie im Moos gelegen habe. «Wo bist du denn groß geworden», fragt die Sumpfschildkröte, «in Berlin-Marzahn?» Während wir so dahindösen, wird Floyd von der trockenen Gruppe gefangen genommen. Etwas halbherzig rennen wir den Kidnappern hinterher und bewerfen sie mit Tannenzapfen, doch der arme Floyd ist verloren. Es gibt für ihn keine Hoffnung mehr.

Wir sehen ihn erst abends im Tipi wieder. Nun sitzen die trockenen und die feuchten Tiere einträchtig am Lagerfeuer, und Myriam bittet uns, die Erlebnisse unseres aufregenden Tages pantomimisch darzustellen. Floyd rennt auf der Stelle, Nele kniet sich hin und streckt ihren Kopf aus dem Zelt, und die Sumpfschildkröte legt sich flach auf den Boden. Ich stelle mich steif in eine Ecke und spiele einen Baum, da kann man nicht viel falsch machen. Bald kullern die ersten Tränen – das liegt nicht an meiner schauspielerischen Leistung –, ein Teilnehmer sagt, er sei vom Gruppengefühl überwältigt. Auch ich werde sentimental. Mein Blick versinkt in den Flammen, und ich denke an den langen Weg, der noch vor mir liegt.

Myriam möchte, dass wir einen kurzen Moment innehalten, und zieht einen Stock hervor, an dem mehrere bunte Federn hängen. Sie bietet uns ein «Indianer Council» an, das Lieblings-Psychospiel der Häuptlinge. Der Stab wandert von Hand zu Hand, und wer ihn hält, darf einmal ganz unverblümt erzählen, was in ihm vorgeht, was ihn plagt, was ihn sorgt, was ihn ankotzt. Alles kann, aber nichts muss. Einer klagt über Bewerbungsstress und Hartz IV, eine andere findet sich zu burschikos, ein Dritter weint, weil er sich von der eigenen Mutter ungeliebt fühlt. Und was erzähle ich? Das bleibt im Tipi. Danach gibt mir Floyd ein Bio-Bier aus.

KAPITEL 3

Der alte Heinrich und das Meer

(Osnabrück)

Welche Wunder der Welt kann ein Mensch mit bloßem Auge vom All aus erkennen: die Chinesische Mauer, das Tadsch Mahal, die Pyramiden von Giseh? Alles Legende. Von da oben sieht man nicht einmal ihren Schatten, das ist verbrieft. Tatsächlich aber wird sich schon Neil Armstrong über ein gewaltiges Schiff gewundert haben, das den Westen Niedersachsens überragt. Auch ich kann es jetzt am Horizont erkennen und jage wie ein Kind darauf zu.

Mein Elternhaus. Manche nennen es den «Dampfer Europa», und noch heute liegen die Bauzeichnungen in einem Osnabrücker Museum. Mein Urgroßvater Heinrich ließ unser auffälliges Domizil in den goldenen Zwanzigern bauen. Er war eigentlich Landwirt, hatte aber mit seinem Cousin einen Fahrradgroßhandel in der Innenstadt gegründet und eine flotte Mark gemacht. Nun wünschte sich der Patriarch einen repräsentativen Palast. Natürlich musste es etwas Schillerndes sein – einen Heinrich Gastmann steckte man nicht in ein Reihenhaus von der Stange. Nein, mein Urgroßvater hatte eine Vision: Er wollte wie ein Kapitän auf einem schneeweißen Ozeangiganten leben, in einem Kreuzfahrtschiff auf dem Trockenen. Vielleicht lag es daran, dass er wasserscheu war. Angeblich traute er sich nur bis zu den Knien ins Meer.

Der Architekt, ein berühmter Mann, gab sich alle Mühe. Er setzte drei rechteckige Stockwerke übereinander und verzierte sie mit Treppen, die an Gangways erinnern. Die östliche Seite des Hauses ließ er steil abfallen wie ein Heck, aus der westlichen formte er einen halbrunden Bug mit Sonnendeck auf der obersten Etage. Und unter das spitze Dach aus roten Ziegeln setzte er Heinrichs Kommandobrücke: einen niedrigen Raum mit zwei engen Luken. Auch sonst hätten die Decken ruhig etwas höher und die Fenster größer und zahlreicher sein können, aber ein Boot sei nun mal ein Boot, meinte Heinrich und beendete die Diskussion mit den schönen Worten: «Unter mir kann jeder nach meiner Façon glücklich werden.»

Legenden ranken sich um dieses eigenartige Gebäude, das mich immer ein wenig an die Arche Noah erinnert. Es heißt, die Fliegerbomben des Zweiten Weltkriegs seien an seinen Mauern abgeprallt wie Papierkugeln. Allerdings erlitt das Haus innere Verletzungen: Die Wand zwischen Kochstube und Esszimmer im Parterre fiel einfach um, und so entstand die erste offene Wohnküche der Welt. Auch unsere Nachbarin blieb leider nicht unversehrt: «Die guckte aus dem Fenster, und rums, da rollte ihr Kopf in den Garten», plauderte meine Oma mal beim Kaffeekränzchen. «Anneliese!», riefen wir geschockt, aber die verzog keine Miene: «Kinder, so war das im Krieg.»

Auch über Heinrich gibt es tausend Geschichten zu erzählen, die meisten sind schaurig-schön. Man könnte erschreckende Parallelen zwischen ihm und König Heinrich IV. ziehen. Anneliese hat mir zwar ausdrücklich verboten, meinen Urgroßvater in diesem Buch einen Tyrannen zu nennen, aber ein Despot, meinte sie, ja, ein Despot sei er schon gewesen. Bis heute fürchten wir, dass seine Gene in unserer Familie weitergegeben werden. Wenn bei uns jemand so richtig explodiert, gerne an Heiligabend, dann heißt es immer: Siehst du, jetzt klingst du genau wie der alte Heinrich! Er soll skrupellos, berechnend und grausam gewesen sein, und trotzdem hat mich dieser Mann immer irgendwie fasziniert.

Als der Kapitän starb und sein Traumschiff allmählich graue Schlieren bekam, übernahm meine Mutter das Ruder. Sie verlieh dem alten Kahn etwas, das ihm fehlte: Liebe. Aus Luken machte sie Panoramafenster, aus der Kommandobrücke ein buntes Kinderzimmer, und zuletzt gab sie dem Dampfer Europa eine frische Farbe: Knallorange. Nun weht eine Piratenflagge über dem Dach. Das ist ihr Humor.

«Der alte Heinrich hätte wirklich auf allen vieren nach Canossa kriechen sollen. Aber was willst du da unten?», fragt meine Mutter, als wir im Kerzenschein auf Urgroßvaters einstigem Sonnendeck ein Wiedersehensbier trinken. Heute ist die Terrasse ein überdachter Wintergarten mit asiatischen Möbeln, Orchideen und Buddhafiguren. Um ihn zu erreichen, muss man durch unsere Ahnengalerie schreiten, einen Flur mit weinroten Wänden und skurrilen Ölgemälden. Auf den Bildern sind preußisch uniformierte Terrier und Cockerspaniels in Napoleonpose zu sehen. Auch das ist der Humor meiner Mutter. Von irgendwem muss ich meinen Spleen ja geerbt haben.

«Ich weiß es auch nicht genau», antworte ich. «Vielleicht will ich für meine Sünden büßen?»

«Ach, ich wünschte, du hättest mal eine Sünde begangen, Dennis! Wie oft habe ich dir gesagt: Bleib zu lange weg, betrink dich, rauch ein bisschen was. Aber du warst ja immer so brav.»

Da muss ich ihr leider recht geben. Na ja, fast. Tatsächlich habe ich dreimal gekifft, und im Suff heiratete ich mal einen Cola-Automaten. So weit zu meinen Exzessen. Doch wogegen soll man auch rebellieren, wenn die eigene Mutter den konservativen Geist der Familie jahrzehntelang mit Händen, Füßen und Mao-Bibeln bekämpft hat? Da kann man ja nur spießig werden.

So verschieden wir manchmal im Herzen sind, so sehr ähneln wir uns äußerlich. Dieselbe Kindlichkeit, dasselbe verschmitzte Lächeln, dieselben blonden Plüschhaare. Ihre blauen Augen sind riesig, so groß wie Kirchenfenster. Und mein Vater? Er verließ die Familie kurz nach meiner Geburt, das machte aus meiner Mutter und mir ein eingeschworenes Team. Wir zwei gegen die Welt. Für mich hängte sie ihre Karriere als Grafikdesignerin an den Nagel und stieg in die Fahrradfirma ein. Das war solide.

Einmal fuhren wir zu zweit mit dem Bus an die Costa Brava. Es war eine «Fortuna-Reise», ein Glücksspiel.

Außer der Reiseleitung wusste niemand, an welchem Ort und in welchem Ferienhotel er am Ende des Tages landen würde. Das war das Prinzip. Meine Mutter aber half Fortuna etwas auf die Sprünge. Der Bus hielt an einem besonders edlen Etablissement, das uns beiden gut gefiel, und noch bevor die Reiseleitung einen Namen aufrufen konnte, eilte sie auch schon mit ihren Hotelgutscheinen zur Rezeption und checkte mit mir ein. Stumpf ist Trumpf, sagt sie immer. Ich hatte eine wunderbare Kindheit.

Ich bin zwar ein klassisches Einzelkind, habe aber neun Halb- und Stiefgeschwister. Patchwork de luxe. Mein leiblicher Vater produzierte außer mir noch weitere vier Kinder mit anderen Frauen, und auch mein Stiefvater war äußerst fruchtbar. Als er meine Mutter vor zwanzig Jahren heiratete, brachte er vier Söhne mit in die Familie. Aus gemeinsamer Herstellung entstand dann Max, mein heißgeliebter kleiner Bruder. Er musste mich heute Nachmittag auf dem Parkplatz des Markant-Markts in Engter abholen, weil ich mich vor lauter Euphorie acht Kilometer vor Osnabrück völlig verausgabt hatte.

«Wo hast du Hirsch eigentlich gestern übernachtet?», fragt meine Mutter. «Das war doch rausgeschmissenes Geld!» Auch das stimmt. Die vergangene Nacht war grauenvoll. Ich schlief in einem düsteren, verrauchten, lebensfeindlichen Gasthof im Güllegürtel zwischen Vechta und Damme – nur dreißig Kilometer von unserer Haustür entfernt. Die Wirtin hielt mich für einen Landstreicher, ließ mich sofort bezahlen und gab mir zum Dank ihr lumpigstes Zimmer. Das Bier war schal, die Küche kalt, mein Nachbar atmete schwer. Als ich endlich schlafen konnte, rumpelten zwei betrunkene Monteure aus Dessau, die ich an der Bar kennenlernen durfte, über den Flur. Ich bin schon eintausend Mal von Hamburg nach Osnabrück gereist, aber noch nie habe ich mich so sehr auf mein Kinderzimmer gefreut. Der ICE schafft die Strecke in knapp zwei Stunden – mich hat der Trip neun Tage gekostet. Buxtehude, Zeven, Grasberg, Delmenhorst, ein Wochenende in Wildeshausen, Vechta, Damme, Osnabrück.

«Dennis, du taugst auch nicht inne Pferdewurst!», ruft Hanne, die zweite Dame im Wintergarten. Nein, sie ist nicht nur eine Dame, sie ist ein Ereignis. Heute Abend sieht Hanne so aus, als sei sie direkt aus dem Raumschiff Orion gestiegen. Sie trägt einen zebragestreiften Blazer, ihre Bäckchen sind rosa geschminkt, und auf ihrem Kopf ist – von Haarspray zusammengehalten – ein nussbraunes Ufo gelandet. Ich mag Hanne sehr, denn sie hat das lustigste, ansteckendste und vor allem lauteste Lachen der westlichen Hemisphäre. Es beginnt mit einem spitzen «Huuuu-uch!», und wenn es dann aus ihr herausbricht, hörst du den Hund nicht mehr bellen, kein Handyklingeln mehr, keine Kirchenglocken, kein Babygeschrei, nicht mal die Tiefflieger der Luftwaffe direkt über deinem Kopf. Was bleibt, ist purer Frohsinn. So misanthropisch du auch sein magst, Hannes «Huuuuuch!» zerrt deine Mundwinkel nach oben.

Früher haben Hanne und meine Mutter Schulter an Schulter in Uropas Fahrradgroßhandel gedient. Jetzt kommen die alten Kriegsgeschichten wieder auf den Tisch. Die beiden spielen Erinnerungs-Pingpong.

«Weißt du noch, der alte Heinrich hatte doch so einen Brieföffner. Damit machte er sich die Ohren, damit bohrte er sich in der Nase rum, und damit spießte er seinen gekochten Schinken auf.»

«Ja, richtig! Schinken musste immer im Haus sein.»

«Dieser Brieföffner war in jeder Ritze seines Körpers.»

«Deswegen hatte der auch immer Nasenbluten.»

«Und wenn er einen guten Tag hatte, nahm er den Brieföffner und fragte: Na, auch ein Stück gekochten Schinken?»

«Aber der Schinken war hervorragend.»

«Ja, ein Gedicht war der.»

«Huuuuuch!», schallt es durch den Raum, und ich bin einen kurzen Moment benommen.

Für mich war die «Heinrich Gastmann KG» immer ein magischer Ort. Meine Mutter nahm mich manchmal mit in den bröckelnden Rotklinkerbau, der mit dichtem Efeu bewachsen war, das im Sommer dunkelgrün glänzte und im Herbst violett schimmerte. Nur die Fenster und das zitronengelbe Firmenschild schnitt man frei. Ganz unten in den verwunschenen Katakomben roch es nach Gummi und unverbleitem Benzin, das mochte ich, auch wenn überall Rattenfallen lagen. Im Parterre tippte ich heimlich auf der Registrierkasse herum oder turnte auf einem Satteltester, mit dem man acht verschiedene Fahrradsitze ausprobieren konnte. Und hinten im Lager sammelte ich Speichen und silbern glänzende Kügelchen, die aus den Kugellagern der Räder geflutscht waren. Durch die Büros in der ersten Etage tanzten Radiergummis und Briefmarkenschwämme, an den schweren Eichentischen hingen monströse Bleistiftanspitzer. Hier oben führte der alte Heinrich sein Regiment.

Er soll eine Sphinx gewesen sein. Völlig unberechenbar. Wenn jemand wirklich etwas verbrochen hatte und dachte: «Jetzt reißt mir der Alte den Kopf ab!», schenkte

Heinrich ihm eine Tafel Schokolade. Wenn er dagegen an einem schlechten Tag eine Falte im Nachthemd entdeckte, konnte er völlig ausrasten. Dann flog der ganze Kleiderschrank durch den Raum. Wurde ein anderer mal laut, flüsterte Heinrich nur: «Man stille, man stille.» Vielleicht musste der Alte etwas kompensieren, er war sehr klein.

«Einsachtundfünfzig!», ruft Hanne. «Einsachtundfünfzig! Mich hat der immer an Tetzlaff erinnert. An Ekel Alfred!»

«Stimmt!», sagt meine Mutter. «Derselbe Scheitel, dieselben Hosenträger, dasselbe Hitlerbärtchen. Wenn der zur Arbeit kam, riefen wir immer: VDO!»

«VDO?», frage ich.

«Das war 'ne Tacho-Marke, wir meinten aber: Vorsicht, der Olle! Huuuuuch!»

Es gab viele illustre Gestalten in der Firma: den Buchhalter mit der Kartoffelnase, die Vertreter Marx und Engels und die Putzfee Ottilie. Sie hatte eine Piepsstimme, war die kleinste Person der Welt, hieß aber Frau Riese. Vielleicht, weil sie die riesigsten Brüste der Welt hatte. Einmal verlor sie wegen ihres beeindruckenden Vorbaus das Gleichgewicht und stürzte kopfüber in den geflochtenen Mülleimer. Als Zweijähriger soll ich minutenlang vor ihr gesessen und wie hypnotisiert auf die enormen Gipfel unter ihrem Glitzerpulli gestarrt haben. Dann griff ich zu.

Alle Mitarbeiter hatten etwas gemeinsam, sie hassten das oberste Stockwerk. Dort, so erzählte man sich, würde Heinrichs dunkle Seele ihr Unwesen treiben. Denn sosehr die Sonne auch brannte, dort oben war es immer eiskalt. So blieb die Etage fast ungenutzt. Pappen und Holzstücke lagen auf dem Boden verstreut, und an einem Nagel am

Balken baumelte die verstaubte Joppe meines Urgroßvaters wie ein Mahnmal. «Wenn der Alte wütend war»,
sagt meine Mutter, «dann stieg er in den dritten Stock,
hängte seine Jacke auf und sägte Holz, um sich abzure-
agieren. Mit Schaum vor dem Mund.» Niemand hat sich je
getraut, die Klamotte anzufassen. Und als die Firma in den
Neunzigern abgerissen wurde, ging sie mit ihr unter.

Mein Urgroßvater hatte mit seinem Fahrradgroßhandel
lange ein Monopol in Osnabrück. Doch anstatt seine privi-
legierte Stellung zu nutzen, kontrollierte er penibel, ob die
Schwämmchen nass und die Bleistifte angespitzt waren,
wie oft die Mitarbeiter zum Klo gingen und wie lange sie
dort blieben. Wenn jemand zur Beerdigung musste, fragte
er: «Kannst du das nicht verschieben?» Das war keine Ironie, Heinrich meinte es ernst. Gerne zog er auch Arbeits-
kräfte aus der Firma ab und ließ sie Frondienste auf seinem
Bauernhof verrichten. Einmal zwang er seine Fahrradver-
käufer dazu, eine Schweineunterführung zu bauen, damit
seine Tiere nicht über die Landstraße grunzen mussten,
wenn sie vom Stall aufs Feld getrieben wurden. Arbeits-
zeiten gab es nicht, Weihnachtsgeld nur ein einziges
Mal, an einem feierlichen Sonntagmorgen. «Dazu hat er
Harmonium gespielt», sagt Hanne. «Alle mussten sich in
eine Reihe stellen, es gab fünf Mark für jeden, und dann
hat Heinrich eine herzzerreißende Rede gehalten: Es gebe
Menschen auf dieser Welt, die hätten fünf Mark noch nie
gesehen, zum Beispiel die Waisenkinder in Afrika. Alle
waren zu Tränen gerührt, Heinrich ging mit dem Hut
rum und sackte das Weihnachtsgeld wieder ein. Aber eine
Spendenquittung haben wir nie gefunden.»

Warum der Despot so war, wie er war? Weil man ihn

ließ. In der Familie und im Fahrradhandel hieß es immer: Der Herrgott wird's schon richten. Und so trieb Heinrich das Unternehmen ungestört an den Rand des Ruins, unterdrückte seinen Sohn und betrog seine Ehefrau in der Firmengarage mit der Sekretärin – und jeder hat's gesehen. Der Herrgott richtete, allerdings auf seine Weise. Meine Urgroßmutter ließ er früh an gebrochenem Herzen sterben, Heinrich schien er zu lieben. Der Patriarch heiratete seine Tippse und erlebte im hohen Alter die Gnade des sanften Killers Cholesterin. Er ließ sich jeden Tag eine Schwarzwälder Kirschtorte backen, und später entdeckte er sein Faible für Pommes. Das machte Heinrichs Bauchspeicheldrüse nicht mit. Zwischen den heiß und fettig geliebten Kartoffelstäbchen schied er friedlich lächelnd dahin. «Ich habe nie eine so glückliche Leiche gesehen», sagt meine Mutter. «Er sah großartig aus. Ich war entsetzt.»

Zur Beerdigung kam Heinrichs Gespielin zu spät, sie war Einkaufen, und niemanden wunderte es. Überhaupt schien es, als seien die Kameraden aus dem Schützenverein die Einzigen, die wirklich trauerten. «RUHE SANFT!», brüllten sie im Chor, und Hanne flüsterte: «Man stille, man stille. Nicht, dass der Alte wieder wach wird.» Es war ein kalter, klarer, sonniger Tag. Doch als man den Sarg in die Erde ließ, donnerte es. Genau einmal. Mitten im November. «Da hab ich deiner Mutter in die Rippen gehauen und gesagt: Guck, jetzt isser oben angekommen. Sollen die sich doch mit ihm rumschlagen! Was glaubst du, wie wir uns an dem Abend die Mütze aufgedreht haben! Huuuuuch!»

Das Mondlicht fällt in den Wintergarten, Hanne macht sich auf den Heimweg, und es gibt Geschenke. Allerlei Nützliches für die Reise. Eine riesige Tube Aloe-vera-

Zahnpasta von Oma und ein Fläschchen Ballistol-Gewehr-öl von unserer Nachbarin. Angeblich tupft sie es immer auf ihre Schürfwunden, wenn sie mal gestürzt ist. Es soll aber auch gegen Verspannungen helfen. Und gegen Schuppen. Aber da ist noch etwas, eine rätselhafte Messingscheibe, nicht größer als ein Unterteller. Auf der Oberseite ist ein kleiner Golfschläger abgebildet, auf der Unterseite ist ein merkwürdiger Schriftzug eingraviert:

CAMPIONATO INTERNAZIONALE DILETTANTI 1960

«Was soll das sein?»

«Das, mein lieber Dennis», sagt meine Mutter, «hat der alte Heinrich mal aus dem Italienurlaub mitgebracht.»

«Er hat Golf gespielt?»

«Nur ein einziges Mal. Sein Betthäschen wollte eigentlich an die Küste, aber Heinrich war doch so wasserscheu. Da hat er sie an den Haaren in ein Golfhotel geschleppt. Und jetzt rate mal, wie der Laden heißt?»

Ich zucke mit den Schultern.

«Golf Club & Resort San Matilde di Canossa. Nur zehn Kilometer von der Burg Canossa entfernt.»

«Das ist ein Scherz.»

«Nein, das ist ein Zeichen!»

Und auf einmal wird mir klar, warum ich den Gang nach Canossa antrete. So wie Heinrich IV. sich vom päpstlichen Bann befreien musste, werde ich meine Familie vom Fluch des alten Heinrich erlösen. Welt, mach dich bereit: Frodo trug den einen Ring nach Mordor und warf ihn ins Höllenfeuer, ich werde diese dilettantische Golf-plakette zurück über die Alpen tragen und dort begraben.

KAPITEL 4

Die Prophezeiung

(Irgendwo in NRW)

Worin liegt der wesentliche Unterschied zwischen den Landstraßen in Niedersachsen und denen in Westfalen? Ein Rettungssanitäter hat ihn mir mal erklärt. Mitten in der Nacht rief ein sturzbetrunkener Fahrradfahrer, der schwer verletzt am Straßenrand kauerte, um Hilfe. Er hatte sich den rechten Fuß gebrochen, die Schulter ausgerenkt und war mit dem Gesicht auf dem Asphalt aufgeschlagen. Bald stellte sich heraus, dass der junge Mann exakt auf der Landesgrenze lag. Was war passiert? Der Radler wohnte in Salzbergen / Niedersachsen und hatte eine ordentliche Scheunenparty in Rheine / Westfalen besucht. Auf dem Rückweg machte er sich einen Spaß daraus, während der Fahrt mit Karacho gegen die schwarz-weißen Leitpfosten zu treten. Die Dinger wackelten immer so lustig hin und her, wenn er sie Vollspann traf. Was er nicht wusste: In Westfalen sind die Leitpfosten beweglich, sie haben unten am Fuß ein Gelenk. In Niedersachsen nicht.

Meine Heimatstadt Osnabrück liegt direkt an der Grenze zu NRW, und ihre Bewohner sind stolz darauf, Niedersachsen zu sein. Mit Westfalen verbinden die Osnabrücker eigentlich nur Schlechtes, vor allem Arminia Bielefeld. Entsprechend skeptisch setze ich am Mittag den ersten Fuß in dieses fremde Bundesland.

Plötzlich klingelt mein Handy. Es ist meine Mutter. Aufgelöst. Fast hysterisch. Sie müsse mir etwas beichten, sie habe die ganze Nacht nicht geschlafen, und überhaupt: Es tue ihr alles so unfassbar leid.

«Dennis, diese Canossa-Scheibe deines Urgroßvaters ...»

«Ja?»

«Sie ist aus einem Antiquitätenladen.»

«Nein.»

«Schatz, aber hätte es nicht wunderbar gepasst?»

Ich muss lachen. Meine Mutter liebt es, mich aufs Glatteis zu führen. Weil ich ein so neugieriges und nervtötendes Kind war, schickte sie mich im Winter gern schon nachmittags um vier ins Bett. Warum? Weil ich die Uhr noch nicht lesen konnte. Und als Proviant für die Klassenfahrt steckte sie mir Wachsäpfel in den Rucksack.

«Und jetzt?»

«Jetzt gehst du zu Lotte. Sie weiß schon, dass du kommst.»

Natürlich weiß sie, dass ich komme, Lotte ist eine Art Hellseherin, ein Medium, das Gastmannsche Familien-

orakel. Ohne ihren Rat geht bei uns gar nichts. Lotte ent-
scheidet, welches Auto wir kaufen, wohin wir in den
Urlaub fahren und welche Krankheiten wir haben. Oder
besser: Sie sieht es in ihren Karten. Und bevor jemand von
uns nach Canossa geht, sollte er einmal mit Lotte gesprochen haben.

Lottes wahren Namen darf ich übrigens nicht verraten,
auch nicht das Dorf, in dem sie wohnt. «Ich hab keinen
Bock, dass mir die Leute die Bude einrennen», sagt sie
immer, «und ich will auch nicht ins Fernsehen. Was soll
ich olle Prolltante denn bei Markus Lanz?» Nur so viel sei
verraten: Lotte sammelt keine Glaskugeln, sie trägt keinen
Raben auf der Schulter und wohnt auch nicht in einem
Zelt auf dem Jahrmarkt. Stattdessen hat sie eine Schwäche
für Burt-Reynolds-Filme und Currywurst.

Mit einem satten Krachen reißt sie die Tür ihres Neu-
bauhäuschens auf, umarmt und zerquetscht mich: «Peng,
da bin ich wieder! Der Knallfrosch aus'm Kohlenpott! Na,
du alte Pfeife, wie kann ich dich verarzten?» Mein Rucksack dürfte seit gestern Abend etwa fünfzehn Kilo wiegen,
ich taumle in den Flur und bin ein leichtes Opfer für Harry.
Der hünenhafte Bobtail springt an mir hoch und wirft
mich rücklings auf die Fliesen. «Na komm, Dennis!», ruft
Lotte mir zu, während ich mit dem Vieh im Nahkampf
liege. «Riech mal den Hund!» Dieser Spruch ist ein Insider.
«Riech mal den Hund!» war der erste Satz, den ich zu Lotte
sagte, als wir uns vor fünfundzwanzig Jahren kennengelernt haben. Ich kam aus der Schule, hatte meinen Pudel-
mischling mit Unmengen Schauma, Guhl oder Duschdas
gewaschen und rannte der lustigen Unbekannten mit dem
penetrant duftenden Köter hinterher: «Tante Lotte, riech

mal den Hund! Riech mal den Hund!» Das hat sie nie vergessen.

Um ehrlich zu sein, ich hielt Lotte immer für etwas dumpf. Zu laut, zu derb, zu vulgär. Bis sie mir eines Tages die Karten legte. Ich hatte unendlichen Liebeskummer, und Lotte zog Geheimnisse aus meinem Herzen, die nur ich alleine kannte. Eher hätte ich mir den linken Fuß abgesägt, als sie irgendjemandem zu gestehen. Lotte öffnete die Abstellkammer meines Lebens, holte uralte Gefühle aus dem Regal, pustete den Staub von ihrer Oberfläche und fragte: Können die weg? Und nachdem sie mein Unterbewusstsein komplett durchwühlt hatte, zündete sie sich zufrieden eine Marlboro an und pfiff: «Hast gedacht, ich wär 'n bisschen blöd, ne? So ist das mit mir. Bevor ich irgendwo ankomme, ist mein schlechter Ruf schon da.»

Spiritualität liegt in Lottes Familie. Ihr Vater war ein Spökenkieker. «Der sieht Gespenster!», sagten die Leute im Dorf, tatsächlich aber sah er Hormone. Mit einem einzigen Blick konnte er erkennen, ob ein Mädchen schwanger war oder nicht. Fehlerquote: angeblich null. Und so stieß er seinerzeit in eine Marktlücke. Bis in die sechziger Jahre konnte man Schwangerschaften nur mit dem sogenannten «Froschtest» ermitteln. Die Apotheker nahmen Blut oder Urin der Kandidatinnen, spritzen es einem Afrikanischen Krallenfrosch, und wenn das Weibchen nach vierundzwanzig Stunden laichte oder das Männchen plötzlich Sperma verspritze, wusste man: Hier ist etwas im Busch.

Lotte selbst merkte mit siebzehn, dass ihr Radar mehr von der Welt erfasste als der von anderen. Auf der Schultoilette legte sie ihren Klassenkameradinnen die Karten:

Würden sie einen neuen Freund kennenlernen? Wann? Ginge das mit dem gut? Ihr Können wuchs und wuchs über die Jahre, bis sie es eines Tages nicht mehr kontrollieren konnte. Lotte taperte durch die Fußgängerzone, und das Leid, der Stress, die Sünden, der Ärger und der andere emotionale Abfall fremder Menschen strömten auf sie ein. «Bringt mich in die Klapse! Steckt mich ins LKH!», bettelte sie damals – bis sie den Aus-Knopf fand. Heute sagt sie sich: «Schicksal, nimm deinen Lauf. Ich kann nicht alle Menschen retten, und ihre Sorgen sind nicht meine. Die Klienten bekommen ihre Probleme an der Haustür wieder zurück – hübsch eingepackt in Glanzpapier und mit einem rosa Schleifchen obendrauf.»

Auch ohne Markus Lanz oder Astro TV scheint sie ganz gut von der Wahrsagerei leben zu können. Ihre «Klienten», wie sie sagt, kommen aus Zürich, Liechtenstein und sogar aus Bangkok in die westfälische Provinz, für diesen Nachmittag hat sich eine Dame aus dem britischen Ascot angekündigt. Vor kurzem tauchte ein berühmter Mann mit vier bewaffneten Bodyguards vor ihrem Häuschen auf. Erst checkten die Security-Leute Lottes Wohnung, dann rollten sie mit der gepanzerten Limousine in die Einfahrt und schleusten den VIP durch die Kellertür ins Innere.

«Der Typ hat bei mir erst mal zwei Stunden geheult.»

«Ein Politiker?»

«Dazu darf ich nichts sagen.»

Man muss wissen, worauf man sich bei Lotte einlässt. Eine Session mit ihr ist keine Kuschelstunde. Sie faselt nichts von «rosiger Zukunft» oder «baldigem Geldsegen». Lotte sagt dir unverblümt die Wahrheit, ob du sie nun hören willst oder nicht.

Wir hocken uns face to face in ein schmales Arbeitszimmer mit Blick auf einen Acker. Keine Voodoo-Puppen, keine Schrumpfköpfe, kein gedämpftes rotes Licht. Auf dem Registerschrank blinkt ein Anrufbeantworter, den runden Tisch bedeckt ein dunkelblaues Tuch mit Halbmonden und goldgelben Sternchen, das ist die einzige esoterische Extravaganz. Lotte trägt dunkle Leggings und einen weiten grauen Pullover. «Im Bad, da hängt ein Bild von 'ner dicken Frau mit 'nem kleinen Kopp. Ich sag immer: Da hab ich für Modell gestanden!» Ihre Wangen leuchten auch ohne Zigeunerrouge, und witzigerweise hat sie genau meine Frisur: wilde weiße, abstehende Ananashaare. Madame steckt sich eine brennende Zigarette in den Mundwinkel, mischt die Tarotkarten und breitet sie vor mir aus: «Zieh, Cowboy!»

In dieser Sekunde geht mir immer der gleiche Gedanke durch den Kopf. Ich möchte Lotte testen. Ich möchte ihren Hokuspokus entlarven. Ich möchte, dass sie einen Fehler macht. Lotte sagt, alles im Leben sei vorbestimmt. Das Schicksal wisse bereits, welche Karten ich ziehen werde. Da könne ich machen, was ich wolle. Ich tippe also von links nach rechts über die verdeckten Karten und fische eine heraus, von der ich glaube, dass ich sie eigentlich niemals ziehen würde. Ich drehe die Karte um und sehe eine Schlange und einen blutroten Schakal, sie sitzen auf einem goldenen Rad. Lotte reißt mir das Blatt sofort aus der Hand. «Langweilig!», blafft sie. «Rad des Schicksals, berufliche Veränderung, blablabla, da erzähl ich dir ja nichts Neues. Jetzt misch du mal!»

Ich beherrsche nur den Bauerntrick: zwei Stapel bilden, die Innenseiten mit den Daumen anheben und loslassen.

So verzahnen sich die Karten, ich schiebe die beiden Stapel zusammen, lege ab und Lotte arrangiert ein Mosaik aus zweiundzwanzig auf der Tischdecke. Sie bildet sieben Drei und legt eine einzige Karte an die Seite: die Sonne vergeht eine Ewigkeit. Bald habe ich das Gefühl, Lotte säße grübelnd vor mir, sondern Helmut Schmidt persönlich. Tief in sich versunken, betrachtet sie das farbenfrohe, verwirrende Bild, massiert ihre Stirn, murmelt etwas und quarzt. Zwischen den Schwaden erkenne ich den Kelchritter am rechten Rand, er könnte mich symbolisieren. Einige andere Karten um ihn herum zeigen Schwerter. Lange, stählerne, messerscharfe Klingen, und ein paar Münzen. «Was bedeutet denn das Geld?», flüstere ich, während Lottes Blick noch immer starr auf die Karten gerichtet ist. Sie winkt ab. «Ach, ich schätze, dir wird die Kohle ausgehen. Aber das ist nicht das Problem ...» Lotte öffnet den Mund, als wolle sie einen Satz beginnen, dann schließt sie die Lippen wieder. Das Orakel nimmt einen tiefen Zug und bläst Rauch über die Tischdecke.

«Dennis, was du dir da vorgenommen hast ... Wie soll ich es dir sagen?»

Lotte atmet aus und verhüllt das Blatt mit einem Schleier. Offenbar erwacht sie aus ihrer Trance, denn nun fixiert sie mich und sieht direkt in meine Seele.

«Du bist nicht Joey Kelly.»

«Wie meinst du das?»

«Ich sag es dir mal ganz deutlich: Diesen Gang nach Canossa, den packst du nicht. Niemals. Du bringst dich gerade um, und das weißt du auch.»

Ich finde keine Worte und überlasse meinem Unterbewusstsein das Reden.

«Schätzecken, du willst dir und der Welt gerade beweisen, dass du keine Lusche bist. Du bestrafst dich selbst. Dabei musst du eigentlich lernen, gnädiger mit dir zu sein.»

«Gnädiger?»

«Nimm mal die Straßenbahn! Glaubst du etwa, dieser olle König ist den ganzen Weg nach Canossa gelatscht? Seine Hoheit hat sich tragen lassen, was denkst du denn?»

«Aber ich habe gelesen, dass...»

«Gott, wie naiv kann man sein. Und ich sag dir noch was: Die Alpen sind dein Problem. Du kommst nicht allein über die Alpen. Niemals. Dennis, wie alt bist du jetzt? Sechsunddreißig?»

«Ich werde vierunddreißig.»

«Mit vierunddreißig muss man sich mal entscheiden, was man vom Leben will. Im Moment hast du Chaos im Kopf, du bist völlig konfus. Du stiefelst nach Canossa, weißt aber nicht, warum. Werde erwachsen, mein Freund. Pass auf: Geh mal in dich und denk an die fünf Menschen in deinem Leben, die du am meisten liebst.»

Meine fünf Favoriten. Für ein paar Sekunden schließe ich die Augen und lasse die Chartshow meines Lebens ablaufen.

«Sind dir fünf eingefallen?»

«Ja, schon.»

«Und, bist du selbst in den Top Five?»

Ich lächle.

«Siehst du? Das ist der Punkt. Wenn du ehrlich bist, dann hast du doch eine Scheißmeinung von dir selbst. Wie sollen wir es nennen? Depression? Nee, dann halten dich alle für bekloppt. Burn-out? Ja, klingt besser und ist gerade in Mode. Mir gefällt ‹Burn-out mit Hörsturz›. Da werden dich alle furchtbar bemitleiden, meinst du nicht auch? Junge, du bist ein Aushalter, du öffnest dich nicht, du unterdrückst. Was dich quält, sind deine ungeweinten Tränen. Und ich verspreche dir eins: Die wirst du auf deinem Gang nach Canossa vergießen.»

Wenig später sitze ich in einem silbergrauen Kombi. Es riecht nach kaltem Zigarettenrauch, Tropfen laufen über die Scheiben, und Lotte erzählt ohne Atempause von ihren hochbegabten Enkeln, die so geschwollen daherreden wie Professoren und ihr schrecklich auf die Nerven gehen. Natürlich ist ihr bewusst, dass ich überhaupt nicht zuhöre, aber sie tut mir einen Gefallen. Lotte füllt die Fahrerkabine bis zum Rand mit Worten, damit wir nicht über das reden müssen, was gerade in meinem Herzen passiert. Der Wagen rollt über die Landstraße nach Süden, und ich bleibe für den Rest des Tages stumm. Schicksal, nimm deinen Lauf.

KAPITEL 5

Seelen in der Fleischauslage

(Auf dem Rothaarsteig)

Brilon, wie das schon klingt. So nennt man Spülmaschinen-Tabs oder vielleicht Nasensprays, aber doch keine Stadt. Und wenn es nur der Name wäre. Ich fühle mich, als sei ich im Innern einer Kuckucksuhr gefangen. In Brilon gibt es noch Schieferdächer, Fachwerkhäuser, Pfadfinder und Pfeifenraucher, die Brötchen in der Auslage heißen «Fritzchen mit Käse» und «Fritzchen mit Ei», einzig der Friseur «Hairkiller» fällt aus dem kleinbürgerlichen Rahmen. Und auf jedem Zentimeter Grün steht seit den fünfziger Jahren dasselbe Schild: «Schont unsere Anlagen! Nicht erlaubt sind Hunde, Fußballspielen, Fahrradfahren und Blumenpflücken! Der Stadtdirektor.» Birgit Schrowange und Friedrich Merz stammen aus Brilon, und Heinrich

Lübke ist hier zur Schule gegangen. Der Landwirtschafts-minister und spätere Bundespräsident, über den man sagte, er komme nicht vom Humanismus wie sein Vor-gänger Theodor Heuss, sondern vom Humus. Muss ich noch mehr über Brilon erzählen?

Ich weiß auch nicht, warum ich so aggressiv bin. So kann ich mich selbst nicht leiden. Irgendwie hat mich das Gespräch mit Lotte völlig aus der Bahn geworfen. Was bildet sich der Knallfrosch aus dem Kohlenpott eigentlich ein? Wie kann sie so über mich urteilen? Und dann fährt sie mich auch noch hierher. Nach Brilon. In das Epizen-trum der Spießigkeit. Ein Deutschland, wie ich es nur aus Disneyland oder kitschigen Heimatfilmen kenne. Alles ist viel zu hübsch, viel zu aufgeräumt, viel zu sauber, und die Leute sind einfach viel zu nett. Gerade hat mir die Bäcke-rin einen «recht schönen Wandertag» gewünscht, und ein Herr an der Tür begann sogar zu dichten, als er meinen Rucksack sah: «An einem Frühlingsmorgen, da nimm den Wanderstab, es fallen deine Sorgen wie Nebel von dir ab.» Nein, nein, nein, ich könnte schreien.

«Das Sauerland wird dir guttun», hat Lotte mir zum Abschied gesagt, wir umarmten uns, und ich nahm mir ein Zimmer in der Altstadt für unschlagbare zwanzig Euro inklusive Frühstück. Es war okay, mal abgesehen davon, dass in der Schüssel des Etagenklos ein geklautes Straßen-schild lag: Absolutes Halteverbot.

In der Nacht hatte ich einen bizarren Traum. Ich war Coach bei «Germany's Next Topmodel», die Quoten san-ken bedenklich, Heidi Klum rief an und verlangte, dass wir etwas Extremes machen. «Denk dir was aus, sonst bist du raus!», zickte sie, also lud ich die Mädchen in einen VW-

Bus, fuhr sie in den Wald und ließ sie im Bikini mit wilden Wölfen posieren. Nicht alle überlebten das zweifelhafte Shooting unverletzt, aber noch nie hatte ProSieben so viele Zuschauer. Manchmal frage ich mich, welche Drogen mein Unterbewusstsein nimmt. Es stimmt ja, was Lotte sagt: In meinem Kopf herrscht Chaos.

Brilon ist ein Ort, der zum Weiterreisen einlädt. Und zwar ganz offiziell. Gleich hinter der Touristeninformation beginnt einer der angeblich aufregendsten Wanderwege Europas, der Rothaarsteig. Hundertfünfzig Kilometer über den Kamm des Rothaargebirges quer durch das Sauerland, über den Kahlen Asten und das Siegerland bis an den Rand des Westerwalds. Das emsige Stadtmarketing nennt den Trampelpfad «Weg der Sinne» und bewirbt ihn mit einfallsreichen Slogans: «Sieh dich nimmersatt! Höre die Stille! Entdecke deinen Weg!» Die Strecke sei eine «Wanderautobahn», was auch immer das sein soll, und locke jedes Jahr über eine Million Urlauber an. Allerdings wohl nur im Sommer, denn die Dame am Tresen (blond, Bluse, Halstuch) gratuliert mir – ich sei der allererste Wanderer auf dem Rothaarsteig in diesem Jahr.

Es geht alles ganz fix und kostet nix. Sie drückt mir eine Karte und einen Prospekt in die Hand: «110 Qualitätsbetriebe zum Einkehren und Übernachten». Die meisten seien jedoch noch geschlossen. Außerdem bekomme ich ein hübsches Werbegeschenk: «Mörderisches vom Rothaarsteig». Eine Sammlung von Krimigeschichten, in denen die Autoren ganz unauffällig die «fabelhafte Küche» der Gasthöfe und die «ausgezeichnete Beschilderung» der Pfade loben. Ansonsten liest man, wie die Wanderer auf dem Rothaarsteig erschlagen, erstochen, erschossen, zerstückelt und verscharrt werden. Ob so etwas Touristen anspricht?

Was die Navigation betrifft, kann ich den Kopf getrost abschalten. Von nun an folge ich einem geschwungenen, liegenden «R» für Rothaarsteig – weiß auf rotem Grund. Easy. Das Symbol klebt auf Stromkästen, Mülleimern und jeder zehnten Straßenlaterne. Es geht eine ganze Weile durch pittoreske Schiefer-Fachwerk-Holzgiebel-Gassen bergab, einmal nach rechts, zweimal nach links, und plötzlich stehe ich unter den höchsten Tannen, die ich je zuvor gesehen habe. Genau genommen sind es Fichten. Ich mag mich täuschen, aber diese Riesen ragen gut und gerne zwanzig, dreißig Meter in den Himmel. Mein Gott, welchen Dünger verwenden die hier? Es muss gutes Zeug sein, denn Brilon soll den größten Stadtwald Deutschlands besitzen, fast achtzig Quadrat-kilometer.

Am Waldrand begrüßt mich der Sauerländische Gebirgsverein mit einem Schild. Noch ein Gedicht, es trägt den wunderbaren Titel «Freundlicher Hinweis»:

Lieber Wanderer! Eine Bitte!
Lenke möglichst Deine Schritte,
nicht zu weit vom Wege fort.
Du kannst hier vom Großstadt-Hasten,
nah am Wege ruhig rasten.
Aber heilig sei der Ort,
wo in stillen Waldesecken
Rehe, Has und Rebhuhn stecken!
Wo im März, zur Maienzeit,
Mutterwild mit Muttersorgen,

jeden Abend, jeden Morgen,
Friede sucht und Schweigsamkeit.
Laß Dich nie dazu verführen,
jemals Jungwild anzurühren!
Was im Wald geboren ist,
ist dem großen Gott begegnet!
Und auch Du seist gottgesegnet,
wenn Du folgsam, schweigsam bist.

Eigentlich möchte ich folgsam, schweigsam auf dem Absatz kehrtmachen, Has und Rebhuhn vergessen und meine Schritte zurück nach Hamburg lenken. Aber was soll's. Lotte hat sich noch nie geirrt, und ihr zuliebe will ich mich auf diesen Weg der Sinne einlassen.

Ich stapfe also bergauf immer tiefer in den Wald, vorbei an einer Quelle und weiteren, seltsamen Schildern, stecke meine Kopfhörer in die Ohren und tauche ab. Musik ist meine Droge. Sie verkürzt die Zeit, sie übertönt den Tinnitus, sie treibt mich an, sie öffnet das Herz und verknüpft die Innenwelt mit der äußeren. Beim Wandern höre ich gerne Film-Soundtracks, die Hymnen der großen Helden aus Hollywood, und es dauert nicht lang, bis ich selbst Lawrence von Arabien, Highlander oder Braveheart bin. So habe ich mich unterwegs noch nie gelangweilt. Warum auch? Ich gehe nicht nur nach Canossa, ich kämpfe auch für die Freiheit Schottlands und warte begierig darauf, dass ein Unsterblicher mit seinem Langschwert aus dem Dickicht springt. Schließlich kann es nur einen geben. Über den Rothaarsteig laufe ich als der letzte Mohikaner, das finde ich passend. Ich bin tatsächlich weit und breit das einzige Lebewesen, nicht mal ein Rebhuhn flattert mir über den

Weg, von Jungwild oder Rothaarsteig-Meuchelmördern keine Spur. Ausgezeichnet.

In meiner fragwürdigen Borderline-Stimmung ist Einsamkeit genau richtig. Nur die Sonne begleitet mich. Bald wird mir so warm, dass ich meine Fleecejacke im Rucksack verstaue und im T-Shirt durch den März stiefle. Wollen wir wetten, dass es in Hamburg gerade regnet? Leider verleitet die dramatische Musik dazu, sich völlig zu überschätzen. Wie ein Indianer sprinte ich das Gebirge hoch, mal wieder ohne Pause, Sinn und Verstand. Vielleicht liegt es auch daran, dass mir diese Landschaft so unwirklich vorkommt. Ich fühle mich wie ein Grundschüler im Märchenwald von Melle bei Osnabrück. Auf der Anhöhe stehen ganz bestimmt die sieben Zwerge und ein Goldesel, es gibt Pommes und Sunkist-Trinkpäckchen, dann düse ich mit der Sommerrodelbahn zurück ins Tal, und Mutti holt mich ab.

Die Spitzen meiner Schuhe sind feucht, als ich oben ankomme. Aus meinen Haaren fließt ein Bach, er läuft von der Stirn quer durch mein Gesicht und tropft vom Kinn auf den Boden. Ich befreie Fritzchen mit Ei aus seiner Papiertüte, und wir beide blicken ein letztes Mal zurück auf die Stadt.

Die Briloner leiden offenbar unter einer Art Kontrollzwang. Man könnte sie mit Fug und Recht neurotisch nennen, da möchte ich keinen ausnehmen. Seit dem Mittelalter gibt es hier einen merkwürdigen Brauch, den Schnadezug. Alle zwei Jahre versammeln sich die Bürger auf dem Marktplatz und laufen zu Blasmusik im Gänsemarsch die Stadtgrenze ab. Ganz gewissenhaft und penibel. Egal, ob ein Bach, ein Berg oder ein Bär im Weg ist, es geht immer stumpf an der Grenze entlang. An jedem großen Markstein macht der Zug halt. Die Schützenbrüder berühren das Symbol mit ihren Degen und schwören, ihre Stadt bis zum letzten Schnaps zu verteidigen. Sie schwenken Flaggen, legen Blumensträuße ab, und dann wird es für bestimmte Personen an diesem besonderen Tag unangenehm. Jeweils vier Mann packen die Jugendlichen und die Neu-Briloner an Armen und Beinen und ziehen sie mit dem Hintern dreimal über den Grenzstein. Oder auf Deutsch: Sie schlagen die armen Seelen kräftig mit dem Popo gegen den harten Fels. Ob sich dabei schon mal jemand das Steißbein gebrochen hat, ist nicht überliefert, der Grund für das Ritual allerdings schon. Früher nahmen es die Nachbardörfer mit den Grenzen nicht so genau. Nachts versetzten sie heimlich die Steine und stahlen peu à peu eine Menge Land. Um das zu verhindern, zog man mit den jungen Leuten regelmäßig vor die Stadt und gab ihnen an jeder Markierung eine schallende Ohrfeige, damit sie niemals, niemals wieder die Lage der Steine vergaßen.

«Ich werde wegen eines Baumes doch nicht den ganzen Wald verachten», pflegte mein Opa immer zu sagen. Aber wo sind Wald und Bäume eigentlich hin? Es ist, als würde ich auf riesige schlafende Igel blicken. Die Hügel vor mir sind mit abgebrochenen Stämmen und toten grauen Stümpfen übersät. Dazwischen liegen Äste verstreut im spitzen braunen Gras. Vierzehn nackte Fichtenstämme stehen aufrecht mitten im Nichts. Ihre Spitzen sind ineinander verschränkt wie ein Bündel aus monströsen Mikadostäbchen, ihre Füße in den Boden betoniert. Das Mahnmal erinnert an den verheerenden Orkan Kyrill, der allein in

Brilon über eintausend Hektar Wald umblies. Und zwar in einer Nacht. Er riss die Fichten aus dem Boden oder brach sie ab wie Zahnstocher. Auf einem Kubikmeter übereinandergeschichtet, hätte das gerodete Holz zweimal um den gesamten Erdball gereicht. Diese Gegend ist irgendwie surreal, sie könnte ein Filmset aus «Planet der Affen» sein.

Es wird ein langer Tag. Denn so wie die Briloner Bürger stoisch ihrer Grenze ins Verderben folgen, führt auch der Rothaarsteig einfach mitten durch die Karpaten. Man kann einen Berg behutsam und kräfteschonend besteigen, zum Beispiel in Serpentinen oder im leichten Zickzack. Theoretisch kann man auch um ihn herumlaufen. Dieser Wanderweg aber kennt keine Gnade. Er führt einfach auf geradem Weg die Steigung rauf, bis die Unterschenkel krampfen und die Äderchen in den Augen platzen. Auf der anderen Seite des Hügels geht es genauso steil wieder abwärts, und dann folgt auch schon der nächste Anstieg. Dieses Spiel dauert bis zum Abend, und ich liebe es. Endlich kann ich mich austoben. Der Kopf schaltet ab, es geht nur noch ums Vorankommen.

Meine Capri-Sonne ist leer, und ich habe Fritzchen mit Käse, Fritzchen mit Ei und Fritzchen mit was weiß ich was schon lange ermordet. Die Sonne steht tief, mir wird kalt, und ich blättere in meinem Prospekt «110 Qualitätsbetriebe auf dem Rothaarsteig zum Einkehren und Übernachten». Ein Gasthof in Bruchhausen hat geöffnet, allerdings spricht der Wirt am Telefon einen sonderbaren Akzent.

«Wann wiiirse denn hiiier sein, Juuunge?»

«Hm, so in einer halben Stunde?»

«Iiis klar, mach dich auffe Socken, ne. Biiis gleich.»

Tatsächlich dauert es zweieinhalb Stunden, bis ich das kleine Dorf erreiche. Der Abstieg durch den Wald zieht sich endlos, und meine Fußsohlen machen so langsam nicht mehr mit. Es ist schon dunkel, als ich ankomme. Ich klingele, jemand öffnet die Tür, und ich sehe nach oben. Meine Güte, der Wirt ist über zwei Meter groß, sein Kiefer ist eine Baggerschaufel, mit seinem Schnauzer könnte man ganze Täler bedecken. «Tach! Biiise der einsame Wandersmann? Nu ziiieh ma die Schuhe aus, ich zeich dir deine Falle.»

Es riecht etwas muffig und feucht wie in einer Alte-Leute-Wohnung. Auf dem blauen PVC-Boden liegt ein beigebrauner Läufer, im Flur stehen Milchkannen, ein alter Sägebock, eine Truhe und Kommoden aus dunklem Holz: Eiche brutal. Die weißen Tapeten sind mit Fotos von Füchsen, Eulen, Fasanen und Mardern dekoriert, sogar ein Hirsch röhrt an der Wand. Ich folge dem Wirt eine Treppe hinauf, und oben setzt sich das erlesene Sammelsurium nahtlos fort. Eine Glasvitrine mit Märklin-Eisenbahnen, eine Standuhr, ein alter Nachttopf und ein geschnitztes Schild, an dem ein kleiner Stein baumelt:

Barometer der echten Bruchhauser

Stein trocken: Sonne
Stein nass: Regen
Stein unsichtbar: Nebel
Stein weiß: Schnee
Stein bewegt sich: Sturm
Stein heruntergefallen: Erdbeben

Natürlich lässt sich der Wirt nicht lumpen. Als einziger Gast des Hauses bekomme ich selbstverständlich ein Doppelzimmer. Es besteht vor allem aus einem großen Eichenschrank, der allerdings privat genutzt wird. Ganz obendrauf, in über zwei Meter Höhe, steht ein winziger Fernseher. Die Bettwäsche macht mir eine große Freude, denn sie ist aus Frottee. Wie sehr ich diesen Stoff doch liebe. Warum ist dieses wunderbare Material eigentlich so sehr aus der Mode geraten? Wenn ich etwas in meinem Leben sehnlichst vermisse, dann meinen türkisfarbenen Frottee-Schlafanzug. Auf der Brust war ein Bild von Alf, er hielt einen pinken Telefonhörer in der Hand und sagte «Null Problemo!». Auch der Rest des Abends in der Herberge erinnert mich an die heimeligen Achtziger. Der Riese brutzelt mir einen strammen Max, ich hätte sicher auch Toast Hawaii haben können, und gemeinsam schauen wir ein DFB-Pokalspiel: Greuther Fürth gegen Borussia Dortmund.

Am nächsten Morgen legt mir der Wirt eine Rolle Alufolie auf den Frühstückstisch. «Schmiiier dir ordentlich watt, damitte heute nich wiiieda schlapp machst auffem Rothaarsteich!» Spricht eigentlich jeder Sauerländer so? Und sind alle Sauerländer solche Kanten? Heute wirkt mein Gastgeber noch größer. Ein Mann wie eine Fichte. Wirklich beeindruckend.

«Juuunge, die Fiiichte hat ausgedient, weil sich dat mit den Stürmen immer mehr entwiiickelt. Weiße, dat sind alles Flachwurzler, die fall'n sofort um, wenn et bläst. Kannse diiich noch an Kyrill erinnern?»

«Jaja, der Orkan.»

«Riiichtiiich! Briiilon hat damals sechshunderttausend

Festmeter Baum verloren. Ma zum Vergleich: Auf einen Schwerlaster passen dreißig Festmeter, dat is alles. Damals iiis der Holzpreis um dreißig, vierzig Prozent runtergefallen, und jetzt forsten se nur noch Nordmanntannen auf, diese ollen Weihnachtsbäume.»

«Viele holen sich ja auch künstliche Weihnachtsbäume.»

«Juuunge, manche holen siiich auch 'ne künstliche Frau! Und weiße, wat die macht? Die macht niiix. Die quietscht nur vor Vergnügen!»

«Gibt's denn hier auch wilde Tiere?»

«Und wat für welche! Hiiirsche, Wiiildschweine, und jetzt ham se auf'm Rothaarsteich sogar Muffel ausgesetzt.»

«Muscheln?»

«Muffel!»

«Was?»

«Muffelwiiild!»

Der Wirt erklärt mir, ein Muffel sei so eine Art wolliger Widder aus Korsika. Sehr selten, sehr flink, äußerst scheu. Klingt nach Wolpertinger.

«Juuunge, Muffel wiiirse beim Wandern nich zu Gesiiicht bekommen. Aber pass auf, wenn dir 'ne Wiiildsau übern Wech spaziert, ne. Da kannse nur noch flitzen! Die Viiiecher werfen grad Frischlinge, da rennen se allet übern Haufen, watt ihnen ins Visiiier gerät! Dat is 'ne Plage, sach ich dir. Wenn da nachts so 'ne ganze Rotte kommt, dreht die 'n komplettes Feld auf links.»

Oh, wie schön. Ein dunkler Wald voller Bestien, und Rotkäppchen darf ganz allein hindurchwackeln. Ich stecke mir drei Wurstbrote ein, zwei Äpfel, ein gekochtes Ei und kaufe beim Krämer an der Ecke noch eine Packung

Müsliriegel. Wenn ich schon sterben muss, dann wenigstens nicht hungrig. Der winzige Laden hat in Bruchhausen übrigens sein eigenes Straßenschild bekommen: «Zum Edeka-Geschäft». Das gefällt mir. Offenbar ist «Edeka» hier ein Synonym für Supermarkt, so wie Tempo für Taschentücher oder Uhu für Klebstoff.

Der Aufstieg beginnt direkt hinter der Dorfkappelle. Gestern hatte ich den ersten Sonnenbrand des Jahres, und auch heute ist keine Wolke am Himmel. Wieder komme ich so sehr ins Schwitzen, dass ich oben auf dem Berg eine Pause einlegen muss. Der ganze Weg ist perfekt durchdesignt. Alle zwei Kilometer stehen geschwungene Holzliegen in der Landschaft, die dem Rothaarsteig-R nachempfunden sind. Angeblich soll es hier sogar Ranger mit Cowboyhüten und olivgrüner Uniform geben, mir ist jedoch noch keiner begegnet. Ich will gerade mein Wurstbrot verputzen, da schnauft etwas im Unterholz. Ist es ein Hirsch? Ein Wildschwein? Vielleicht eine ganze Rotte? Mit schweren Schritten schleppt sich das Wesen den Berg hinauf, es ächzt, es stöhnt, seine Nüstern sind weit geöffnet, auf seinem haarlosen Schädel stehen große Schweißperlen. «Olli» setzt sich neben mich, und ich merke, dass wir beide derselben Spezies angehören. Wir sind Muffel. Ausgewachsene Sportmuffel.

Die Situation ist uns beiden etwas peinlich. Natürlich sind wir nicht auf diesen Berg geklettert, um zu quatschen. Ich möchte einfach nur stumpfsinnig einem «R» hinterherrennen und meine Musik hören, Olli folgt einem weißen «U» für «Uplandsteig». Es führt ihn rund um die Gemeinde Willingen. Für ein paar Kilometer jedoch verlaufen «U» und «R» parallel, da wäre es idiotisch, wenn wir nicht Seite an Seite wandern würden. Und so ist Olli der erste Mensch, der mich auf meiner Reise ein kleines Stück begleitet. Negativ formuliert: eine Zweckgemeinschaft. Positiv: eine Schicksalsgemeinschaft.

Wir reden eine ganze Weile über Fußball. In glorreichen Zweitligajahren war ich stolzer Besitzer einer Dauerkarte für den VfL Osnabrück, und auch Olli ist ein Fan, wir sind also Leidensgenossen. Er kommt aus Salzbergen und arbeitet in der Stadtsparkasse Rheine. Ich frage ihn, ob er nachts auf Landstraßen gelegentlich gegen Leitpfosten tritt. Er weiß aber nicht, worauf ich anspiele. Warum Olli wandert? Er wird bald fünfzig und möchte abnehmen. Außerdem verbrät er seinen letzten Urlaubstag des Vorjahres, und natürlich geht ihm der Job am Schalter auf die Nerven. Same old story: Olli wäre gerne etwas Anständiges geworden, aber sein Vater zwang ihn dazu, erst mal was Anständiges zu lernen. Mit dreißig wollte Olli ausbrechen, kündigte und machte einen Plattenladen auf. Doch Vinyl lag schon in den letzten Zügen, er ging pleite und heuerte kleinlaut wieder in der Filiale an. Seither macht er Dienst nach Vorschrift und wartet auf seine Rente. Wer so arbeitet, braucht kein Gefängnis mehr.

«Und wohin wanderst du?», fragt Olli.

«Nach Canossa.»

«Ne!», sagt er, und wir plaudern über Buße und die schlimmsten Sünder unserer Zeit. Der amoklaufende Norweger Anders Breivik verdiene die Todesstrafe, meint Olli, und ich muss kurz schlucken. Wer auf Kinder schieße, habe sein Recht auf Leben verwirkt. Nicht viel besser sei der Ex-Geschäftsführer von Arminia Bielefeld. Der sei ins

Bordell gegangen, habe gepöbelt, geschlagen und nicht einmal gezahlt.

«Und hast du gehört», sagt Olli, «dass die Frau vom Wulff auch mal unter der roten Laterne gestanden hat?»

«Na ja, es gibt diese Gerüchte über einen Escort-Service ...»

«Pass auf: Das war in Bielefeld. Ein Kumpel von mir weiß sogar, in welcher Straße und in welchem Puff die anschaffen ging.»

Eigentlich schlimm, wie die Leute über meine Verwandtschaft herziehen, denke ich mir. Noch viel schlimmer ist, dass wir es tatsächlich schaffen, uns zu verlaufen. Erst nach drei Kilometern bemerken wir, dass «U» und «R» von den Baumrinden und Steinen verschwunden sind. Wir laufen ein ganzes Stück zurück. Der Pfad führt quer durch eine Heidelandschaft, und manchmal schimmert noch etwas Schnee im blassen Violett.

Am frühen Nachmittag kehren wir in eine Berghütte ein, die sogar zu dieser Jahreszeit geöffnet hat. Bei Eintopf, Knackwurst und angeblich hausgemachtem Kartoffelsalat (nie im Leben!) erzählt Olli von einer wissenschaftlichen Sensation. Drüben in Hemmighausen hätten Archäologen Neandertalerknochen gefunden, und man habe die DNA der Urmenschen mit dem Erbgut der Leute im Dorf verglichen. Das erstaunliche Ergebnis: Die DNA der Neandertaler und die der Hemmighauser seien fast identisch. «Die sind also seit fünfhundert Generationen nicht aus ihrem Dorf rausgekommen», sagt er, und irgendwie erinnern mich die ewigen Hemmighauser an den ewigen Olli am Sparkassenschalter. Ich behalte diesen Gedanken für mich.

Nach fünfzehn Kilometern trennen sich «U» und «R», und zwei schnaubende Muffel reichen sich die Hand. Wehmütig sind wir nicht. Einerseits war es nett, mit jemandem zu sprechen. Die Zeit ist wie im Flug vergangen. Andererseits sind wir beide froh, nun wieder allein zu sein. Allein mit unseren Gedanken. «Mein Lieber», sagt Olli, «ich wünsche dir noch viele nette Begleiter auf deinem Weg. Aber heute Nachmittag steige ich auf die Waage, und wenn ich nicht mindestens ein Kilo verloren habe, wandere ich nie wieder!»

Olli muffelt zurück ins Unterholz, und ich verbringe die Nacht in einem bulgarisch geführten Hotel in Winterberg. Ansonsten ist das Örtchen fest in niederländischer Hand. Klar, für Holländer sind das hier die Alpen. Die Bewohner Winterbergs werden übrigens «Äggerfriäter» genannt, Eierfresser. Weil sie so gerne Soleier und Pfannkuchen mögen. Aber das nur am Rande.

Die Zeit auf dem Rothaarsteig ist ein Geschenk. Ich steige auf die Skisprungschanze von Winterberg, stiefle über Skulpturenpfade, wage mich todesmutig über Hängebrücken, und manchmal setze ich mich einfach ins Moos, meditiere und atme auf. Die Gedankenspaghetti verschwinden aus meinem Hirn, und nun habe ich endlich wieder Raum für Inspiration. Stundenlang philosophiere ich über die Flachwurzler des Lebens. Es ist doch eigentlich ganz einfach: Alles, was zu seichte Wurzeln schlägt, fällt eines Tages einfach um. Und alles, was zu stark wächst, wird irgendwann von seiner eigenen Masse erdrückt. Das ist auch gut so. Ohne Kyrill wäre der Rothaarsteig nicht halb so spektakulär. Manchmal kann ich durch die Schneisen, die der Sturm geschlagen hat, kilometerweit über die grünen Hobbit-Berge bis ans Ende der Welt sehen. Man muss eben gelegentlich einen Orkan entfachen, um dem Leben Weite zu geben.

In dem Örtchen Schanze gibt es nur eine Handvoll Wohnhäuser, aber gleich zwei Gasthöfe. Einen habe ich ganz für mich allein, die komplette Fachwerkhütte samt Garten. Der Wirt macht Ruhetag, aber ich kann mir die Schlüssel bei seiner Nachbarin abholen. Als wäre schon Hochsommer, sitze ich noch ewig im Freien, sehe in den Sonnenuntergang über der Skipiste und warte darauf, dass die Wölfe heulen. Ob sich Heinrich IV. auf seinem Gang nach Canossa auch so gehen lassen konnte? Oder war seine ganze Reise eine einzige, eiserne Qual?

Am nächsten Morgen blicke ich in den Spiegel und entdecke etwas Seltsames in meinem Gesicht. Einen Ausdruck, den ich seit Jahren nicht mehr darin gesehen habe: Entspannung. Vielleicht liegt es an diesem Morgenlicht, das ich so liebe. Wenn sich der Himmel öffnet, die ersten Sonnenstrahlen wie Schnee in die Baumreihen fallen und leuchtende Punkte auf den Moosteppich malen, dann schneit es auch auf meine Seele. Der Sound des Waldes, dieses Mantra der Rotkehlchen und Zaunkönige hypnotisiert mich, und der Geruch von Erde und taufeuchtem Laub erinnert mich an die endlosen Sommer meiner Kindheit, als ich in den Bombentrichtern im Waldstück meines Opas BMX gefahren bin. Irgendwann fand ich in den Löchern Autowracks, Kühlschränke und alte Farbdosen, und ein paar Wochen später fand ich die Löcher nicht mehr wieder.

Nach sieben Tagen zwischen Muffeln, Wildsäuen und Flachwurzlern zerrt mich der Rothaarsteig brachial zurück in die Zivilisation. Der Weg der Sinne führt auf seinen letzten, desillusionierenden Metern über einen Autobahnzubringer, durch einen versifften Graffiti-Tunnel, vorbei am «American Restaurant Food Attack» und dem anatolischen «Bistro Casablanca» in die Arme der lichtscheuen Gestalten am Bahnhof Dillenburg. Es wäre das gänzlich unwürdige Finale eines wundervollen Wanderwegs, wenn nicht hier, ausgerechnet in der hessischen Provinz, die sterblichen Überreste des Messias begraben lägen: die Asche des großen Geistheilers Bruno Gröning.

Bruno wer?

Bruno Gröning, eigentlich Bruno Grönkowski, war der Heiland der Trümmerfrauen, der Ritter der Kriegswaisen, das allerletzte Fünkchen Hoffnung der Zerschossenen, Verstümmelten und Verkrüppelten. In den Jahren nach dem Zweiten Weltkrieg glaubten einige tatsächlich, der Allmächtige hätte seinen Sohn ein zweites Mal auf die Erde entsandt – diesmal in Gestalt eines sehnigen deutschen Tischlers mit Geheimratsecken, Segelohren und schwarzen, dämonischen Augen. Man könnte auch sagen: eine Mischung aus Bill Murray und Bram Stokers Dracula. Seinen fußballgroßen, furchterregenden Kropf betrachtete Gröning übrigens nicht als Leiden, sondern als Beweis für seine anschwellende, göttliche Energie. Zehntausende versammelten sich täglich vor Grönings Wohnung und warteten darauf, dass der Meister auf dem Balkon erschien und ihnen seinen paranormalen «Heilstrom» schickte. Die Presse nannte ihn ein «Phänomen», sprach von einem

«Weltereignis», und es wirkte, als hätte Gröning, der zuvor erfolglos als Kellner, Uhrmacher, Konditor, Filmvorführer und Postbote jobbte, endlich seine Bestimmung gefunden.

Natürlich lief die Schulmedizin Sturm, aber Deutschland lechzte nach Wundern, und Bruno Gröning lieferte. «Es gibt kein Unheilbar», verkündete er, «Gott ist der größte Arzt.» Eines Tages entdeckte Gröning einen Gelähmten in der Menge. Er ließ um ihn herum Platz machen, besah den Kranken und befahl: «Steh auf und geh!» Und sogleich erhob sich der Mann aus seinem Sitz und wackelte zu Fuß nach Hause. Den Rollstuhl schob er. Leider versagten Grönings himmlische Heilkräfte in der eigenen Familie: Die Ehefrau und beide Kinder starben früh, der Maestro selbst hauchte seinen Geist mit nur zweiundfünfzig Jahren aus. Er litt an Magenkrebs.

Auf Grönings Grab in Dillenburg, das immer noch täglich von Verzweifelten heimgesucht wird, ruht eine Steinkugel: «Vertraue und Glaube» steht darauf. Vielleicht, weil Gröning seinen Anhängern zu Lebzeiten Bällchen aus Stanniolpapier verkaufte, in die er Blutstropfen, Haare und Fußnägel einschloss. Bis heute berichten Menschen im Internet von den unerklärlichen Kräften dieser kostbaren Kugeln – wie Grönings DNA den Ischias beruhigt oder den Schnupfen der Enkel lindert. Es gibt sogar einen weltweiten «Bruno-Gröning-Freundeskreis» mit angeblich sechzigtausend Mitgliedern in achtzig Ländern.

Vor ein paar Jahren habe ich einen Film über den «Mythos Bruno Gröning» gedreht und eine unverzeihliche Sünde begangen. Wir fuhren zu einer alten Wirkungsstätte des Wunderheilers, liehen uns echte Gröningkugeln aus dem Museum und waren wohl alle etwas überarbeitet. Bald flogen die unersetzlichen Artefakte als Fußbälle durch die Sommerluft, dann banden wir sie an Nylonfäden und ließen sie wie Ufos ins öffentlich-rechtliche Bild baumeln. Eine klassische Übersprungshandlung. Am Ende besorgten wir uns auf Kosten der Gebührenzahler Alufolie, rollten sie zwischen unseren Handflächen und gaben dem Museum eine gemischte Wundertüte mit Gröning-Kugeln und Gastmann-Kugeln zurück – sie waren einfach nicht mehr zu unterscheiden. Ich hoffe, der liebe Gott hat Humor.

Es mag an Bruno Gröning liegen, dass die Dillenburger empfänglicher für Esoterik sind als andere Hessen. Und mein schlechtes Gewissen mag schuld daran sein, dass ich mich ebenfalls darauf einlasse. Vielleicht hat der Rothaarsteig meine Spiritualität geweckt. Wie auch immer, in der Lokalzeitung entdecke ich diese rätselhafte Kleinanzeige:

GEMEINSAM AKTIV FÜR EINE WELT, IN DER LIEBE DAS MASS ALLER DINGE IST. BIST DU DABEI?

Mein Kopf denkt zwar «Auf keinen Fall!», doch mein spiritueller Geist wählt eine Nummer, die unter dem Inserat auftaucht. Schließlich hat Lotte gesagt, ich solle lernen, mich selbst zu lieben. Es klingelt zweimal, dann meldet sich eine freundliche, mittelalte Frauenstimme.

«Erika Wolf-Zielinski ...»

«Ja, äh, Gastmann hier. Ich habe Ihre Anzeige gelesen. Was verbirgt sich denn dahinter?»

«Was vermuten Sie denn?», fragt die Stimme, und ehrlich gesagt habe ich zuerst an Hausfrauen-Prostitution, eine Tantra-Schule oder Schlimmeres gedacht. Ich erkläre Frau Wolf-Zielinski, dass ich Journalist und berufsbedingt neugierig sei. Sie quietscht und sagt, es sei Schicksal, dass ich ausgerechnet heute anrufe, denn am Abend halte sie mit einer Kollegin einen kleinen Vortrag im Nachbarort Gladenbach. Den allerersten Vortrag ihres Lebens. «Es geht also nicht um Erotik?», frage ich. Frau Wolf-Zielinski verneint entschieden, gibt aber zu, dass ihre Anzeige vielleicht etwas missverständlich ist. Sie habe auch selten so viele obszöne Anrufe bekommen wie in diesen Tagen. «Herr Gastmann, wir zeigen Ihnen, wie Sie alle Probleme des Lebens in Liebe lösen können.» – «Oh, prima», antworte ich und sehe hektisch nach, ob es in meinem Zimmer eine Minibar mit Hochprozentigem gibt. Gibt es leider nicht.

Ich nehme etwas panisch das einzige Taxi der Stadt, lasse mich zwanzig Kilometer nach Gladenbach kutschieren, entdecke eine hübsche Trattoria und beginne, mir Mut anzutrinken. Als ich dem italienischen Chef von meinem Canossa-Gang erzähle, hüpft sein Herz.

«Nein!», sagt er.

«Doch!», sage ich.

«Nein!», sagt er.

«Doch!», sage ich.

«Incredibile!», ruft er. «In-cre-di-bi-le! Zu Fuß nach Italia?»

«Ja, richtig.»

«Du alleine?»

«Ja.»

«Bravo!», lacht er und schüttelt meine Hand. «Complimenti! Complimenti! Du machst mich stolz! Ich bin Renato.»

«Dennis. Freut mich!»

«Dennis! Dennis! Mein Freund! Hey, hört mal alle her! Silenzio! Einmal Ruhe bitte!»

Jetzt schreckt Renato das ganze Lokal auf. Dabei bin ich doch undercover unterwegs.

«Pssst, Ragazzi, dieser Mann hier, Dennis, er geht nach Italia! Solo! Ganz alleine! Zu Fuß nach Italia!»

Ich lächele verlegen, Renato flitzt zurück an meinen Tisch und reicht mir erneut die Hand.

«Respekt, Dennis, Respekt.»

«Na, ich bin ja noch nicht da.»

«Das ist egal. Du schaffst das, ich glaube an dich. Wohin gehst du noch mal genau?»

«Nach Canossa! Ich trete den Gang nach Canossa an.»

Renato zieht die Augenbrauen hoch.

«Wieso denn Canossa? Wieso nicht Bari? Ich komme aus Bari!»

«Heinrich IV.», brummelt ein Gast.

«Fa lo stesso!», ruft Renato. «Ist doch auch egal.»

«Ich war noch nie in Italien», sage ich.

«Du machst Witze. Noch nie in Italia? Noch nie?»

«Nein, ich ...»

«Dann hast du auch nie gelebt!»

Jetzt ziehe ich die Augenbrauen hoch. Es stimmt wirklich, ich war schon in Bolivien, Malaysia, Äthiopien, Taiwan und Neuseeland, aber noch nie im Land der Zitronen und treulosen Tomaten. Italiener kenne ich nur aus der Pizzeria «Da Pietro» an der Rheiner Landstraße in

Osnabrück-Weststadt und von leidvollen Erfahrungen bei EM- und WM-Spielen. Italiener sind die Spieler, die gefühlte neunzig Minuten gekrümmt auf dem Rasen liegen und am Ende gewinnen. Mein Lieblingsitaliener? Ein großer Schauspieler: Bud Spencer. Renato ähnelt übrigens dem jungen Al Pacino, allerdings hätte der sich nicht die Augenbrauen gezupft.

«Dennis, pass auf. Wenn du nicht nach Bari willst, ist es okay. Canossa ist auch wunderschön. Wun-der-schön! Bellissima! Warte, ich hol etwas.»

Renato eilt hinter den Tresen, reißt ein kleines Bild von der Wand und sprintet zurück an meinen Tisch.

«Mein Freund, weißt du, wer das ist?»

Ich blicke auf das Porträt eines bärtigen alten Mannes im Mönchsgewand. Es ist nicht der Nikolaus, es ist nicht Vader Abraham, es ist auch keiner von den Ludolfs.

«Dennis, das ist Padre Pio. Padre Pio! Der kommt aus Canossa!»

Renato erklärt, der Padre sei so etwas wie der Lieblingsheilige der Italiener. Und vielleicht ist es blasphemisch, aber ich würde sagen: Padre Pio ist der Bruno Gröning Italiens. Zwar hatte der Geistliche keine Fußnagel-Hautfetzen-Kugeln, dafür konnte er hellsehen und beherrschte die große Kunst der Bilokation: Padre Pio konnte an zwei Orten gleichzeitig sein und an zwei Orten gleichzeitig heilen. Doch eine andere Sache macht ihn zum Supertrumpf im Wunderheiler-Quartett. Kurz nach der Priesterweihe entdeckte der Padre blutige Stellen an seinen Händen und an den Füßen: die Wundmale Jesu Christi. Ein Klassiker. So wurde der Padre zum Popstar. Und auch wenn böse Zungen behaupten, Pio habe sich die göttlichen Zeichen mit ätzender Säure selbst zugefügt und noch dazu eine unchristliche Schwäche für Bunga-Bunga-Partys gehabt (genau wie Gröning angeblich auch), hat ihn der Vatikan vor zehn Jahren heiliggesprochen. Das ist Italien. Renato hängt das Bild vorsichtig zurück an den Haken.

«Padre Pio. Wir lieben ihn. Und ich verspreche dir, Dennis: Dich werden die Italiener auch lieben! Zu Fuß nach Italien, du bist verrückt, aber du bist mein Freund!»

Später erfahre ich, dass Padre Pio nie einen Fuß auf die Burg Canossa gesetzt hat und aus einer völlig anderen Gegend in Süditalien stammt. Aber egal, ich freue mich auf die Liebe der Italiener, so wie ich die Liebe der mittelalten Frau Wolf-Zielinski fürchte. Trotzdem möchte ich ihr Vortragsdebüt nicht verpassen und verlange nach der Rechnung.

«Alora: Insalata Mista, Canneloni al Forno, drei Radler, ein doppelter Espresso – fünf Euro bitte.»

«Nein!», sage ich.

«Doch!», sagt Renato.

«Nein!», sage ich.

«Doch!», sagt Renato und deutet mit ausgestrecktem Zeigefinger in mein Gesicht. «Und wenn du in Italia bist, dann denkst du mal an mich. Capito?»

Bitte nicht falsch verstehen, aber in diesem Moment spüre ich ein klitzekleines bisschen Amore in mir. Allerdings hat Renato mir auch mit sanftem Druck nahegelegt, ihn und seine ausgezeichnete Pizzeria in diesem Buch positiv zu erwähnen. Was soll ich machen? Auch das ist Italien.

Wenn Jesus, Padre Pio oder Bruno Gröning wieder auf die Erde kämen, wo würden sie das erste Mal zu den Menschen sprechen? Auf dem Petersplatz in Rom? Auf dem Times Square? Bei Reinhold Beckmann? Das «Haus des Gastes» in Gladenbach ist der übliche provinzdeutsche Albtraum aus Funktionalität und flippigem Neunziger-Jahre-Design mit Waschbeton-Pflanzkübeln vor dem Eingang. Montags bittet die Volkshochschule zum Seniorentanz, dienstags trifft sich die Bläsergruppe der Jägervereinigung Hinterland, heute Abend tagen die Weight Watchers im Konferenzraum. Frau Wolf-Zielinski hat für ihren Vortrag die sechzig Quadratmeter kleine «Doktor-Berthold-Leinweber-Stube» im ersten Stock reserviert, Treppe rauf, scharf rechts. An der Tür, pressspanfurniert, klebt ein DIN-A4-Zettel. «Vortrag um 19:30 Uhr: Was Dich heilt und was Dich krank macht.» Der Seminarraum ist optimistisch bestuhlt, aber immerhin, fast zwanzig Gäste sitzen in den Reihen zwischen grauen Metaplanwänden und den weißgold gerahmten Ölmalereien eines regionalen Künstlers. Die Neonlampen sind ausgeschaltet, nur eine einzige orangefarbene Kerze erhellt die Szenerie. Sie steht auf dem rötlichen Kunstfaserteppich. Um sie herum liegen beschriftete Karteikarten: «Liebesfähig sein», «Ganz sein», «In meiner inneren Mitte sein». Dazu flöten esoterische Klänge.

Wer besucht so einen Vortrag? Die meisten Zuhörer sind weiblich und schon ergraut, eine von ihnen hustet schwer. Neben mir in der ersten Reihe sitzt eine etwas jüngere Frau mit verquollenem Gesicht und wässrigen Augen, die abwechselnd nervös ihre Handflächen knetet oder in winzig kleinen Schlucken eine dunkelbraune Flüssigkeit aus einer unetikettierten Plastikflasche zu sich nimmt. Sie hat ganz offensichtlich Schmerzen.

Erika Wolf-Zielinski nimmt direkt vor uns Platz. Eine gemütliche Hausfrau in Ringelpulli und Jeans, mit praktischer Kurzhaarfrisur und Brille. Wie ein Schulmädchen wackelt sie auf ihrem Sitz herum, die Hacken ihrer Turnschuhe an die Stuhlbeine geklemmt, die Spitzen tippeln auf der Teppichkante. Iris, eine graue Maus in Jeanskombination mit Pagenschnitt und leicht geröteten Wangen, hockt genauso da und starrt auf den Boden. Sie ist die Koreferentin. «Es ist schön, dass so viele heute Abend gekommen sind», sagt Frau Wolf-Zielinski und schenkt mir ein halbes Lächeln. Ganz besonders freue sie sich «über die Anwesenheit des jungen Mannes von der Presse». Die Regionalzeitung mache sich ja nur über sie lustig: «Sogenannte Heilerinnen» habe man sie dort genannt, das ärgere sie sehr. «Deswegen gehen Iris und ich jetzt in die Offensive und wollen der Gemeinde und der ganzen Welt zeigen, was wir können!»

Die Tagesordnung:

Punkt 1: «Was Dich krank macht»
Punkt 2: «Was Dich heilt»
Punkt 3: «Was wir anbieten»

Jetzt traut sich auch die Koreferentin, etwas zu sagen. Erst stockend, dann laut und burschikos, das überrascht. «Eigentlich sollte ich ein Junge werden», poltert Iris, und das habe sie krank gemacht. Stress mit den Eltern, kein Körpergefühl, kein Selbstbewusstsein, und auf der Arbeit in der Großküche habe man sie von morgens bis abends nur gemobbt. Das Ende vom Lied: Burn-out, ein Haufen chronischer Krankheiten und Ärzte, die nicht helfen konnten. «Dann habe ich gemerkt, dass ich mich selber heilen kann!», sagt Iris. «Erst mit Vitaminen, dann mit Synergetik. Ich habe in meinem Innern weißes Licht gesehen und damit mein Asthma und einmal auch meinen Hexenschuss kuriert!»

Frau Wolf-Zielinski macht ein zufriedenes Gesicht, dabei klingt ihre Leidensgeschichte ähnlich bitter. Sie sei immer so traurig gewesen, meint Erika. Ihre Kindheit war schwer. Um den Kummer zu verbergen, habe sie gelächelt und alberne Späße gemacht. «Ich war schon als kleiner Fratz ein richtiger Clown, ein todunglücklicher Spaßvogel.» Zwanzig Jahre arbeitete sie als manisch-depressive Metzgerin an der Wursttheke, zuletzt im Globus-Markt in Dudenhofen. Eine gelernte Fleischereifachverkäuferin voller Mitgefühl. «Ich habe immer gesagt: Wenn ich ein Tier esse, dann soll es wenigstens ein schönes Leben gehabt haben.» Doch nach einer Schulung bei Rewe konnte sie Leberwurst und Geflügelsülze aus moralisch-ethischen Gründen nicht mehr verkaufen. «Die bei Rewe haben einen Hochsicherheitstrakt», sagt Erika, «da wird dem Fleisch Sauerstoff zugefügt, damit es frisch aussieht und sich länger hält. Frischfleisch führen die gar nicht mehr – das ist doch Betrug! Wenn die Kunden zu mir an die Theke kamen und fragten: Na, was können Sie mir denn heute Schönes empfehlen? Dann habe ich gesagt: Bäh! Gar nichts davon.» Und es kam noch schlimmer. Von den Antibiotika im Formschinken bekam Frau Wolf-Zielinski eine schlimme Gürtelrose an den Händen und irgendwann sogar eine Psychose. Ihr war, als könne sie die geschundenen Seelen der toten Tiere in der Auslage spüren. Sie schmiss hin.

Seit acht Jahren therapiert sich Erika selbst, und es geht ihr besser. Nun übt sie das Handauflegen – mit Erfolg: Neulich habe sie ihre Hündin geheilt, der Labrador litt an Haarausfall. «Und heute ist ihr Fell so schön wie nie!», sagt Frau Wolf-Zielinski, und jetzt zieht auch Iris das erste Mal die Mundwinkel nach oben.

«Wir müssen die Schwierigkeiten des Lebens in Liebe lösen», lächelt Iris. «Ich meine nicht die amouröse oder die sexuelle Liebe, sondern die spirituelle, die göttliche Liebe. Wobei das eine das andere nicht ausschließt.»

«Wir, äh … verbinden uns mit der spirituellen Ebene», sagt Erika, «und heilen dann durch den Geist und unsere Hände.»

Wie das in der Praxis funktioniert? Angeblich ganz einfach: Erika fährt mit ihren Händen über den erkrankten Körper und spürt dann die Gallensteine, die Krampfadern oder das chronische Rheuma in sich selbst. Iris dagegen heilt mit ihrem «dritten Auge». Sie betrachtet den Patienten, schließt die Lider, und in ihrem Kopf erscheinen Röntgenbilder, zum Beispiel von verletzten Organen. Nach der Diagnose schickt sie den Kranken Licht und Farben aus ihrem Innern. «Das klingt schön», sage ich, und Iris meint, auch ich hätte viel strahlendes Licht in meinem Körper. Nur würde es im Kopf flackern, und meine Füße seien dunkel wie die Nacht. Beide Therapien sollen gegen jedes denkbare Leiden helfen. Gegen Stress, gegen Lernschwäche, gegen Kinderlosigkeit, gegen Beziehungsquerelen, sogar gegen Geschäftsprobleme. Ja, Licht, Farben und Liebe könnten den Umsatz einer Firma deutlich ankurbeln, sagt Iris.

«Gibt es denn etwas, das Sie nicht heilen können?», frage ich.

«Prinzipiell ist alles möglich», antwortet Iris, «ich habe allerdings noch nicht mit jeder Krankheit gearbeitet. Man kann's halt nicht versprechen: Wenn's hilft, dann hilft's, wenn nicht, dann eben nicht.»

«Haben Sie schon viele Menschen geheilt?»

Erika und Iris geben zu, dass sie bisher nur Erfahrungen auf dem Gebiet der Selbstheilung besitzen. Aber es sei nun Zeit, an die Öffentlichkeit zu gehen. Die Preise: fünfzig Euro für eine Stunde Liebestherapie mit Erika oder Iris, hundert Euro für beide zusammen. Ein gemeinsamer Meditationstag in der Gruppe ist vergleichsweise günstig: 16,50 Euro ab zehn Personen plus 12,50 Euro für das Mittagessen. «Wir überprüfen unsere Arbeit ständig!», schiebt Iris nach und betont noch einmal, dass sie keine Heilung garantieren könne. Selbstverständlich bestehe auch immer das Risiko einer Erstverschlimmerung. Übrigens sei sie gesetzlich verpflichtet, dies zu erwähnen. «Wichtig ist, dass die Patienten sich ganz darauf einlassen! Alles ist Energie!», sagt sie und nennt als positives Beispiel den israelischen Löffelverbieger Uri Geller.

Frau Wolf-Zielinski wirkt immer noch leicht nervös. Sie hält einen dicht beschriebenen Zettel in der Hand und hat etwas Besonderes vorbereitet: «Ich würde Ihnen allen gerne eine Körperreise anbieten. Das ist eine meditative Entspannungstechnik, mit der wir arbeiten.» So eine Reise könne allerdings ein sehr intensives Erlebnis sein, und die Teilnahme sei natürlich freiwillig. Da sich kein Widerstand regt, beginnt Frau Wolf-Zielinski langsam, sachte und mit sonorer, angenehmer Stimme zu lesen.

«Schließe die Augen und suche dir eine Position, in der du dich ganz und gar wohlfühlst. Lass die Schultern fallen, einfach fallen. Entspanne die Muskeln, den Nacken, die Arme, die Beine . . .»

Ich blinzle kurz und sehe, dass wirklich jeder im Raum zu einem Ausflug in sein Inneres aufgebrochen ist. Die Gladenbacher sind in sich zusammengesackt, so friedlich und gelöst wie die Leichen im Tatort der ARD. Ich selbst habe geistig in meiner Badewanne Platz genommen.

«. . . Jetzt stell dir vor, wie warmes goldenes Licht von deiner Stirn aus durch den Kopf in deinen Nacken fließt. Vielleicht spürst du, wie es dich küsst und wie es dich wärmt. Wie es von deinem Nacken in deinen rechten Oberarm scheint, in den Unterarm und jetzt in deine Hände. Vielleicht spürst du die Wärme nun auch in der linken Körperhälfte . . .»

Schon wieder muss ich blinzeln und sehe nur die sterbliche Hülle von Iris, ihr Geist ist irgendwo auf dem Rothaarsteig oder bei den armen Seelen im gemischten Hack von Dudenhofen. Erika lässt ihr goldenes Licht noch zehn Minuten kreuz und quer von oben bis unten durch unseren Leib touren, dann kommt sie zum Ende.

«. . . Dein Körper ist nun ganz von goldenem Licht erfüllt, und vielleicht fühlst du jetzt eine wohltuende, liebevolle Wärme überall in dir. Nun verharre noch ein wenig in dieser entspannten Position, dann kehre allmählich zurück in unsere Welt und öffne die Augen, wenn dir danach ist.»

Stille.

«Haben Sie etwas gespürt?», flüstert Iris, und einige nicken beseelt. Ich selbst hatte leider nur das wohlig-warme Gefühl der Cannelloni im Magen und den verdammten Tinnitus im Ohr. Wie schade, ich hätte das goldene Licht gerne gesehen.

Der Vortrag geht zu Ende, und die beiden bedanken sich. Erika legt uns bunte Infozettel ans Herz, und Iris erwähnt, dass sie am Eingang eine Spendenbox aufgestellt hat. «Fünf Euro, zehn Euro, wie Sie empfinden!», sagt sie, und die Zuhörer applaudieren. An der Tür bildet sich die übliche Traube derer, die noch diskutieren wollen. Eine weitere Heilerin, ein Verschwörungstheoretiker aus Leipzig und eine Dame, die sich selbst als Hexe bezeichnet, das aber nicht an die große Glocke hängen möchte. Die drei fragen mich, ob ich vom Sonnensturm gehört hätte, vom Weltuntergang und davon, dass die Erde bald in die fünfte Dimension rutschen werde.

«Nein!», sage ich.

«Doch!», sagen die Leute.

«Ist nicht wahr!», sage ich.

«Doch!», sagen die Leute, und irgendwann sitze ich neben der freundlichen, mittelalten, geistheilenden Metzgerin Frau Wolf-Zielinski in einem roten Kleinwagen. Sie macht mit mir eine physische Körperreise zurück nach Dillenburg, denn es ist fast zehn, und Gladenbach ist schon klinisch tot. Kein Bus, keine Bahn, kein Taxi. Erika erzählt von zu Hause. Von ihrer Hündin mit dem glänzenden Fell, von ihren Kindern, die sie glücklich machen möchte, von ihrer dritten Ehe mit einem cholerischen Polen, der schwerer Alkoholiker sei, und davon, wie lange sie nun schon versuche, die Dinge in Liebe zu lösen. «Wenn er mich wenigstens schlagen würde», sagt sie, «dann könnte ich ihn aus dem Haus klagen!»

An einer Kreuzung in der Dillenburger Altstadt lässt sie mich aussteigen. Frau Wolf-Zielinski winkt, schenkt mir ein letztes halbes Lächeln und braust weiter. Wohin sie fährt? Nach Canossa. Wie jeden Abend.

KAPITEL 6

Rien ne va plus

(Frankfurt)

Schon mal vom Frankfurter Applaus gehört? Man krempelt einen Ärmel hoch, bindet sich den Unterarm ab und schlägt mit den Fingern der anderen Hand so lange auf die Ellenbogenbeuge, bis die Venen hervortreten.

Ich bin zum ersten Mal am Main, und in nur vierzehn Minuten bekomme ich eine Ahnung davon, wie entsetzlich tief der soziale Marianengraben in dieser Metropole ist. Mein Rundgang beginnt am Hauptbahnhof und führt über die Kaiserstraße in die Innenstadt. Nach sechzig Sekunden grüßen die üblichen Dosenbiersäufer, Taschendiebe und Crackdealer. «Money, Money», bettelt eine Frau mit Kopftuch, es folgen Wettbüros, Spielhöllen, Sexshops, Pornokinos und afrikanische Nach-Hause-telefonier-Läden.

Ein Pfandhaus verspricht «schnelle und unbürokratische Kredite» und wirbt mit dem Slogan «Eines ist sicher: Gold! Jetzt hier kaufen!». Nach drei Minuten beginnt der Straßenstrich. Ein Mann in Lederjacke führt seinen Kampfhund spazieren, ein Greis mit neongelber Baseballkappe und hellblauer Ballonweste hält etwas anderes an der Leine. Mit der linken Hand zieht er einen Militärjeep aus Plastik hinter sich her, auf dem Fahrersitz hat das Eichhörnchen aus dem Film «Ice Age» Platz genommen, in der rechten Hand balanciert er eine Packung Toffifee. «Guuude!», ruft der Hagere mir zu und wendet sich ab. Nun sind sechs Minuten vergangen. An der Kreuzung zwischen Bahnhofs- und Bankenviertel donnert plötzlich ein mintgrüner Lamborghini über den Asphalt. Welchem Milieu soll ich dieses Batmobil zuordnen? Schwierig. Reichtum und atemberaubend schlechter Geschmack gehen gerne Hand in Hand, da unterscheidet sich der Zuhälter nicht vom Hedgefonds-Manager. In Minute acht werde ich vom gigantischen Schatten des Commerzbank-Towers gefressen und in einen kaffeeduftenden Strom aus Krawatten, Lack, Kostümchen, High Heels und To-go-Bechern gesogen. Er zieht mich durch die kalten Straßenschluchten zwischen den Wolkenkratzern und spuckt mich nach exakt vierzehn Minuten dort wieder aus, wo sich Bulle und Bär gute Nacht sagen. In Mainhattan scheinen Elend und Dekadenz Nachbarn zu sein, aber in welcher Doppelhaushälfte wohnt das Böse? Ich flüchte zurück ins Bahnhofsviertel.

«Wissen Sie, warum Frankfurt die Stadt mit der höchsten Kriminalitätsrate in Deutschland ist?», fragt mich der Rezeptionist. «Es sind nicht die Fixer, es sind auch nicht die Kosovo-Albaner, die Hassans oder die Sergejs. Es sind die Banker. Alle großen Kreditinstitute haben ihre deutsche Zentrale hier bei uns. Und wenn die Finanzheinis irgendwo im Land Mist bauen, wird das immer in die Frankfurter Statistik eingerechnet.»

«Die Verbrecher tragen also schwarze Anzüge?»

«Herr Gastmann, wahre Gangster gehen in die Politik oder gründen eine Bank.»

Und wie heißt es noch mal so schön? *Alle Hesse sin Verbräschä, denn se klaue Aschebäschä. Klaun se keine Aschebäschä, sind se schlimme Messä-Schdäschä.*

Der Himmel über Frankfurt ist trübe und taucht das deprimierende Ensemble aus Rabattläden, Straßengrau und schmutzigen Fassaden in ein fahles Licht. Doch die Außenwand des Hotels leuchtet orangerot wie mein Elternhaus oder der Kaftan des kleinen Muck, und vor dem messingbeschlagenen Portal stehen Palmen und marokkanische Laternen. Auch mein Zimmer ist ein Traum aus Tausendundeiner Nacht. Auf der auberginefarbenen Samtdecke liegen bunte Kissen, die mit Glitzersteinchen bestickt sind. Ein silbernes Teetablett blitzt über dem holzgeschnitzten Bett, Orchideen blühen auf dem Nachttisch, und verzierte Lampions werfen ein Ornament aus Schatten an die ocker getünchten Wände. Neben den goldgelben Gardinen hängt ein indisches Sorgenfenster aus dunklem Holz. Den ganzen Tag über bleiben seine Läden geschlossen, nur am Abend öffnet man es, schaufelt den Seelenschutt hinein und schließt es wieder. Der kleine Kasten soll verhindern, dass Kummer und Leid nachts über die Bettdecke krabbeln.

Gestern Abend erzählte ich dem Fenster von meinem linken Fuß. Der alte Junge trug mich bis Grävenwiesbach, vierzig Kilometer vor Frankfurt, dann machte er schlapp, und ich stieg zerknirscht in eine Bahn. Es musste so kommen. Schon auf dem Rothaarsteig habe ich gemerkt, dass etwas nicht stimmt. Seit Winterberg sticht es in der Fußsohle unter dem großen Zeh. Morgens spüre ich es kaum, doch von Wanderstunde zu Wanderstunde wird es schlimmer. Erst fühlt es sich an, als würde ich auf einer Reißzwecke gehen, dann breitet sich der Schmerz langsam im Vorderfuß aus. Ganz automatisch versuche ich, das Gewicht auf die Hacke zu verlagern, doch diese Fehlhaltung schlägt wiederum auf den Rücken.

Ich ahne Böses. Wenn ich Pech habe, endet das Abenteuer meines Lebens schon hier in der Villa Oriental. Vor der Reise ließ ich mich von einem befreundeten Leistungsdiagnostiker untersuchen. Helge stellte mich mit Atemmaske und EKG auf ein Laufband, und nach fünf Minuten dachte er, der Pulsmesser wäre kaputt. Ich war schon bei hundertsiebzig. Damals zweifelte er stark an meinem Gang nach Canossa, nicht nur wegen der Kondition. «Spätestens in Osnabrück hast du einen Ermüdungsbruch!», sagte er, und offenbar erwischt es mich jetzt in Hessen.

In meiner Not besuche ich die Sprechstunde bei Herrn Dr. Google, so wie es die meisten Hypochonder heutzutage tun. Der digitale Medicus bestätigt meine Diagnose:

Stressfraktur – Die Beschwerden äußern sich schleichend. Der Patient bemerkt leichte Schmerzen, die nur unter Belastung auftreten und im Ruhezustand nicht mehr zu spüren sind. Ermüdungsbrüche entstehen unter einer normalen, sich dafür aber ständig wiederholenden Bewegung sowie durch sehr inten-

sive Anstrengungen. Besonders häufig ist der Mittel-
fußknochen betroffen.

Na toll. Ich tröste mich damit, dass jede vierte Fehldiag-
nose angeblich auf das Konto des Internets geht, und
möchte den Fuß erst mal eine Weile beobachten. Auf
Wartezimmer oder Notaufnahme habe ich keine Lust.
Was sollen die Ärzte denn machen, mich krankschreiben?
Und so raste ich ein paar Tage in Gotham City.

Wenn man von der Aussichtsplattform des Main
Towers auf die Stadt blickt, dann sieht es so aus, als sei
ein Ufo im beschaulichen Hessen gelandet. Das ist der
Unterschied zwischen Mainhattan und Manhattan. New
York reicht bis zum Horizont, aber Frankfurt ist eigentlich
ein lauschiger Ort im Grünen. Das knappe Dutzend Wol-
kenkratzer wirkt im Äppelwoi-Land so deplatziert wie
ein Taxi im Autokino. Doch noch etwas anderes scheint
nicht ganz von diesem Stern zu sein. Im Park unter der
Europäischen Zentralbank erwacht der Frühling. Männer
mit Rastalocken sind aus ihren Tipis gekrochen, dösen auf
angeschimmelten Cordsofas und genießen etwas benommen die ersten zarten Sonnenstrahlen des Jahres. In der
Luft liegt Jimi Hendrix, und im braunen Gras zwischen
Zigarettenstummeln und leeren Jägermeisterflaschen
sprießen erste Schneeglöckchen. Ein Hauch von Wood-
stock, Dauercamper-Romantik und Ausnüchterungszelle
weht über den Platz.

«Sie betreten den antikapitalistischen Sektor!» – mit
dieser DDR-Reminiszenz nimmt das Occupy-Camp
seine Gäste in Empfang. Seit dem fünfzehnten Oktober
letzten Jahres harren zwanzig, dreißig sogenannte Globa-

lisierungsgegner auf der kleinen Grünfläche am Fuße des Euro-Towers aus. Worauf sie warten? Vielleicht darauf, dass die Banker mit erhobenen Händen aus ihren Büros kommen und rufen: Okay, ihr habt uns überzeugt, wir schaffen den Kapitalismus ab! Vermutlich warteten schon mal mehr. Noch immer friert es über Nacht, und manche der Demonstranten haben ihre Zelte über Euro-Paletten gespannt. Ob ihnen diese kleine Ironie bewusst ist? An einer roten Wäscheleine hängen Spruchbänder, eine bunte Sammlung hübscher, aber krummer Wortspiele: «Euro-land ist abgebrannt», «Profitaurus Rex – vom Aussterben bedroht» und «Stell dir vor, es ist Kapitalismus und keiner kauft ein».

Der Zorn richtet sich aber nicht nur gegen Banker und Aktienhändler. Manche protestieren auch gegen die Militärherrschaft in Ägypten, prangern Hühnerbarone und Legebatterien in Niedersachsen an, und am Sonntag um 17.30 Uhr soll der «Dritte-Welt-Haus-Chor» im Camp auftreten. So ist es nun mal – Gutmenschen und Pazifisten kämpfen an allen Fronten. Am Infostand schüttelt ein grauer spindeldürrer Mann die Spendendose, er sammelt Geld für das Ende des Geldsystems. Ein rosafarbenes Schild weist darauf hin, dass die Bettler vor der Oper und auf der gegenüberliegenden Seite des Zeltlagers ausdrücklich nicht zu Occupy gehören.

«Hat sich denn schon was getan?», frage ich.

Der alte Mann grinst, und ich zucke kurz zusammen, als ich die gelben Stümpfe in seinem Mund sehe. Die ganze obere Zahnreihe ist entzündet und blutrot.

«Nö, tut sich nix. Das Interesse nimmt ab. Es berichtet ja auch keiner mehr über uns.»

«Könnt ihr denn irgendwo duschen?»

«Um die Ecke, in der GLS Bank.»

«Ihr duscht in einer Bank?»

Wieder lächelt der Mann.

«Nun ja, das ist eine anthroposophische Bank.»

Durch das Aktivistenlager gondelt eine rote Touristen-Rikscha aus Plastik. Darin sitzen zwei Mädchen, sie tragen Paris-Hilton-Brillen und filmen die Szene mit ihren Handys. «Bequem ans Ziel mit dem Sparkassen-Finanzkonzept» steht hinten auf dem Gefährt, und ich kann nicht verbergen, wie enttäuscht ich von diesem deprimierenden Ort bin. Hier passt nichts zusammen. Eigentlich sympathisiere ich mit Occupy, zumindest mit der Idee dahinter. Die Occupy-Aktivisten sind eindeutig die Good Guys in dieser Schmierenkomödie aus faulen Krediten, Skrupellosigkeit und Wahnsinn. Deswegen hatte ich mich auf sie gefreut und sogar kurz darüber nachgedacht, ob ich nicht eine Nacht mit ihnen zelte. Auch wenn ihre Forderungen utopisch erscheinen, wenigstens setzt mal jemand ein Zeichen gegen unser sarkastisches Finanzsystem. Doch nun wird Occupy offenbar selber okkupiert. Die Stimmung im Camp ist leicht aggressiv und schwer alkoholisiert. Es bleibt nur die Kulisse eines Aktivistenlagers, und niemand möchte hier noch ernsthaft die Welt verbessern. Der Herr am Info-Stand schlägt mir vor, am Nachmittag zur großen Occupy-Versammlung zu kommen. Da sei dann auch der Pressesprecher zur Stelle, und man könne mir alle meine Fragen beantworten. Doch die «Asemblea» fällt aus. Als ich ins Camp zurückkehre, liegen leere Rotweinflaschen auf dem Rasen, und ein besoffener Irokese brüllt «Revolution, ihr Schweine!» über den Platz.

Ich nehme daher zunächst Verhandlungen mit der Gegenseite auf. Man sagt, dass Koffein und Kokain die gängigsten Aufputschmittel im Finanzbusiness sind. «Mr. Dax» Dirk Müller schwört auf ganz andere Drogen: «Ich esse auf dem Markt vor der Börse immer erst ein Mettbrötchen mit Zwiebeln und dann ein Fischbrötchen, um den Mettgestank wieder loszuwerden.»

«Sie riechen also lieber nach Fisch als nach Hack.»

«Also am liebsten rieche ich nach grüner Soße», antwortet Müller, und schon reicht er mir eine weiße Plastikschüssel, in der das seltsame hessische Nationalgericht «Grie Soß» schwappt. Kalte Kräutersoße mit saurer Sahne, Mayonnaise, halben, hartgekochten Eiern und lauwarmen Pellkartoffeln. Es schmeckt, sagen wir: besonders. In Frankfurt gibt es sogar ein «Grie-Soß-Festival» und ein «Grie-Soß-Denkmal» – sieben Gewächshäuser, auf deren Böden jeweils eine Zutat der merkwürdigen Suppe geschrieben steht: Schnittlauch, Kresse, Petersilie, Borretsch, Kerbel, Pimpinelle und Sauerampfer. Müller schlägt mir auf den Rücken: «Kriegst du das runter? Ich könnte ganze Eimer davon verdrücken. Wenn die erste Schüssel verputzt ist, bestell ich mir meistens eine zweite, und wenn die dann leer ist, möchte ich nur noch heulen.»

Müllers Schwäche für Deftiges ist vermutlich schuld daran, dass er sich Bulle und Bär äußerlich etwas annähert. Der Gute hat sich einen kleinen Wohlstandsbauch angefuttert. Vor allem aber schlägt in ihm ein großes Herz. Davon konnte ich mich persönlich überzeugen, als wir vor ein paar Monaten im völligen Delirium Bruderschaft getrunken haben. Der Anlass war eigentlich seriös: Ich hatte ihn in meine WDR-Sendung «Der Gastmann» eingeladen, und wir wollten auf der Vierzig-Jahr-Feier von Hellas Troisdorf, einem deutsch-griechischen Fußballclub, über die Eurokrise diskutieren. Doch nach ein paar Ouzo lief die Sache völlig aus dem Ruder. Müller, der nicht mal auf seiner eigenen Hochzeit getanzt hatte, mutierte mit weit aufgeknöpftem Hemd zum griechischen Tanzgott «Dirkules». Nachts um fünf trat er dem Verein bei. Seither – ich muss es gestehen – sind wir ziemlich beste Freunde. Trotzdem sieze ich ihn noch immer, um das letzte Fünkchen journalistische Distanz zu wahren.

Herr Müller pfeift auf solche Förmlichkeiten. Grau ist er geworden. Und trotzdem lächelt er wie ein kleiner Junge. Mit leuchtenden, großen Augen beobachtet er den Rummel, der um ihn gemacht wird, und kann das alles noch gar nicht fassen. Die Eurokrise schwelt vor sich hin, und mittlerweile hat der Börsenguru Dauerkarten für Anne Will, Sandra Maischberger und viele andere. Letzte Woche war er sogar Coverboy von Focus-Money. Doch im Herzen ist Müller immer noch der Abiturient aus dem Badischen, der in Schulpausen zum Kiosk wetzte, um sich das Handelsblatt zu besorgen oder in der Sparkasse eine «dringende Börsenorder» über zweihundert Mark zu platzieren. Andere tanzten Blues in den muffigen Partykellern ihrer Eltern, Müller entwickelte eine erotische Beziehung zu Geld, Aktien und Optionsscheinen. Na gut, das ist vielleicht etwas übertrieben. «Also, ich habe eine erotische Beziehung zu meiner Frau», sagt Müller, «und bevor ich eine erotische Beziehung zu Geld eingehe, muss vorher noch einiges passieren.»

Ausgerechnet der Film «Wall Street» hat ihn angefixt.

Als er seine Ausbildung bei der Deutschen Bank begann, kaufte er sich von seinem ersten Lehrgeld ein Paar rote Hosenträger. So wie sie Charlie Sheen im Film trug. Heute ist Müller der freundliche, aber streitbare Experte, der den Deutschen die Krise erklärt. Das kann er so einfach, unterhaltsam und provokativ wie kein Zweiter. Gerade eben hat er einen Vortrag an der Rohstoffmesse gehalten. «Aktien, Gold, Griechenland. Der übliche Sabbel», sagt er und schlabbert mit traurigen Augen die letzten Reste grüner Soße aus seiner Schüssel.

Nun beginnt Müllers große Show. Er springt auf die Köchin zu und herzt sie so innig, als sei sie seine Großmutter. Die Dame heiße Gisela, Gisela Paul, und Frau Paul sei ein Frankfurter Original. Sie zaubere nicht nur die beste grüne Soße der Galaxie, sie sei auch eine phantastische Sängerin. Zum Beweis schenkt Müller mir Giselas neue CD, die es bei ihr am Tresen zu kaufen gibt. Titel: «Das Bahnhofsviertel lebt». Track vier ist der «Grie-Soß-Rezept-Song»:

> *Ja, Grie Soooooß macht gute Laune,*
> *die hält dich fit, bringt dich uff Trapp!*
> *Ja, Grie Soooooß macht gute Laune,*
> *du bist gut druff und net zu knapp.*
> *Ach, ihr Leut, es ist unsächlich,*
> *ich brauch Grie Soooooß und des zwar tächlich.*
> *Ja, Grie Soooooß, des sach ich dir,*
> *es ist mein Lebenselixier.*

An einer Säule der hundertfünfzig Jahre alten Frankfurter Wertpapierbörse lehnt ein braungebrannter Spekulant und nippt an seiner Weißweinschorle. Es ist Freitag, der Yuppie freut sich aufs Wochenende und erzählt irgendwas von Golf, Handicaps und «Lakeballs». Seine auffällige Weste war sicher sehr teuer. «Oraaaaaange trägt nur die Müllabfuhr!», grölt Müller, und ich folge der Naturgewalt in das vermeintliche Zentrum des Bösen. Hinter den historischen Mauern schlüpfen wir in gläserne Einzelkabinen, die mich an das Raumschiff Enterprise erinnern. Sie beamen uns direkt aufs Parkett. Und plötzlich ist es gespenstisch still. Nur ein Telefon klingelt entfernt, auf der Empore hustet ein N24-Reporter, und alle zehn Sekunden zischen und zappeln neue Aktienkurse auf den Anzeigetafeln über unseren Köpfen. Das war's.

«Ich dachte, an der Börse wäre was los – warum schreit denn keiner?»

«Du hast zu viele amerikanische Filme gesehen, mein Lieber. Auf dem Frankfurter Parkett handeln nur noch Computer miteinander, und deswegen kotzen hier auch alle», knurrt Müller und verdrückt sich in sein winziges, fensterloses Büro. Ich humple ihm hinterher.

«Was hast du eigentlich mit deinem Fuß gemacht?», fragt er.

«Ach, das ist eine lange Geschichte.»

Müllers Geschichte ist schnell erzählt. Als er noch Börsenmakler war, saß er für ein Jahrzehnt im Auge des Orkans, direkt unter der Fieberkurve des Deutschen Aktienindex. Das machte den blassen Händler schleichend berühmt. Immer wieder lichtete die Presse ihn zusammen mit dem DAX-Chart ab, denn alleine war den Fotografen die schwarz-weiße Tafel wohl zu langweilig. Müller lernte schnell, welche Bilder die Medien wollten. Bei steigenden

Kursen lächelte er vergnügt und streckte den Daumen nach oben. Fiel die Kurve, dann blies er die Backen auf und schmollte. Bei einem Crash blickte er wie ein Priester in den Himmel und schloss die Hände zum Gebet. Irgendwann grüßte Müller von der Titelseite jeder relevanten und irrelevanten Zeitung, entsprach er doch so sehr dem Klischee: Dieser Mann mit den kurzen, gegelten Igelhaaren, einem Telefonhörer am Ohr und einem zweiten in der Hand wurde ein Symbol, ein Prototyp, das Abziehbild des Aktienhändlers. Müller gab der Börse ein Gesicht. Erst sehr spät fragten sich die Journalisten, wen sie da eigentlich immer fotografierten. Eine kanadische Tageszeitung nannte ihn «Dirk of the Dax», und in Deutschland war «Mr. Dax» geboren. Ein Glücksfall.

Heute kann er es sich leisten, von seiner Prominenz zu leben. Der nette Herr Müller schreibt Sachbücher und geriert sich als «Anwalt der Anleger». Er sagt, er sympathisiere sogar mit Occupy und den Piraten. Manchmal geht auch sein Temperament mit ihm durch, dann macht er sich in Interviews wie ein Berserker über seine Kollegen an der Börse her. Genauso gerne romantisiert er die guten alten Wall-Street-Zeiten. Allerdings auf seine Weise.

«Damals, als die Allianz die Dresdner Bank kaufte, standen fünfundzwanzig Aktienhändler vor mir, haben auf mich eingeschrien, und ich rief: Ey, du Arschloch, jetzt halt mal die Fresse! Oder: Du bekommst deine Zehntausend, du Sack! Das war zwar rau, aber ehrlich. Damals hat man sich nicht beschissen, und wenn doch, dann nur einmal. Heute ist der Handel komplett entmenschlicht, und das macht ihn so gefährlich. Die Hegdefonds stellen mittlerweile Physiker und Pokerspieler ein, um irgendwas da rauszuziehen.»

Ein Radioreporter des Hessischen Rundfunks unterbricht uns, Mr. Dax möge doch bitte ein Statement zum Thema «Hochfrequenzhandel» abgeben. Natürlich lässt sich Müller das nicht entgehen. Er folgt dem Journalisten ins börseninterne Tonstudio, dann bricht ein badischer Vulkan aus. Das alles sei der größte Unfug, der je erfunden wurde, schimpft Dirk of the Dax: «Wir handeln heute in Sub-Nano-Zeiten! Das muss man sich mal vorstellen: In weniger als einer Nano-Sekunde schließt man ein Geschäft ab. Das alles hat mit sozialer Marktwirtschaft gar nichts mehr zu tun. Wenn dabei auch nur ein kleiner Fehler passiert, dann verbrennen wir Millionen!»

So ein kleiner Fehler, sagt Müller, könne ganz banal sein. Zum Beispiel gebe ein Händler bei der Aktienorder statt der gewünschten Menge «50» aus Versehen, hopplahopp, die Wertpapiernummer «863543» ein.

«Früher hab ich die Kollegen in so einem Fall angerufen und gefragt: Ist das dein Ernst? Dann wurde das Geschäft natürlich annulliert. Aber Computer stellen keine Fragen. Die führen nur aus. Beim Flash Crash vor zwei Jahren haben wir durch so einen bescheuerten Tippfehler an der New Yorker Börse eine Billion Dollar vernichtet – in nur sechs Minuten!»

Mir war nicht klar, wie zynisch die globalisierte Wirtschaft tatsächlich sein kann. Ein einziger Tippfehler, ein Wimpernschlag kann die Welt aus den Angeln heben, Krisen und Kriege auslösen. Die einen wetten auf die Pleite von Griechenland, sie machen Gewinn, wenn das Haus ihres Nachbarn abbrennt. Die anderen spekulieren mit Lebensmitteln und verschlimmern den Hunger in Kenia und Äthiopien. Und was macht die Börse? Sie hält bei jedem Geschäft die Hand auf, egal, wie unmoralisch es auch sein mag. Moral ist nur für Arme. Wer Geld hat, kann sich vom Teufel bedienen lassen, sagen die Japaner. Dabei verfolgte die Börse sogar mal einen höheren gesellschaftlichen Zweck: Sie brachte Leute mit Ideen und Leute mit Kapital zusammen. Heute ist sie zu einem Roulettetisch pervertiert. Man setzt die Ersparnisse fremder Menschen und hofft darauf, dass die Kugel auf die richtige Farbe fällt. Das geht so lange, bis nichts mehr geht. Rien ne va plus.

Der Börsenguru schnauft. Wir sind auf die Empore gestiegen, sehen dem leisen Treiben von oben zu und legen unsere Arme auf das Geländer.

«Warum springen Sie nicht, Herr Müller?»

«Weil ich hoffe, dass diese Exzesse irgendwann enden. Bis es so weit ist, stehe ich hier oben und rufe: Freunde, der Kaiser trägt keine Kleider mehr!»

Jeder Mensch sollte ein Sorgenfenster besitzen, so viel friedlicher wäre unsere Welt. Stattdessen sammeln sich am nächsten Morgen dreitausend Gestalten mit blutroten Fahnen am Hauptbahnhof. Sie sind ganz in Schwarz gehüllt. Schwarze Stiefel, schwarze Jeans, schwarze Kapuzenpullis, schwarze Sonnenbrillen und prall gefüllte schwarze Rucksäcke. Das «emanzipativ-linksradikale Spektrum gegen die Herrschaft des Kapitals» marschiert die Kaiserstraße hinauf, passiert die Drogensüchtigen, die Sexshops, die Spielhöllen, das Pfandhaus und den Greis mit dem Ice-Age-Jeep. «Guuude!», ruft er. Die dunkle Horde taucht in die kalten Schatten der Türme, aus einem Lautsprecherwagen schallt «Arbeit nervt!» von Deichkind, und etwas abseits humple ich in meinen schwarzen Wanderklamotten.

Bald klatschen Farbbeutel gegen die Europäische Zentralbank, wie Pech bleibt das Schwarz an der gläsernen Fassade kleben. Pflastersteine krachen in die Scheiben der Commerzbank, Flaschen brechen ins Foyer des Steigenberger Hotels, ein Polizist wird am Kopf getroffen und bricht zusammen. Die Vermummten treten gegen seinen Kopf und bespritzen ihn mit Chemikalien, dann endlich passiert das, worauf sie warten. Wie Wespen strömen die Hundertschaften aus ihren Verstecken in den Seitenstraßen.

Als die Schlagstöcke ihr Werk verrichtet haben, das Pfefferspray verfliegt und die Wasserwerfer verstummen, sehe ich einige der Antikapitalisten wieder. Sie stehen in der kaffeeduftenden Schlange bei Starbucks und zeigen sich die Schnappschüsse von der Demo auf ihren Smartphones. Das ist die Zeit, in der wir leben. Latte macchiato ist unser Manna, Apple-Stores sind unsere Kathedralen, Geld ist unsere Religion.

KAPITEL 7

Rotkäppchen und der böse Rolf

(Neustadt an der Weinstraße)

Manche Dummheiten bereut man sofort. Es ist klamm, eisig und stockfinster, und ich folge dreiunddreißig wildfremden Männern immer tiefer in den Wald. Sie sind nicht schwul, sie sind auch keine bösen Onkel, aber sie gehören einer unheimlichen okkulten Sekte an: Sie sind Katholiken. Die Männerseelsorge des Bistums Speyer ist zu einer «spirituellen Nachtwanderung» aufgebrochen. Wie die Jünger auf dem Ölberg wollen sie die Dunkelheit von Gründonnerstag auf Karfreitag für ihren Heiland durchwachen – mal schweigend, mal erzählend, mal betend. Nur Gottes Taschenlampe leuchtet uns den Weg. Vollmond.

Wieso ich mir das antue? Der Wein ist schuld. Es ist verteufelt. Je mehr Wein ich trinke, desto weniger merke ich meinen vermeintlichen Ermüdungsbruch. Es begann mit Äppelwoi in Frankfurt, dann stieg ich auf härtere Sachen um. Erst ein «Prinz von Hessen» in Darmstadt, dann ein trockener Bensheimer Wolfsmagen, und bei einem 2011er Ruppertsberger Weißburgunder in der Weinstadt Worms lernte ich einen Angler kennen. Der Mann hockte sich zu mir an die Theke und schlug unaufgefordert ein Fotoalbum mit seinen Trophäen auf. Es war wirklich beeindruckend. Er hatte einen zwei Meter langen Wels aus dem Rhein gezogen und posierte mit einem goldenen Schuppenkarpfen. Der Fisch war größer als ein Schäferhund. Natürlich fragte ich ihn, was sein Geheimnis sei, und der Angler hob sein Glas: «Bub, weißt du was? Jesus sprach zu den Korinthern, saufet wie die Bürstenbinder, saufet, bis ihr fallet nieder, stehet auf und saufet wieder!» Vielleicht meinte er damit, dass nur zwei Dinge im Leben Berge versetzen können: der Glaube und der Alkohol. Aber weil der Wein meine Schmerzen zwar betäubt, aber nicht heilt, bitte ich heute Nacht den Himmel und die Engelein um Hilfe. Deshalb bin ich hier. Außerdem, ich gebe es zu, trieb mich meine satirische Ader auf diesen Trip. Warum in Gottes Namen latscht man freiwillig die ganze Nacht durch einen Wald? Und das auch noch ohne Frauen.

Some walk to remember, some walk to forget. Die meisten suchen Ruhe, wollen Buße tun oder «Jesus erfahren». Rolf aber hasst die Stille. Er läuft, um zu plaudern, und ich bin sein Opfer. Es begann schon am Treffpunkt in Neustadt. Prompt sprang die hochgewachsene Pfälzer Frohnatur auf mich zu und rief: «Ah, ein frisches Gesicht. Das ist aber schön! Junge Männer sind so selten dabei! Ajooh, do werd ich heute mal auf dich uffbasse!»

Das mit dem «uffbasse» habe ich nicht sofort als Drohung identifiziert und mich auf Rolf «eingelasse». Dumme Idee. Nach nur fünf Minuten wusste ich, dass er VW-Käfer sammelt und mit seinem Vespa-Club in Hamburg war, ich kannte den Namen seiner Frau, die Namen seiner Kinder, all seiner Enkel und seiner Haustiere, ich konnte seine Krankheiten aufzählen genau wie seine drei Lieblingsweinsorten, Lieblingsweinlokale und Lieblingsweinfeste. Und ich erfuhr, dass das größte Weinfass der Welt nebenan in Dürkheim steht. Es hat einen Durchmesser von 13,5 Metern, ein Volumen von 1,7 Millionen Litern, und in seinem Innern befindet sich ein Restaurant.

Eigentlich ist keine Straße lang mit einem Freund an der Seite. Doch mit Rolf verhält es sich genau umgekehrt: Nach sechs Stunden Wanderung merke ich, dass wir erst zwanzig Minuten unterwegs sind. Rolf redet, redet und redet. Er wiederholt sich, er widerspricht sich, er verrennt sich, aber das ist ihm egal, denn auf seinem Planeten sind Redepausen nur verschenkte Redezeit, und er hört sich selbst sehr gerne reden. Mir dagegen hört er leider überhaupt nicht zu. Ich weiß nicht, wie oft er mich schon gefragt hat, wo ich übernachte und wie lang ich schon unterwegs bin, denn immer, wenn ich zu einer Antwort anheben will, redet Rolf einfach weiter. Trotzdem mag ich ihn. Rolf hat das lustigste Pferdegrinsen der Pfalz, die weißesten Zähne der Weinstraße und die dichteste Minipli zwischen Mosel und Mittelrhein. Ein wenig erinnert er mich an die smarte Las-Vegas-Legende Paul Anka. Außerdem, und das ist wirklich bemerkenswert, wirkt Rolf so sportlich und agil wie ein Zwanzigjähriger. Dabei ist er fast siebzig. Wein konserviert.

«Ich muss immer schwätze», schwätzt Rolf. «Wenn ich net schwätze kann, werde ich krank.»

«Und warum das Geschwätz?»

«Ajooh, ich war viel im Außendienst tätig!»

Das erklärt alles. Rolf hat Bäder gebaut, er war Innenarchitekt. Erst Küchen, dann Metzgereien und dann eben Bäder. Denn Bäder bauen, sagt Rolf, sei höhere Psychologie.

«Ich musste nur eine Minute mit den Kunden schwätzen, dann wusste ich: Mit dem funkt's und mit dem überhaupt nicht. Da kamen Leute in mein Geschäft, das waren solche Dappschädel. Die haben gesagt: Tach, wir wollen eine Badewanne kaufen. Und ich: Na wunderbar, dann setzen Sie sich mal rein! Und die wieder: Och nö, ich weiß nicht, ich mag nicht. Und mein Mann, der schafft das auch nicht mehr. Das waren solche Driggeberger. Die Leuten brauchten keine Badewanne, die brauchten einen Sarg!»

Doch Rolf hatte auch lebhaftere Kunden, manche ließen ihm beim Nasszellenzimmern sogar völlig freie Hand. Zum Dank gab's WC und Bidet billiger: Rolf schaffte schwarz und ließ sich die letzten zwanzigtausend Mark immer «cash auf die Hand» auszahlen. «Ajooh, das hat mir gut getan», sagt er, «auch wenn ich deswegen heute weniger Rente bekomme. Aber das Leben ist zu kurz, um schlechten Wein zu trinken. In Dürkheim gibt es übrigens das größte Weinfass der Welt, wusstest du das?»

Ich bin schon ganz besoffen von Rolfs Monolog, und endlich hat der Herrgott ein Einsehen. Unsere Gruppenleiter möchten, dass wir die nächste halbe Stunde alle schweigend, jeder für sich und in einigen Metern Abstand voneinander laufen. Rolf fügt sich irritiert und fährt seine

Wanderstöcke aus: «Ajooh, die brauch ich, um mich den Berg hinaufzuschieben. Bis später, und verlauf dich nicht!»

In der Stille beginne ich die Dunkelheit zu lieben. Wenn die Augen nur noch Schatten sehen und alle Umrisse des Tages ineinanderfließen, wachsen andere Sinne über sich hinaus. Ich atme das Moos, den feuchten Lehmboden und das gewagte Aftershave meines Vordermanns, den die Finsternis manchmal für eine Sekunde freigibt und gleich wieder verschluckt. Die Nachtigall singt, der Kauz ruft, die Eule eult, und ich frage mich, woran ich mich am Ende meines Lebens wohl eher erinnern werde: an einen großartigen Tag oder an eine wunderbare Nacht? Ganz sicher vergesse ich diese hier nie, denn plötzlich zerfetzt ein Schrei die Besinnlichkeit. Mein Vordermann rennt auf mich zu, zwei andere gleich hinterher. Und ich? Ich schreie nicht. Ich renne auch nicht. Ich bleibe einfach stehen und grinse selig in mich hinein. Im Lichtkegel einer Taschenlampe habe ich gerade gesehen, worauf ich seit dem Rothaarsteig sehnsüchtig warte: eine Wildsau. So schnell sie vor uns aufgetaucht ist, verschwindet sie auch wieder.

Wir sammeln uns auf einer Lichtung, und alle Teilnehmer bekommen einen kleinen weißen Stein in die Hand. Er soll die Last symbolisieren, die jeder von uns zu tragen hat. Jetzt wird's psychologisch. Die Aufgabe: Such dir einen abgeschiedenen Platz im Wald, deinen Platz, und denk darüber nach, was dich bedrückt, was du fürchtest und was du dir von Herzen wünschst. Das fällt mir nicht schwer. Ich stapfe, so weit es geht, ins Unterholz, lehne mich an einen Baum und schließe Augen und Hände zum Gebet. «Bitte, bitte, lieber Gott, befreie mich von den Schmerzen im linken Fuß. Und mach, dass mich der schwätzende Rolf in dieser Nacht und in diesem Wald nie, nie, niemals wiederfindet. Ich will auch immer artig sein.»

Es kommt, wie es kommen muss. Eine Viertelstunde später bilden vierunddreißig Männer einen Kreis, klopfen sich wie Gorillas auf die Hühnerbrust und rufen «Tschaaaaaaaaa!». Nun legen wir nacheinander unsere Steine in die Mitte und sprechen laut aus, welcher Last wir uns in diesem Moment sinnbildlich entledigen. Einer legt den Streit mit seiner Mutter ab, ein anderer die Ungeduld, ein dritter die ewigen Selbstzweifel, und bald blicken wir Hand in Hand auf einen Geröllhaufen aus Sorgen, Komplexen und anderem Psycho-Schrott. Ich lege noch meinen Ermüdungsbruch dazu, dann stößt mir jemand seinen Wanderstock in den Rücken.

«Ajooh! Ich dachte schon, ich hätte dich verloren!»

«Sag mal, Rolf, wo sind eigentlich eure Frauen?», frage ich, und jetzt muss er herzlich lachen.

«Weißt du was, die Weiber sollten den Weg auf Knien gehen!»

Hätte ich bloß nichts gefragt. Rolf erzählt, seine Frau halte ja nicht so viel von Religion wie er, und er würde ja viel mehr für die Kirche tun als sie. Und überhaupt: Das Wandern sei ja nichts für Frauen, die würden ja lieber sitzen und stricken, er sei da ja anders, er müsse sich bewegen, aber so wie ich alleine laufen, nein, das wäre nichts für den Rolf. Also wirklich, so ganz ohne Laufpartner, da würde er ja eingehen, da wäre der Rolf nicht mehr der Rolf, der Rolf brauche immer jemanden zum Reden, einen Kompagnon zum Schwätzen, also wenigstens einen Hund. Und dann fragt der Rolf, wo ich denn übernachte, wie lange ich schon unterwegs sei und ob ich schon mal vom Örtchen Dürkheim gehört hätte.

«Lass mich raten: Da gibt es das größte Weinfass der Welt?»

«Sehr gut! Aber Elwedritsche fange kannste da auch!»

«Was?»

«Ajooh, Elwedritsche fange!»

Die «Elwedritsche», auch «Elwetritsch», «Ilwetritsch» oder «bestia palatinensis» genannt, sei eine seltsame Kreuzung aus Huhn, Ente, Gans, Kobold und Elfe mit Hirschgeweih und üppigen Brüsten – das Nationaltier der Pfalz. Bedauerlicherweise habe es noch kein Pfälzer je zu Gesicht bekommen, sagt Rolf. Vielleicht sei das aber auch besser so, denn Elwedritsche gelten als äußerst gefährlich. Nur der Geruch von Wein und Obstbrand könne die Biester auf Distanz halten. Jeder echte Pfälzer wisse das. «Ajooh! Und ist dir klar, woran man den echten Pfälzer erkennt? Der Franzose kann das H nicht aussprechen, der Chinese scheitert am R, und der Pfälzer steht auf Kriegsfuß mit dem F!» Nun wird aus dem schwätzenden Rolf auch noch der singende Rolf:

In de Palz geht de Parrer mit de Peif in die Kerch,
in de Palz, do singt jedes junge Mädel wie e Lerch.
Und beim Woi, lieber Freund in de Palz,
kriegschd es ganze Johr kenn truckne Hals.

So oder ähnlich schallt es bis zum Morgengrauen: «Mir Pälzer kennen trinke, de Woi schmeckt gut zum Schinke.» Und plötzlich weiß ich, woran mich dieser so liebenswürdige und gleichzeitig unerträgliche Dialekt erinnert:

An Sönke Wortmanns «Wunder von Bern». Mir ist so, als sei ich die ganze Nacht von drei Dutzend altklugen Fritz Waltern umgeben. Dieser behäbige, breite und genüsslich langgezogene Weintrinkerakzent lässt junge Männer zu bauchigen Kegelbrüdern mutieren, sobald sie nur den Mund aufmachen. Mit Pfälzisch verbinde ich leider nur Erinnerungen aus den dunkelsten Kapiteln der deutschen Vergangenheit: Helmut Kohl und Kurt Beck.

Der Himmel färbt sich violett, die sanften Männer schreiten durch die Weinberge zurück in die Zivilisation, und den Ersten verlassen die Kräfte. Er stolpert immer wieder und bricht dann unvermittelt zusammen, knallt mit den Knien auf den kühlen Asphalt und sucht seine Nickelbrille. Wir helfen ihm auf und stützen ihn, bis wir um sechs Uhr morgens halb schlafend in eine Kirche einkehren. Nach dem kollektiven Toilettengang stellen sich die christlichen Herren in Dreierreihen auf und fassen sich von hinten fest an die Schultern, um ihren Brüdern Halt zu geben. Kerzen brennen, der Priester spricht einen Segen und malt jedem Gläubigen ein Ölkreuz auf die Stirn.

Und ich? Ich zögere und lehne ab. Die Leute sind mir nicht unsympathisch, und eigentlich finde ich es nicht höflich, sich den Ritualen fremder Kulturen zu verschließen. Aber das hier geht zu weit. Von dieser Kirche möchte ich nicht gesalbt werden. Ich bin nicht gläubig, ich bin nicht Papst, und wenn ich an die Missbrauchsfälle der vergangenen Jahre und Jahrhunderte denke, wird mir schlecht. Es tut mir leid, aber für mich ist die katholische Kirche ein unmoralischer Verein. Könnte es sein, dass ich Heinrich IV. immer ähnlicher werde? Auch Rolf steht etwas abseits. Er wirkt müde.

«Rolf, sind dir die Worte ausgegangen?»

«Das wirst du nicht erleben, mein Lieber!», antwortet er, aber anstatt zu einer neuen Attacke auszuholen, öffnet er sein Portemonnaie und bezahlt meine fünf Euro Teilnahmegebühr. Das rührt mich sehr. «Ajooh, du bist doch ein Pilger», sagt Rolf, «da kannst du jeden Cent und alles Glück der Welt gebrauchen. Der Rolf hat immer Glück gehabt in seinem Leben, und deshalb kommt der Rolf auch in den Himmel.»

Beneidenswert. Aber was soll dieser Mann auch in der Hölle? Der Teufel würde ihn nach einem Tag entnervt zurück auf die Erde schicken.

KAPITEL 8

Bibel-Bingo

(Speyer)

Pfälzer Gemütlichkeit, man könnte sie auch Bräsigkeit nennen. Positiv gesprochen: In Speyer muss man nicht nach links oder rechts gucken, wenn man die Straße überquert. Kein Fahrzeug ist so schnell, dass es einen ernsthaft verletzen könnte. Alles tuckert so daher: die Autos, die Busse, die Bedienungen in den Cafés. Seit zwanzig Minuten sitze ich nun auf dem Marktplatz und möchte das «Pilger-Frühstück» bestellen. Es würde so hübsch passen, denn gestern Nachmittag habe ich bereits das «Pilger-Appartement» in der verwinkelten Altstadt bezogen, ich werde über Ostern bleiben. Doch der Kellner ist unglaublich talentiert darin, alles und jeden um sich herum zu ignorieren, und nach einer halben Stunde stehe ich auf.

Die Pfalz scheint das Afrika Deutschlands zu sein: Wir haben die Uhr, aber die Pfälzer haben die Zeit.

Dabei ist Trägheit eine der sieben Todsünden. Und so grüßt der Speyerer Dom die pfälzische Gemeinde am Hauptportal mit der Fratze eines faulen Schweins. Ein geschminktes Mädchen symbolisiert die Eitelkeit, ein Streithahn den Zorn und ein hagerer Mann mit Blick nach oben den Neid. Für die Wollust steht ein geiler Bock, für die Gier ein von Disteln umgebenes Gesicht mit einer Münze auf der Zunge, und die Völlerei verkörpert eine fette Visage, der Essensreste aus dem Maul hängen. Willkommen im Wohnzimmer Heinrichs IV.! Von hier aus ist der Rockstar unter den deutschen Königen nach Canossa gezogen. Und genau hier hat er sein gigantisches Ego in Stein gehauen. Na ja, hauen lassen. Es ist kein Geheimnis, wie solche Tempel im Mittelalter entstanden sind: Wenn sich die Edlen und Gottesfürchtigen eine neue Hütte wünschten, ließen sie einfach die Landbevölkerung ausbluten. Ihr Sünderlein, kommet! Vergesst die Saat, lasst die Ernte verdorren und eure Familien Hunger leiden – schaffe, schaffe, Häusle baue für den Herrn! Und wenn mal einer von der Dachzinne rutscht oder vom Balken zerquetscht wird, dann nicht traurig sein, denn es war ja Gottes Wille. Dessen Wege sind zwar unergründlich, aber irgendwas wird er sich schon dabei gedacht haben.

Heinrichs Großvater, Kaiser Konrad II., setzte vor fast eintausend Jahren den Grundstein, und es dauerte sechsunddreißig gemütliche Pfälzer Sommer, bis der Dom halbwegs fertig war. Dann blickten die fünfhundert Einwohner Speyers auf die bis dahin größte Kirche der Christenheit: ein gewaltiges, langgezogenes Schiff auf zwölf Säulen, mit zwei Türmen, die bei weitem alles überragten, was sie je zuvor gesehen hatten. Die Speyerer nannten ihren Kaiserdom ehrfurchtsvoll «Gebirge aus Stein». Doch Heinrich IV. war das Monument noch zu mickrig. Es ist kaum zu fassen, aber nur zwanzig Jahre nach ihrer Vollendung ließ er Opas Kathedrale zur Hälfte einreißen und fünf Meter höher wieder aufbauen. Aus der flachen Holzdecke des Mittelschiffs wuchsen sechs mächtige Gewölbekuppen für die sechs Tage der Schöpfung. Damals hätten Ratingagenturen Heinrichs Kreditwürdigkeit sicher drastisch abgewertet, heute sind ihm die Steuerzahler im Weintrinkerland dankbar: Ein riesiger Touristenmagnet thront mitten in der pfälzischen Provinz, die größte erhaltene romanische Kirche des Erdballs. Allerdings kann man nicht behaupten, dass Heinrich einen feinen Sinn für richtungsweisende Baukunst und Innengestaltung gehabt hätte. Sein Protzbunker war reiner Machismo: Seht her, ich bin der König der Welt! Herr über die Kirche, ihre Heiligen und auch über den Papst. Wir wissen, welchen Ärger er sich damit einhandelte.

Vielleicht werden die Vertreter der katholischen Kirche allmählich müde, die alte Story immer und immer wieder zu erzählen. Ich hatte das Bistum um eine persönliche Domführung gebeten – und bekam Kopfhörer und eine Fernbedienung. Da bin ich also vier Wochen zu Fuß von Hamburg nach Speyer gelaufen, um mir von einem elektronischen Audioguide erklären zu lassen, dass der kunsthistorisch bedeutsame Dom kunsthistorisch bedeutsam sei. Während ich die enge Pforte passiere und der Anblick des gewaltigen Kirchenschiffs mich überwältigt, sagt mir die Stimme, dass der Anblick des gewaltigen Kirchenschiffs überwältigend sei. Sicher, das mag zweckmäßig sein. Aber was fehlt, ist das Gefühl.

Von den Ohrstöpseln befreit, betrete ich das Herz der Kathedrale, den wahrscheinlich ältesten, ganz sicher aber gruseligsten Teil des Doms. Eine Steintreppe führt hinunter in die Krypta, diesen eiskalten Säulengang aus roten und weißen Elementen. Plötzlich dröhnen tiefe, dunkle, beinahe satanische Klänge durch die Hallen: Der Organist übt für die Ostermesse und ahnt nicht, welchen düsteren Soundtrack er dem Film verleiht, der gerade in meinem Innern abläuft. Ich bin ganz allein mit den Gräbern der salischen Könige und Kaiser. Sie alle bestanden darauf, einmal im Fundament des Doms bestattet zu werden, man sah sich schließlich als Stellvertreter Christi auf Erden. Heinrichs Grab ist schwer auszumachen. Er hat den schmucklosesten Sarg bekommen, den man sich vorstellen kann: Seine edlen Knochen lagern in einer grob gehauenen Totenkiste aus grauem Stein in der hintersten, linken Ecke der Krypta. Und sein Geist? Ist die Seele des mordenden, cholerischen, Frauen verbrauchenden Gotteslästerers im Himmel, in der Hölle, im Nirwana – oder womöglich noch hier in der Gruft?

Die Katholiken mögen zwar über Audioguides verfügen, glücklicherweise aber nicht über moderne Videotechnik. Und so gelingt es mir ganz unbemerkt, eine Wand hinaufzuklettern und die rechte Hand auf Heinrichs Sargplatte zu legen. Ich schließe die Augen. Unser Schicksal ist jetzt verbunden, alter Junge. Ich nehme dein Sünderherz noch einmal mit nach Canossa. Und wenn du mich hören kannst, dann gib mir irgendwann auf unserer gemeinsamen Reise ein Zeichen.

Zurück in der Frühlingsonne, reibe ich meine Handflächen aneinander. Die linke ist wie immer, die rechte bleibt eiskalt. Es fühlt sich an, als hätte ich einen Toten geweckt. Oder ist Heinrich vom alljährlichen Oster-Overkill in Speyer erwacht? Zugegeben, ich bin ein leidenschaftlicher Hobby-Blasphemiker, ungetauft und auch noch unehelich geboren, trotzdem war mir der christliche Glaube eigentlich immer nah. Zum Leidwesen meiner Umwelt wusste ich bereits mit acht Jahren alle relevanten evangelischen Kirchenlieder auswendig, ich konnte die Kinderbibel aus dem Kopf rezitieren, und wenn ich bei meiner Großmutter übernachtete, dann betete sie an meinem Bett und sang «Will Satan uns verschlingen, dann lass die Englein singen». Zu Ostern habe ich sogar mal ein merkwürdiges Gedicht in der Osnabrücker Bonnuskirche vorgetragen: «Habt ihr schon Hausputz gemacht? Wenn Jesus kommt, muss doch alles stimmen, alles in Ordnung sein!» Das fand ich nicht schlimm.

Was dagegen die Katholiken in Speyer rund um Ostern veranstalten, ist schon etwas befremdlich. Am Gründonnerstag hat der Bischof dem Kirchenvorstand vor der Gemeinde die Füße gewaschen, und manche fragten sich: Warum nicht gleich den Kopf? Am Karfreitag mussten sogar die Kinder dran glauben und frühmorgens in der Kathedrale den Kreuzweg Jesu Christi nachstellen. Und heute, am Ostersamstag, kulminiert der christliche Frohsinn in einer dreistündigen Marathon-Messe.

Der Dom ist zum Bersten voll, die gemütlichen Pfälzer haben die wackeligen Notsitze aus den Kirchenbänken gezogen oder hocken auf den Mauervorsprüngen am Fuß der Säulen. Es fängt ganz harmlos an. Draußen knistert ein

Osterfeuer, drinnen ist es dunkel und andächtig still, die feierliche Prozession beginnt. Der Bischof und seine Messdiener tragen die große schneeweiße Osterkerze in den Dom und verteilen ihr Licht behutsam an die Gläubigen. Das hat etwas Erhebendes, bis hierhin ist die Nacht wunderbar. Doch es folgen drei Lesungen, fünf Gebete und sieben Lieder, bevor in der Allerheiligen-Litanei mindestens einhundert Heilige und Selige gepriesen werden, eine nie enden wollende, monoton hypnotisierende Dauerschleife im Zusammenspiel von Vorsänger und Gemeinde:

> *Heilige Maria, Mutter Gottes – Bitte für uns!*
> *Heiliger Abraham – Bitte für uns!*
> *Heiliger Mose – Bitte für uns!*
> *Heiliger Josef – Bitte für uns!*
> *Heiliger Petrus – Bitte für uns!*

Nach der heiligen Agnes, der heiligen Klara und dem heiligen Hieronymus bespritzt der Bischof die Gemeinde mit heiligem Taufwasser und verfehlt mich nur knapp.

Zum Höhepunkt holen sie eine Dreißigjährige im blütenweißen Gewand auf die Bühne, die uns der Zeremonienmeister als «Frau Antje Birgit» vorstellt. Nun wird Frau Antje Birgit vor unser aller Augen getauft, gefirmt und immer wieder besungen. Sie muss Satan widersagen und spricht kraftvoll und im allerbreitesten Pfälzisch die Worte «Isch widersage!», Frau Antje Birgit muss an die Bibel, an Jesus Christus und an siebenhunderttausend Heilige glauben, und ja, Frau Antje Birgit glaubt aus tiefstem Herzen und schmettert inbrünstig «Isch klaube!» in die kirchliche Halle. Es folgen die Fürbitten, das Hochgebet und das Vaterunser, und nach weiteren fünf Liedern und zwei Chorgesängen ergießt sich der Abend für Frau Antje Birgit und alle anderen im erlösenden «Halleluja» aus dem Oratorium «Der Messias» von Georg Friedrich Händel.

Nach dieser Überdosis Katholizismus bin ich wohl für immer vom Glauben geheilt. Mein Verhältnis zur Religion bleibt aber schizophren: Einerseits lehne ich sie ab, andererseits fasziniert sie mich fast so sehr wie die Liebe. Ich habe mit vielen Geistlichen auf dieser Welt darüber diskutiert, alle sagen mir dasselbe: Es kommt der Punkt in deinem Leben, da wirst du dich für eine Konfession entscheiden müssen. Ob dieser Tag ausgerechnet heute ist? Ich bin etwas perplex, als ich einen Anruf von der katholischen Kommandobrücke bekomme. Der Dompfarrer Matthias Bender höchstpersönlich hat von meinem Canossa-Gang erfahren und möchte mich gerne kennenlernen. Er klingt am Telefon sogar sehr lustig: «Herr Gastmann, Sie erkennen mich an meinem Schnauzer!»

Dass er damit seinen Hund meinte, wird mir erst in allerletzter Sekunde klar. Er, also der Hund, ist ein treues schwarzes Wollknäuel mit Knopfaugen und äußerst ausgeprägtem eigenen Willen. Mal ist er das liebste Tier unter der Sonne, mal setzt er sich einfach mitten auf die Straße, und nur ein Leckerli oder rohe Gewalt kann ihn vom Fleck bewegen. Ein echter Pfälzer eben. Sein Herrchen könnte locker als Zwillingsbruder von Rainer Brüderle durchgehen, wirkt jedoch jünger, aufgeweckter und wesentlich fitter. Ich treffe Herrn Bender am Domnapf. Diese steinerne Schüssel vor dem Hauptportal der Kirche wird mit 1580 Litern Wein gefüllt, wenn es einen neuen Bischof gibt oder der Dom Geburtstag feiert. Früher schnitt man hier den Gotteslästerern die Zunge heraus.

Der Pfarrer erscheint unbewaffnet. Er kommt gerade von einem Trauergespräch. Eine junge Frau ist nach langer Krankheit verstorben, seit vier Jahren schon konnte sie nicht mehr sprechen, und ihr Mann hat sie bis zum allerletzten Atemzug gepflegt. «Das sind die Momente, in denen sich die Menschen wieder an ihren Glauben erinnern», sagt Herr Bender. Nach solchen Terminen gehe er am liebsten zu Fuß, um den Kummer abzuschütteln und sich im Denken zu üben. Mindestens eine Stunde am Tag, mindestens einen Tag in der Woche und mindestens eine Woche im Jahr. Sorgen hat der Pfarrer schließlich genug – er ist Fan des 1. FC Kaiserslautern und des 1. FC Köln. Bender ist alles andere als ein Provinzpriester. Der Mann hat Philosophie und Theologie in Rom studiert, war Messdiener unter Papst Paul VI., hat die letzte Audienz von Johannes Paul I. besucht und nach der Priesterweihe zwei Messen mit Johannes Paul II. gefeiert.

Ich habe Lust, ihn zu provozieren. Was er denn von den Kinderschändern in seinem Laden halte, frage ich, und der Pfarrer kann meine Wut verstehen. Ja, auch die katholische Kirche sollte vielleicht den Gang nach Canossa antreten, meint er. Das imponiert mir. Wir gehen ganz unpfälzisch ein Bier trinken und diskutieren über Schicksal, Tod und Wiedergeburt – Letzteres stelle ich mir übrigens vor wie bei Super Mario: Hat man genügend Punkte gesammelt, kommt man ein Level weiter.

«Würden Sie denn auch sagen, dass ich mir eines Tages eine Religion suchen muss?»

«Welche gefällt Ihnen denn?»

«Der Katholizismus nicht. Mir ist das Risiko zu hoch, in die Hölle zu kommen. Oder haben Sie die abgeschafft?»

«Nein, die gibt es noch. Aber Sie dürfen hoffen, dass die Hölle leer ist.»

«Wieso das?»

«Gott vergibt allen Sündern!»

«Auch Adolf Hitler?»

«Na ja, vielleicht ist die Unterwelt nicht ganz unbewohnt.»

Letztens hat Herr Bender eine Predigt mit Endzeitwitzen gehalten. Sein Favorit: Ein Bischof klopft an der Himmelspforte und erschrickt, als der Teufel ihm öffnet. «Was machen Sie denn hier?», fragt der Geistliche. «Ist das nicht das Himmelstor?» – «Richtig!», antwortet Luzifer. «Wir haben fusioniert!»

«Katholische Sünder haben es doch ziemlich leicht», sage ich, «die beten zwei Ave Maria und einen Rosenkranz, und schon ist alles wieder gut.»

«Oh, Herr Gastmann, es gibt viele Formen der Buße: Gebet, Fasten, Almosen. Manche gehen auch zu Fuß nach Canossa.»

«Wie viel Bier muss ich Ihnen ausgeben, damit Sie mir ein paar schmutzige Details aus dem Beichtstuhl verraten?»

Und auf einmal wird der Pfarrer einsilbig. Das Beichtgeheimnis sei heilig. Selbst wenn ihm jemand in der Kirche einen Mord gestehen würde, dürfte er niemals mit einer dritten Person darüber reden.

«Nur so viel kann ich Ihnen verraten: Die Menschen beichten weniger als früher. Und sie sind nicht schlechter geworden, aber auch nicht besser.»

Es ist spät, und der Geistliche möchte mir noch etwas zeigen. Im Mondlicht folge ich ihm durch einen grünen Garten in die Pfarrei. «Da haben Sie aber ein schönes Haus!», sage ich. «Nicht wahr?», ruft Herr Bender und sucht die Schlüssel für den Dom. Sein Hund hat sich indes unten auf die Türschwelle gelegt und wohl beschlossen, dort die Nacht zu verbringen. Wir gehen durch das Mittelschiff, biegen links ab in die kleine, schmucklose Afrakapelle, setzen uns in die zweite Reihe der Holzbänke und schweigen. Diesen Raum hat Heinrich IV. zu Ehren seines Sohnes bauen lassen, der das Licht der Welt an einem 7. August erblickte, dem Tag der heiligen Afra von Augsburg. Wie das Leben so spielt, verstarb Heinrich an einem 7. August, aber weil der Papst ihn mal wieder aus der Kirche gebannt hatte, konnte er unmöglich im Dom begraben werden. So ließ ihn sein Sohn hier in der Afrakapelle aufbahren, denn die war noch nicht geweiht. Fünf lange Jahre lag das schwarze Schaf in diesem Raum, bis man es endlich begnadigte und posthum wieder in die Kirche aufnahm. Vielleicht gibt es tatsächlich so etwas wie Schicksal.

«Hierhin ziehe ich mich zurück, wenn ich Ruhe suche», sagt Herr Bender, «und das will ich Ihnen mit auf den Weg geben: Halten Sie auf Ihrem Gang nach Canossa immer wieder inne, dann hören Sie Ihr Herz. Sie müssen nicht Katholik werden, Sie müssen sich auch nicht für einen Glauben entscheiden. Aber in den Religionen der Welt sammelt sich Weisheit, und das sollten Sie respektieren.»

Vielleicht nehme ich die Worte des Pfarrers ein klein wenig zu ernst, sonst hätte ich den Flyer, der im Briefkasten meines Pilger-Appartements steckte, wahrscheinlich sofort weggeworfen. Doch jetzt möchte ich dem bunten, gefalteten Zettel eine Chance geben. Mit liebevoll gezeichneten und in Pastellfarben kolorierten Jesusmotiven lädt mich eine junge Glaubensgemeinschaft zu einem «interessanten biblischen Vortrag» ein. Er sei «Teil einer weltweiten Aktion, durch die Menschen erreicht werden sollen, die Jesus lieben». Und wer, bitte schön, liebt Jesus nicht? Leider ist der Veranstaltungsort etwas, nun ja, abgelegen. Im gänzlich unroyalen Speyerer Gewerbegebiet, eingerahmt von Rewe und der Tiernahrungsgroßhandlung Futternapf, residiert der Königreichssaal der Zeugen Jehovas, und ich statte ihnen heute einen Hausbesuch ab.

Das Allerheiligste der bibeltreuen Jesusfreunde ist gut geschützt: Zwei freundliche Wachleute mit anrasierten Stiernacken, hochgewachsen wie Goliath, patrouillieren im Foyer. Drinnen im Vortragszimmer sind die meisten der einhundert Plätze bereits belegt. Auch hier dominieren Pastelltöne, vor allem das Mintgrün des flauschigen Teppichs und das zarte Grau der Sitzbezüge. Von der Kassettendecke durchflutet gelbes Neonlicht den Raum. Das ganze Setting wirkt irgendwie sehr amerikanisch.

Die Männer tragen ausnahmslos Sakkos und weiße Hemden, dazu häufig rote Krawatten und beigefarbene Hosen. Alle Röcke sind mindestens knielang. Ich bin mit meinen Wandersachen hoffnungslos underdressed, doch nicht nur deshalb falle ich auf. Ich scheine der einzige Fremde zu sein, bei dem die Werbekampagne der Zeugen Jehovas gefruchtet hat. Deshalb stürmen gleich mehrere Sektenmitglieder gleichzeitig in meine Richtung. Einer weist mir einen freien Platz zu, ein anderer schenkt mir ein Gesangbuch und eine Zeugen-Jehovas-Bibel, die «Neue-Welt-Übersetzung der Heiligen Schrift», eine charmante alte Dame nimmt meine Hand, kommt mir ein klein wenig zu nah und erzählt mit leuchtenden Augen, wie sie Anfang der sechziger Jahre mit hunderttausend anderen den Wachtturm-Kongress im Hamburger Stadtpark besucht habe und was das für ein überwältigendes Gefühl gewesen sei. Sie lebe jetzt schon seit 1959 «in der Wahrheit».

Ehe ich darüber nachdenken kann, welche Wahrheit sie meint, eilt ein Mann im bordeauxroten Sakko auf mich zu. Er trägt einen Schnurrbart, hat auffällig schlechte Zähne und stellt sich als Sohn eines amerikanischen GIs vor.

«Sie hätten mich mal vor zwanzig Jahren sehen sollen! Da sprach ich nur gebrochen Deutsch, trug eine Lederkluft, hatte lange Haare und miserablen Umgang.»

«Sie waren bei den Hells Angels?»

Jetzt kriegt er sich kaum noch ein vor Lachen, und ich frage ihn, wie er zu den Zeugen Jehovas gekommen sei. Die Antwort ist kryptisch. Er sagt, seine Frau hätte «was Schlechtes gemacht», daraufhin habe er in der Heiligen Schrift nachgeschaut, ob er sich scheiden lassen könnte.

Ich blättere in der Jehova-Bibel. Im Appendix ist tatsächlich ein Vermerk zum Thema Ehebruch. «Porneia», die Unzucht, sei der einzige biblisch verbürgte Grund für die Annullierung einer Ehe.

Auch der Redner hat sich für diesen besonderen Tag eine gewagte Farbkombination zurechtgelegt. Er betritt in glänzend grauem Sakko, violettem Hemd und mit babyblauer Krawatte die Bühne, auf der ein hölzernes Pult, ein Strauß Kunstblumen und ein verwaister Esstisch mit Stühlen stehen. Der ältere, etwas knorrige Herr entdeckt mich sofort in der Menge und fixiert mich schon bei seinen einleitenden Worten. Von Herzen begrüße er die Gemeinde, ganz besonders die neuen Gesichter (damit meint er mich) und auch die «Zugeschalteten zu Hause an den Telefonen». Letztere allerdings ermahnt er im gleichen Atemzug. Mit erhobenem Zeigefinger verkündet er, es sei nicht ratsam, den Zusammenkünften fernzubleiben. Da könne man sich schnell vom Glauben entfernen. «Wie heißt es in Petrus eins, Vers zwei, Absatz fünfundzwanzig…»

Jetzt blättern alle in ihrer Jehova-Bibel, und ich wische bündelweise Seiten von rechts nach links, bis eine Frau mit gepunktetem Rock und leicht transparenter Bluse ganz eng an mich heranrückt. In Windeseile findet sie für mich die richtige Stelle.

«… denn ihr seid wie Schafe gewesen, die irregingen, ihr habt jetzt aber zu dem Hirten und Aufseher eurer Seelen zurückgefunden.»

Von nun an weicht die gepunktete Dame nicht mehr von meiner Seite, und der bunte Redner kommt zu seiner entscheidenden Frage: «Ist es schon später, als wir denken?»

Er macht eine lange rhetorische Pause, schielt ernst über den Rand seiner Brille und wiederholt: «Ist es schon später, als wir denken?» Nach einer weiteren Pause schiebt er nach, dass nicht er diese Problematik aufgeworfen habe. Überall auf der Welt würden gerade Vorträge zu diesem Thema gehalten. Damit möchte der Redner vermutlich die Bedeutung der Frage unterstreichen – es wirkt aber eher so, als werbe er um Verständnis für seine Ratlosigkeit. Dann versucht er sich an einer Antwort.

«Natürlich ist es später, als wir denken! Es ist schon viel

später! Wir lesen in Matthäus dreiundzwanzig, Vers vier-undzwanzig, Absatz vier ...»

Das Bibel-Bingo geht in die zweite Runde. «Darf ich helfen?», fragt Pünktchen, nun halb auf mir sitzend. Sie flitzt mit spitzen Fingern durch die Seiten und reicht mir freundlich lächelnd das mustergültig aufgeschlagene Buch Gottes.

«Und Jesus gab ihnen zur Antwort: Ihr werdet von Kriegen und Kriegsberichten hören, seht zu, dass ihr nicht erschreckt. Denn diese Dinge müssen geschehen. Nation wird sich gegen Nation erheben und Königreich gegen Königreich, und es wird Lebensmittelknappheit und Erd-beben an einem Ort nach dem anderen geben.»

Nun fabuliert der Referent von Syrien, Afghanistan und dem drohenden Iran-Konflikt. Man müsse nur die Zeichen erkennen. Jeder könne sehen, dass das Ende der Welt nah sei. «Ja, liebe Freunde! Es reicht doch ein Blick nach draußen auf die dunklen Wolken und die schweren Stürme in den letzten Monaten, um zu begreifen: Das Armageddon naht!» Ich sehe aus dem Fenster. Eigentlich ist es ein windstiller, sonniger Tag. Doch der Redner lie-fert noch weitere, überzeugendere Argumente für seine These, unter anderem führt er die Erdbeben der Jahre 2006 bis 2010 ins Feld. Fukushima ist ihm offenbar nicht groß aufgefallen.

«Vor genau einhundert Jahren», fährt er fort, «ist die Titanic untergegangen. Man wusste von den Eisbergen, trotzdem ist die Crew mit voller Fahrt darauf zugerast. Und im Jahre 1902 sind beim Ausbruch des Vulkans Mont Pelé auf Martinique fast alle Einwohner der Stadt Saint-Pierre ums Leben gekommen. Die Menschen wussten, wie gefährlich der Berg war, haben aber einfach ausgeharrt und nichts getan. Genau so rast doch die gesamte Menschheit sehenden Auges auf ihre Vernichtung zu!»

Wie diese Vernichtung vonstattengehen soll? Die Zeugen Jehovas prophezeien verheerende Umweltkatastrophen, die Kollision der Erde mit anderen Himmelskörpern und einen «atomaren Holocaust». Nur: Warum will Gott sein akribisch geformtes Lebenswerk unbedingt wieder zerstören? Ich meine, er hat immerhin sechs volle Tage daran gearbeitet. «Das System» sei der Teufel, hetzt der Redner, «das Böse» nehme überhand, und in seinem Schlussplädoyer wird er endlich konkret: «Die gottlosen Sünden sind der Grund, warum es später ist, als wir denken: Ehebruch, Hurerei, Homosexualität.»

Pünktchen fragt, ob ich nach der Veranstaltung eine kostenlose Bibelbesprechung möchte. Ich blicke auf meine Uhr: Es ist schon viel später, als ich dachte.

Fast reumütig kehre ich in die Arme der katholischen Kirche zurück. An allen drei Beichtstühlen im kunsthistorisch bedeutsamen Dom zu Speyer brennt ein modernes rotes Ampellämpchen und sagt: Bitte nicht stören, hier wird einem armen Sünder gerade Absolution erteilt. An eine Säule gelehnt, warte ich, bis sich der erste Stuhl langsam und knarzend öffnet. Eine Frau schlüpft heraus, sieht sich um, eilt ins Freie, und es dauert noch etwa eine Minute, dann erlischt das Licht. Soll ich es wirklich wagen? Ich zögere, und ein anderer Sünder kommt mir zuvor. Erst als der Mann den sakralen Schrank nach zehn Minuten gebückt verlässt, traue ich mich hinein und bin irritiert: kein Sitz, keine Bank, kein Kissen.

«Eigentlich solltest du dich jetzt hinknien, mein Sohn», spricht eine vertraute Stimme.

«Herr Bender, sind Sie's?»

Er ist es. Durch das Beichtfenster kann ich den Pfarrer erahnen, der Schatten des fein geschnitzten Gitters liegt in seinem Gesicht. Ob der Hund es sich auf seinen Füßen bequem gemacht hat, mag ich allerdings nicht beurteilen. Die Szenerie erinnert mich an den letzten Teil aus Mario Puzos «Der Pate», in dem der schwerkranke Michael Corleone auf Kardinal Lamberto trifft. «Manchmal überwältigt einen das Bedürfnis, zu beichten», sagt dort der Kardinal. «Was soll das für einen Sinn haben, zu beichten, wenn man nichts bereut?», antwortet der Mafia-Boss, und unter Tränen gesteht er dann doch: «Ich habe meine Frau betrogen, ich habe Menschen getötet, ich ließ meinen Bruder umbringen.» Und wovon soll ich dem Pfarrer erzählen? Von einer eingeschmissenen Glasscheibe im Kindergarten? Von gefälschten Gröning-Kugeln? Davon, dass ich im Suff einen Cola-Automaten geheiratet habe?

«Ich habe dreimal gekifft, mache manchmal böse Witze über die Kirche, gestern bin ich auf das Grab Heinrichs IV. geklettert. Aber meine größte Sünde ist wohl, dass ich kein Katholik bin und trotzdem die Beichte ablege.»

Herr Bender hält den Blick gesenkt. Er schmunzelt nicht. Nein, nicht mal im Ansatz.

«Das sind keine Sünden, mein Sohn. Weshalb bist du wirklich zu mir gekommen?»

Nun ergeht es mir ganz genau wie Michael Corleone – das Bedürfnis zu beichten überwältigt mich. Ich verliere die Kontrolle. Die Sünden, die ich wirklich bereue, fließen plötzlich aus meinem Herzen, und ich kann sie nicht mehr aufhalten. Ich erzähle dem Pfarrer, wie auch ich Menschen belogen, betrogen und tief in ihrem Innern verletzt habe. Wie ich alles und jeden kritisiere und nicht gut zu mir selbst bin. Wie ich hadere, mich quäle und andere mit meinem unfassbaren Ehrgeiz unter Druck setze, wie hilflos ich manchmal Ruhe suche, wie sehr es in meinem Kopf dröhnt und wie schlecht ich jede Nacht schlafe. Und so bewege ich mich auf dem schmalen Grat, an dem die Contenance endet und die Rührung beginnt. Der Pfarrer schweigt für eine Minute, dann bietet er an, einen Segen für mich zu sprechen – ich lehne nicht ab.

«So sage ich dich los von deinen Sünden im Namen des Vaters, des Sohnes und des Heiligen Geistes. Gott segne deinen Weg – aus der Enge in die Weite, aus der Kleinlichkeit ins Wesentliche, aus dem Zwang in die Freiheit.»

«Glauben Sie, dass mich Heinrich IV. ein Stück begleitet?»

«Mein Sohn, da bin ich mir ganz sicher.»

KAPITEL 9

Sex Seltz

(Eine Grenzerfahrung)

Ostermontag, Zeit zum Auferstehen. Meine Reise beginnt aufs Neue. Nur noch lächerliche eintausend Kilometer zu Fuß bis Canossa, einfach immer den Rhein entlang Richtung Frankreich, und ab die Post.

Dafür müsste ich den Rhein allerdings erst mal finden. Eigentlich soll der Gevatter genau hier hinterm Dom die Landschaft teilen, aber ich finde nur das Restaurant «Zum Anker», die Kindertagesstätte «Villa Kunterbunt» und die Tanzschule «Flamenco Sanchez Enrique». Ganz überrascht mich das nicht: Mein masochistischer Orientierungssinn führt mich oft und gern in die Wüste. Wenn ich mich ohne Karte zwischen links und rechts entscheiden muss, bin ich verloren. Mit Karte allerdings oft genug auch.

Nach einer geschlagenen halben Stunde irre ich entnervt durch ein Wohngebiet in Speyer-Ost und möchte meinen Frust an einem unschuldigen Jägerzaun auslassen, als ein knuffiges älteres Ehepaar auf mich aufmerksam wird. Die zwei sind sicher seit hundert Jahren verheiratet, und auch wenn sie seither zwanzig Zentimeter geschrumpft sein mögen, lieben sie sich bestimmt noch immer wie am ersten Tag. Süß, wie sich Omi und Opi feingemacht haben: er im Anzug mit Krawatte, sie in feiner Strickjacke und knielangem Faltenrock. «Ah, ein Pilger!», begrüßt mich die Frau und nimmt meine Hand. «Dürfen wir Ihnen helfen?» Dürfen sie natürlich gern, wie nett. Die beiden zeigen mir eine Abkürzung, ich bedanke mich herzlich und will gerade umdrehen, da drückt mir die Dame noch ein buntes Magazin in die Hand: «Hier, eine kleine Reiselektüre! Sie haben doch viel Zeit zum Nachdenken!» Mein Blick fällt ungläubig auf das Cover. Es ist die pastellfarbene April-Ausgabe des Wachturms. «Jesus Christus: Antworten auf unsere Fragen.»

Hätten mich die Zeugen Jehovas doch wenigstens in die richtige Richtung geschickt. Leider ist ihre «Abkürzung» am Ende der Straße gesperrt, ich muss umkehren und stehe irgendwann wieder vorm Speyerer Dom. Ein Fiasko, ich bin eine Stunde im Kreis gelaufen. Viel später, als ich dachte, erreiche ich schließlich den Rhein, und das Schicksal entschädigt mich mit einem surrealen Moment: Cabrios fahren über den Fluss. Knallrote, weiße und türkisfarbene Cadillacs treiben mit dem Strom, halb in den Fluten hängend, die Radkästen im Wasser. Als wollten sie vorm Ertrinken gerettet werden, winken und rufen mir die Passagiere zu, doch die Leute sind nicht in Lebensgefahr. Sie nehmen an einer Parade teil, einem österlichen Rheinballett mit Amphibienfahrzeugen. «Amphicars» nennen sich die schwimmenden Zweitürer aus den Sechzigern – halb Auto, halb Boot. Höchstgeschwindigkeit: 120 km / h auf dem Land, 12 km / h auf dem Wasser. Ahoi, Kameraden.

Mein Kollege Heinrich IV. verließ Speyer kurz vor Weihnachten, und der Winter soll außergewöhnlich streng gewesen sein. Angeblich war der Rhein von November bis April zugefroren, und der König konnte mit seiner Entourage direkt über das Eis stapfen. Chronist Lampert von Hersfeld schreibt, «dass vielerorts die Weinstöcke vollständig eingingen, weil die Wurzeln infolge der Kälte vertrockneten». Wie bedauerlich. «Wenn das Wasser im Rhein goldner Wein wär, ja dann möcht ich so gern ein Fischlein sein», sang meine Mutter auf ihren legendären Grünkohl-Partys in den Achtzigern. Natürlich habe ich den Schlager dankbar aufgeschnappt und in der Grundschule zum Besten gegeben. Was der Rhein war, wusste ich nicht so genau. Ich war mir nur sicher, dass es dort wunderschön sein muss.

Die Realität aber ist mehr als ernüchternd. Vielleicht beginnt das Armageddon der Zeugen Jehovas, vielleicht schickt auch Heinrich den Regen und den heftigen Wind, der jetzt aufkommt. Zum ersten Mal auf meiner Wanderung muss ich mit vollem Anti-Nass-Programm durch die Gegend stiefeln: Regenjacke, Regenhose, Regencape über dem Rucksack. Ich laufe über einen asphaltierten Fahrradweg, der auf dem Rheindamm via Straßburg bis nach Basel führt. Die Strecke könnte trostloser und einsamer nicht sein. Links verdeckt ein Wald aus toten, blattlosen Bäumen die Sicht auf den Fluss, in den Ästen hängen Hunderte Mistelbüsche wie dunkle, dämonische Lampions. Auf der rechten Seite erstrecken sich flache Pampa, Feuchtwiesen und verregnete Äcker – ich wähne mich schon zurück im wilden Norden. Auch nach drei Stunden kann ich immer noch den Speyerer Dom in der Ferne sehen. Das Gebirge aus Stein wirkt auf mich wie ein riesiger mahnender Zeigefinger, es macht mir Angst.

Natürlich unternimmt kein normaler Mensch bei diesem Aprilwetter einen Spaziergang am Rhein, und so verbringe ich zwei traurige, einsame und konfuse Tage auf dem Damm. Die Strecke führt mitten durch Kieswerke, Industriegebiete und Großbaustellen. Zwischen Germersheim und Wörth ist eine Brücke gesperrt, ich muss einen erheblichen Umweg laufen und lege eine Ben-Hur-Etappe von vierzig Kilometern auf die Straße. Manchmal fliegt ein Rennradfahrer an mir vorbei, und einmal schrecke ich einen Storch auf, der sich neben dem Asphalt im hohen Gras niedergelassen hat. Das sind die bescheidenen Highlights langer Stunden.

Der Regen prasselt monoton auf die Kleidung, meine Seele verkriecht sich in ein kleines Zelt und wünscht sich über die Grenze ins Elsass. Doch vorher habe ich eine Nacht an der A65 zu überstehen. Zwischen Globus-Baumarkt und Mercedes-Benz-Werk – in der Sorte Hotel, in der die Abflüsse der Waschbecken gelbe Krusten haben – narkotisiere ich mich mit Dosenbier und führe zur Geisterstunde einen leidenschaftlichen Kampf gegen eine fette Kreuzspinne.

Am nächsten Tag dusche ich das letzte Mal mit Tricky Ricky, einem glitschigen rosafarbenen Freund, der mich seit Buxtehude begleitet. Wenn es etwas gibt, das Deutschland vereint, dann ist es diese preiswerte Flüssigseife. Anscheinend bietet jedes zweite mittel- und unterklassige Hotel der Republik keine Fläschchen mit Shampoo und Shower Gel mehr an, die sowieso nur geklaut werden, sondern hängt einfach große beigefarbene Plastikspender mit Tricky Ricky in die Duschkabinen. Heute Morgen zieht eine ganze Tricky-Ricky-Wolke über das Orangensaftkonzentrat, die ölige Cervelatwurst und den Scheiblettenkäse am Frühstücksbuffet. Es riecht nach Jasmin, ehrlicher Arbeit und Provinz.

Am Mittag aber duftet es endlich nach Freiheit, Gleichheit, Brüderlichkeit und Flammkuchen. Den Schritt über die Grenze hätte ich fast nicht bemerkt. Irgendwo auf dem Rheindamm zwischen Wörth und Lauterbourg steht ein geringelter Pfahl, das war's. Kein Zoll, kein Schlagbaum, kein Soldat, keine Minen, keine Heckenschützen – Europa ist eine großartige Idee. Ob ich schon mal in Frankreich war? Nein, nur in Paris. Vielleicht bewege ich mich deshalb noch etwas zaghaft, so als würde ich über rohe Wachteleier wandern.

Wie werden die Grenzfranzosen mich alte Wanderhure empfangen? Und wie soll ich mit den Leuten reden – auf Deutsch oder Französisch? Man hört ja, die Elsässer seien etwas speziell, und ich möchte mich nicht gleich unbeliebt machen. Zunächst bekomme ich nur wenige Exemplare zu sehen, ausschließlich Männer, die meisten aus der Ferne. Manche angeln im Nieselregen, manche sitzen in ihren Kleinwagen am Ufer, lesen Zeitung oder schlafen. Einer steht neben einem Hähnchenbräter und telefoniert: «Jo des hob ich do scho uffgeschriebe! Mini Zahn spiele mir Klovier im Orsch! À tout à l'heure!» Und dieses «À tout à l'heure», «Bis gleich», spricht er so herrlich deutsch aus, ohne jeglichen Versuch, richtig zu betonen, und alles in einem Wort: «Atutalöhr!» Keine Ahnung übrigens, was es bedeutet, wenn die eigenen Zähne im Allerwertesten Klavier spielen.

So oder so ähnlich klingt also Elsässisch. Ein Dialekt, der in dieser Region irgendwo zwischen Französisch und Pfälzisch zu liegen scheint. Die Pariser nennen ihn «primitiv», die Elsässer «würzig», ich würde ihn «direkt» nennen. Angeblich geht Elsässisch auf einen calvinistischen Mönch mit satirischer Ader zurück, der sich dem «Grobianismus» verschrieben hatte: Er verfasste mehrseitige Abhandlungen über das Furzen. Muss ich noch mehr dazu sagen? «Seele, bück dich, jetzt kommt ein Platzregen!», hat dieser weise Mann einmal getextet, und treffender könnte man meine Situation kaum beschreiben. Äußerlich: Ich bin völlig durchgeweicht, es gießt mittlerweile wie aus Kübeln. Innerlich: Der Rheindamm beginnt mich zu hypnotisieren. Seit Stunden starre ich auf den Boden, bis sich der Asphalt allmählich rückwärts bewegt und die Grünstreifen rechts und links im Augenwinkel nach vorne fliegen. Schwindelgefühl, Vertigo. Vielleicht liegt es auch daran, dass ich den ganzen Tag noch nichts Richtiges gegessen habe.

Zwei, drei Kilometer vom Fluss entfernt befindet sich Seltz, eine morbide Kleinstadt aus grauen Wohnhäusern mit bröckelndem Putz und sentimental glimmenden Straßenlaternen. Der Rhein ist hier leicht zu überqueren, und das Dorf ist seit Jahrhunderten daran gewöhnt, immer mal wieder überrannt zu werden. Erst kamen die Kelten, dann die Römer, die Merowinger, die Karolinger, die Staufer, der Napoleon-Clan und zweimal das Deutsche Reich. Wohl deshalb haben die Seltzer heute ihre Rollläden runtergelassen, und auch das Café de la Gare sieht nicht gerade einladend aus. Die Farbe der Außenwand scheint direkt aus dem düsteren Himmel über die grob verputzten Mauern geflossen zu sein, die Ranken über der verwaisten Sonnenterrasse wirken tot und verwunschen, nur das tropfende Schild «Sandwich» lächelt mich an.

Ich drücke gegen die Eichentür, setze den ersten matschigen Fuß auf den Estrich und erstarre, als ich zwischen Plastikdeckchen, staubigen Fensterbänken und Gardinen in fahlem Gelb den Erbfeind erspähe: das Fernsehen. Eine deutsche «Medienagentin» aus Cannes und ein Regisseur aus Berlin haben sich hinter zwei Tassen Kaffee verschanzt. Jetzt springen sie hektisch aus ihrer Deckung, eilen auf mich zu und schütteln mir im Takt eines Maschinengewehrs die Hand.

Die zwei sind mir seit Wochen auf den Fersen. Erst haben sie mich mit E-Mails bombardiert, dann mit einer verrauschten Telefonkonferenz gefoltert. Ich war gerade irgendwo auf dem Rothaarsteig verschollen, als mitten im Wald mein Handy klingelte und eine Computerstimme mich zu einer «Telko» einlud. Leider hatte ich wenig Empfang, also hängte ich das Telefon so hoch wie möglich in einen Baum, stellte es auf laut und lauschte den verzerrten Stimmen aus dem Orbit der Medienwelt. Die beiden meinten, sie würden mich gerne «einkaufen», als «Host» für ein «Reality-Doku-Format», das bereits im Ausland für Furore gesorgt habe. Und ich meinte, eigentlich im Scherz:

«Wenn Sie mich in Seltz besuchen, können wir uns ja mal unterhalten.»

Jetzt sind sie also da. Beide in meinem Alter und äußerst attraktiv. Sie erinnert an Jennifer Aniston, er ähnelt dem baskischen Fußball-Idol und Profi-Surfer Bixente Lizarazu. Ich selbst habe mittlerweile etwas von Raimund Harmstorf, dem Seewolf. Wir drei müssen ein bizarres Bild für die Elsässer abgeben, denn ansonsten findet man in diesem Lokal genau die Gestalten, deren Porträts man nur in GEO sieht oder auf Postkarten verschickt. Knorrige Herren, die einzeln an runden Holztischen sitzen und trinken. Ein Mann mit dichtem braunen Schnurrbart und Kappe starrt in seinen Rotwein und sagt kein Wort. Ein anderer trinkt gerade einen Bierhumpen aus, studiert die Bild-Zeitung (Top-News des Tages: Linda de Mol feiert ihr Comeback) und fällt vor allem durch seine bordeaux- farbene Kartoffelnase auf. Es riecht nach kaltem Rauch und Alkohol, auch die Wirtin, ein maskulines Weib mit freien Oberarmen und kurzen, rotgefärbten Haaren, hält ein Glas Bier in der Hand.

«Noch e Schlickele, wenn's beliebt!», ruft die Kartoffel- nase.

«Dü süffsch wie e Loch!», antwortet die Wirtin.

Der Schnauzbart schweigt.

Die Medienagentin, der Regisseur und ich haben gemeinsam Platz genommen und geben der Wirtin ein Zeichen. Nach einer Weile schlurft sie lustlos an unseren Tisch. Mein Magen knurrt.

Wirtin: «Jo?»

Ich: «Gibt es bei Ihnen etwas zu essen?»

Die Wirtin sieht nur stumm auf den Boden.

Ich: «Äh ... quelque chose à manger?»

Wirtin: «Na.»

Ich: «Sandwich?»

Wirtin: «Naaa!»

Ich: «Oh, dann nehme ich auch einen Kaffee, un café. Und ein Wasser bitte.»

Wirtin: «Koffee, Wosser.»

Regisseur: «Ach komm, gleich eine Flasche Wasser für alle!»

Medienagentin: «Une bouteille de l'eau pour tous, s'il vous plaît!»

Die Wirtin schreibt die Worte «Kaffee» und «Wasser» auf einen Notizblock und tritt ab. Die Medienagentin erzählt in ausgezeichnetem Deutsch, dass sie seit Jahren in Frankreich lebe und die deutsche Sprache längst verlernt habe. Der Regisseur raucht.

Agentin: «Franzosen haben einfach ein ganz anderes Savoir-vivre.»

Regisseur: «Also, ich sag jetzt einfach mal ‹du›. Ich bin der Tom.»

Agentin: «Und ich Constanze.»

Ich: «Dennis, freut mich.»

Wirtin: «Koffee, Wosser.»

Kartoffelnase: «No e Schlickele!»

Wirtin: «Pratz nitt so! Dü rejsch mi uf!»

Der Schnauzbart schweigt.

Schon im Umdrehen setzt mir die Wirtin noch eine kleine Tasse schwarzen Kaffee vor. In der Tischmitte stehen jetzt eine Karaffe mit Leitungswasser und drei Gläser. Constanze und der Tom erzählen von ihren größten beruflichen Erfolgen. Ich habe Hunger. Der Tom sagt, er habe etliche Werbefilme und Musikvideos gedreht, zuletzt mit Sarah Connor. Constanze sagt, sie berate TV-Redaktionen als «Creative Consultant» und handle als «International Affairs Consultant» weltweit mit Auslandsrechten für Fernsehformate. Auf Deutsch: Sie vermakelt quotenbewährte Sendungsideen an TV-Sender, die keine Ideen haben. Und weil selten jemand eine gute Idee hat, vor allem in Deutschland, ist das ein äußerst lukratives Geschäft.

Der Tom: «Und da kommst du ins Spiel.»

Constanze: «Exakt. Wir haben deine Filme gesehen und deine Storys gelesen und gedacht: Ganz ehrlich – das ist genau der Host, den wir suchen.»

Ich: «Hm.»

Constanze: «War eigentlich jemand von euch schon mal in Thailand?»

Der Tom und ich: «Hm.»

Constanze: «Habt ihr da auch dieses Zeug aus den Kokosnüssen getrunken?»

Der Tom und ich: «Hm.»

Constanze: «Also, es ist verrückt! Das schmeckt genauso wie dieses Wasser hier, so leicht säuerlich. Die Kellnerin hat bestimmt ein paar Spritzer Kokos-Aroma in die Kanne gegeben. Wie süß, I like!»

Dem Tom sein Handy klingelt, und ich verschwinde auf die Toilette, doch der bestialische Kloakengestank treibt mich schnell wieder zurück an unseren Tisch. Ich fürchte, bei dem vermeintlichen Kokos-Aroma handelt es sich nur um Partikel von Kneipengästen vergangener Jahrzehnte. Die Kartoffelnase hat schon wieder ausgetrunken.

Kartoffelnase: «No e Schlickele, min Schmüskatzele!»

Wirtin: «Hesch eini in de Kapp?»

Kartoffelnase: «Min Miisele!»

Wirtin: «Du Grasdackel!»

Der Schnauzbart schweigt.

So geht das wohl schon seit Jahrhunderten. Während draußen vor der Tür eine Besatzungsmacht nach der anderen brandschatzt, sitzen Kartoffelnase und Schnauzbart gemütlich im Warmen und saufen fröhlich vor sich hin. Der Tom und Constanze wollen zum Punkt kommen.

Constanze: «Also, wir wollen mal zum Punkt kommen. Ich habe die Rechte für ein spannendes Doku-TV-Format, das im neuseeländischen Fernsehen megaerfolgreich war.»

Der Tom: «Und wir würden das gerne mit dir auf Deutsch ausprobieren.»

Constanze: «Der Arbeitstitel ist...»

Der Tom: «In achtzig Stellungen um die Welt!»

Ich: «In achtzig Stellungen?»

Constanze: «Voilà.»

Ich: «Oh!»

Der Tom: «Worauf stehen russische Frauen beim Sex?»

Constanze: «Sind Japaner wirklich so versaut, wie man sagt?»

Der Tom: «Wie heiß treiben es eigentlich die Eskimos?»

Constanze: «Wir wollen einfach einen Dennis Gastmann, der sagt: Ganz ehrlich, ich will jetzt mal über Sex reden. Richtig frech und offen und ohne Tabus.»

Ich: «Hm.» Und ich denke: Warum nicht gleich «Zwanzigtausend Meilen unter der Gürtellinie»?

Nun klingelt Constanzes Handy, der Tom steckt sich die nächste Zigarette an und winkt die Wirtin herbei.

Der Tom: «Ich denke, es wird jetzt Zeit für ein Bier. Trois bières, bitte!»

Die Wirtin schreibt auf ihren Block.

Ich: «Avez-vous aussi bière, äh … sans Alkohol?»

Wirtin: «Na.»

Der Tom sagt, man müsse die Serie «In achtzig Stellungen um die Welt» essayistisch drehen. Er habe schon mal eine Outline geschrieben, das Drehbuch für eine fiktive Folge in Korea. Drüben in Seoul, da sei es total krass. Die Koreaner hätten doch tierische Probleme, jemanden kennenzulernen, weil sie nur auf ihre supermodernen Smartphones starren. Der Tom würde so beginnen: Handys, Köpfe, schnelle Schnitte. Constanze geht zum Telefonieren nach draußen, und der Tom meint, auch Moskau sei echt fresh, da könne man abgefahrene Sachen machen. Es lohne sich aber genauso, nach Mumbai zu fahren. Mumbai sei eine supergeile Stadt. Da sei alles noch hundert Mal abgefahrener.

Der Tom: «In Mumbai könntest du den einfachen Mann auf der Straße befragen, der sonst in der Kanalisation sitzt und die Scheiße wegmacht: Ey, Kollege, wie ist es mit Sex in Bollywood-Filmen? Alle Inder gehen ja superoft ins Kino.»

Ich: «Hm.»

Das Bier ist da, Constanze kommt wieder an unseren Tisch, und die beiden möchten, dass wir auf unser gemeinsames Projekt anstoßen. Mein leerer Bauch krampft.

Constanze: «Eins will ich dazu noch sagen. Ich liebe diese Serie, und da geht es mir gar nicht ums Geld. ‹In achtzig Stellungen um die Welt› ist mir echt super-super-wichtig.»

Ich: «Hm.»

Der Tom: «Das könnte echt ein supergeiles Ding werden.»

Constanze: «Ich denke, die Sender werden sich darum reißen. Wir verlangen von dir, Dennis, einfach nur totales Commitment. Wir wollen einen Dennis Gastmann, der voll für die Sache brennt.»

Der Tom: «Genau, du musst dich voll committen. Es gibt doch eine Sache, die wir alle drei wollen – Erfolg!»

Constanze: «Cheers!»

Ich muss plötzlich husten, dem Tom sein Handy vibriert, und Constanze erwähnt, dass sie auch noch mit anderen Kandidaten im Gespräch seien. Telefonierend prostet der Tom uns zu. Und so nähert sich dieser seltz-same Nachmittag langsam, aber todsicher seinem Ende. Der Tom und Constanze möchten zahlen.

Der Tom: «Die Rechnung, bitte!»

Die Wirtin reagiert nicht.

Constanze: «L'addition, s'il vous plaît!»

Die Wirtin rechnet: «Dö, katre, sänk … alors: wengt-katre-katorse. Vierundzwanzig vierzig.»

Der Tom: «Stimmt so.»

Wirtin: «Mersi.»

Kartoffelnase: «No e Schlickele Bier, mini Liebschti!»

Wirtin zu Kartoffelnase: «Du bisch voll wie e Zapfe!»

Kartoffelnase: «Min Zuckerschniffele!»

Wirtin: «Süffkulwe!»

Der Schnauzbart rülpst.

Endlich ebbt der Regen ab, wir stehen draußen vor der Eichentür, und der Tom will, dass ich ihm High five gebe. Constanze umarmt mich sogar und küsst mich rechts, links, rechts auf die Wange. Sie sagt, es habe ihr richtig gut gefallen und sie habe jetzt ein richtig gutes Gefühl. Sie werde noch heute Abend zu einem megawichtigen Meeting nach Stuttgart fahren, sie sei ja eine Malocherin, ein echter Workaholic, sie kenne Vierundzwanzig-Stunden-Arbeitstage, an denen man richtig burnt, an denen man alles raushole, was man sonst kaum in einer Woche schaffe. Ja, das kenne ich auch.

KAPITEL 10

Allein bei Kerzenschein

(Drusenheim–Straßburg)

Dass Franzosen etwas chaotisch sind, ist ein böses Gerücht. Aber es stimmt. Sie können ihre Straßenschilder nicht richtig beschriften, fahren wie die Henker und verlassen sich beim Einparken ausschließlich auf ihr Gehör. Und trotzdem habe ich sie schon tief in mein Herz geschlossen. Hier in Frankreich bin ich kein Landstreicher, obwohl ich mit meinem fusseligen Vollbart genau so aussehe. Nein, in diesem wunderbaren Land bin ich ein Monsieur. Monsieur Gastmann.

Wenn ich mich verlaufe und nach dem Weg frage, heißt es freundlich: «Nach links, Monsieur!» oder «Nach rechts, Monsieur!». Wenn ich dann im Kreis gehe und nach einer halben Stunde wieder an die gleiche Stelle komme, trällert es nicht weniger charmant: «Pardon, Monsieur!» Und wenn sie den Monsieur mit ihren Karren auch schneiden, abdrängen und fast überrollen – jeder, aber auch wirklich jeder Franzose erweist mir dabei auf seine Weise Respekt: Die Jugendlichen hupen, die Reiferen grüßen mich mit Fernlicht, und drei Monteure, die wie Hühner auf der Stange in der Kabine ihres Lieferwagens hocken, strecken synchron Zeige- und Mittelfinger ihrer rechten Hand in die Höhe, während sie rücksichtslos mit hundertzwanzig haarscharf an mir vorbeifegen. Das Victory-Zeichen? Nein, sie segnen mich. Sie denken, ich laufe auf dem Jakobsweg nach Santiago de Compostela.

Die Richtung stimmt. Weil Heinrich IV. einen großzügigen Abstecher ins Landesinnere nach Besançon gemacht hat, führt meine Reise auf seinen Spuren erst mal dreihundert Kilometer nach Südwesten. Rechts die Vogesen, links der Rhein, so konnte er sich leicht orientieren. Und selbst ich begreife: Wenn die dunkle, wolkenverhangene Bergwand plötzlich links von mir aufragt, wird es höchste Zeit, umzukehren.

Innerhalb dieser natürlichen Grenzen aus Wasser und Stein kann ich verschiedene Wanderlandschaften wählen. Nähere ich mich dem Gebirge, laufe ich über die «Route des Vins d'Alsace», die Elsässische Weinstraße. Auf lichtbeschienenen Hügeln wächst dort der Gewürztraminer, ein intensiver, fruchtiger Wein. Er stammt eigentlich aus Südtirol, doch es heißt, nur hier im Elsass könne er sein ganzes Aroma entfalten. Die Gipfel der Vogesen halten die Wolken fern, der Rhein reflektiert das Sonnenlicht, kühlt am Tag und wärmt bei Nacht, und wenn die überreifen weißen Trauben am Ende eines langes Sommers geerntet werden, schmeckt der Gewürztraminer auf wundersame Weise nach Quitte, Grapefruit, Litschi, nach Akazien und Rosen, nach Zimt, Nelken und Pfeffer. Eigenwillig, aber fesselnd. Beim ersten Schluck hat mich dieser Geschmack irritiert, beim zweiten erschreckt, beim dritten habe ich ihn sogar gehasst. Doch irgendwann machte mich der Traminer süchtig.

Es gibt nichts Schöneres, als stundenlang durch die Weinberge zu wandern und über das Tal und den Rhein bis nach Deutschland zu blicken, doch die Steigungen, dieses ständige Auf und Ab, raubt mir die Kraft. Manchmal sind die Pfade zwischen den Rebstöcken verworren, führen mich im Zickzack oder verlaufen sich einfach. Dann muss ich improvisieren und mir meinen eigenen Weg durch das Weinlabyrinth suchen, was den Bauern, der hier noch mit dem Pferdefuhrwerk den Boden aufreißt, nicht gerade begeistert. Will ich Canossa in diesem Leben erreichen, muss ich ökonomischer gehen.

Die Asphaltpiste am Flussufer kommt für mich nicht mehr in Frage, die Autobahn in der Talmitte natürlich auch nicht, und auf der befahrenen Schnellstraße daneben sollte ich nur im Notfall laufen – auch wenn ich dort so nett gegrüßt werde. Also was tun? Ich entscheide mich für die Guerilla-Variante und suche nach Schleichwegen zwischen den Dörfern der Ebene. Sie alle sind über Feld, Wald und Wiesen miteinander verbunden, man muss die Pfade nur finden. Dabei helfen Karten, ein Kompass und der gesunde Menschenverstand. Auch ich scheine so etwas zu besitzen und frage mich einfach: Wo liegt die direkteste Verbindung von diesem Dorf ins nächste? Der Mensch ist von Natur aus faul und wählt, wenn möglich, immer den kürzesten Weg.

Apropos Mensch. Diese Spezies begegnet mir nur selten zwischen den bunten Fachwerkhäusern, den Balustraden, Türmchen, Wetterhähnen, den bemalten Fensterläden und den geblümten Daunenbetten, die auf den Simsen auslüften. Egal zu welcher Tageszeit, egal bei welchem Wetter, es ist, als hätte ein Virus alles Leben in den Dörfern ausgelöscht und nur die Hunde verschont. Aber genau die sind ein Problem: Ich scheine mit dem Rucksack, den dunklen Wanderklamotten und meinen klobigen Schuhen irgendwie Gefahr zu signalisieren, und jedes der Biester dreht durch, wenn es mich wittert. Passiere ich ein Grundstück, dann springen die Hunde wie Derwische im Kreis, folgen mir am Zaun entlang, stecken die Schnauze hindurch und hören nicht auf zu kläffen, bis der nächste Wachhund in der Nachbarschaft übernimmt. Manchmal haben ihre Herrchen vergessen, das Gartentor zu schließen, und ich stehe den Schäferhunden, Rottweilern und Dobermännern ohne Schutz gegenüber. Dann richte ich meine Augen auf den Bürgersteig und gehe ruhig und gleichmäßig weiter.

Die archaischen Ortsnamen erinnern mich an Zweiter-Weltkrieg-Dramen: Matzenheim, Urschenheim, Friesenheim, Schwobsheim, Souffelweyersheim. Mein Heim für diese Nacht liegt abgelegen an einer Landstraße hinter Drusenheim und trägt den verheißungsvollen Titel «L'Auberge du Gourmet», die Herberge des Feinschmeckers. Das Konzept des gehobenen Etablissements ist so simpel wie clever: Mein Zimmer ist spottbillig, doch die Restaurantpreise gefährden meine Rente. Ein Dönerladen ist weit und breit nicht in Sicht, ich habe also keine Wahl, und so lege ich meine Unterarme auf eine weiße Tischdecke und blicke fasziniert auf ein blitzendes Bataillon aus silbernen Stich-, Säge- und Schneidwerkzeugen. Die Kellnerin rückt meinen Stuhl heran, reicht mir den Speisezettel aus Büttenpapier sowie die Weinkarte in echtem Leder und entfernt Geschirr und Besteck der Person, die heute mit mir hätte tafeln können, aber niemals erscheinen wird. Dann zündet sie eine elfenbeinfarbene Kerze an, die etwas verloren in der Mitte des Tisches steht.

Ich sehe mich um: In diesem Restaurant dinieren nur Herren. Einzelne Herren an einzelnen Tischen. Vermutlich Vertreter und andere Kaufleute, genau wie ich sitzen sie schweigend da und starren in das kleine bisschen Wärme, das vor ihnen flackert. Ein ganz normales Abendessen in der Herberge des einsamen Gourmets.

Das Menü (original):

Le Cuissot de Lapereau Désossé – Sauce Poivrade sur Compotée d'Endive
(Die ausgebeinte Kaninchenkeule – Pfeffersauce)

Poêlée de StJacques aux Chicons et Jus Epicé
(Die sautierte Jakobsmuschel in GewürzJus)

Les Aiguilettes de Magret de Canard de la Localité au Fois Gras d'Oie Frais poêlé
(Die Entenbrust der Ortschaft mit Gänseleber)

Croustillants de Tete de Porc
Petite Sauce Maraîchère et Jus de Rôti à la Sauge
(Gefüllter gebratenen Schweinkopf)

Les Cuisses de Grenouille Sautées à la Crème
d'Aromates
(Die Froschschenckel in Kräutersahne)

Ich zögere, und die Kellnerin macht mir die Wahl noch ein bisschen schwieriger. «Außerdem kann isch Ihnen als Vorspeise noch Folgendes empfehlen: den lauwarmen Wachtelsalat...»

«Hm, nein danke.»

«Die Drachenköpfesuppe...»

«Drachenköpfe? Merci.»

«Vielleischt die Nierschen?»

Hilfe. Ich beende diesen Vortrag, bestelle «La Ballotine de Poussin Rôti aux Légumes Anémone de Pomme de Terre», ein gebratenes Hähnchen, und erschrecke, als ich sehe, was der Chefkoch dem armen Tier angetan hat. Auf meinem warmen, blank polierten Teller liegt ein winziger, viel zu früh verstorbener Broiler. Man hat alle Knochen aus seinem jugendlichen Leib gerissen und ihn mit einer Masse aus Kartoffeln, Rotwein und seinen eigenen geschredderten Innereien gefüllt. Würdelos – aber unheimlich lecker. Diese arme Seele soll nicht umsonst gestorben sein, und so verspeist ein einsamer Feinschmecker ein einsames, ausgebeintes Hähnchen, zahlt und träumt in der Nacht von einer bizarren TV-Show mit sieben Kellnern, die langsam und genüsslich von einem Panzer überrollt werden. Zum Einschlafen hatte ich kurz den

Fernseher eingeschaltet. Gleich auf dem ersten Kanal lief eine Hitler-Doku.

Herrlisheim, Offendorf, Gambsheim, Kilstett, La Wantzenau, Fuchs am Buckel, Robertsau – sieben Dörfer, sieben Stunden zu Fuß, kaum eine Menschenseele, und als ich Straßburg erreiche, fühle ich mich so überfordert wie Crocodile Dundee in New York. Es ist, als kämen meine Sinne aus dem Urlaub und würden nun zurück in den Alltag geworfen wie in eine Pfanne mit heißem Fett. Die Fahrradklingeln, das Dröhnen der Mopeds in den Gassen, die schreienden S-Bahn-Schienen, das Klacken der Absätze, das Klirren des Geschirrs in den Cafés, die Kellner, die Touristen, die Schulklassen, die Kleinkinder, all das prasselt ungefiltert auf mich ein und bringt mich ins Wanken. Auf einmal gibt es Tausende fremder Gesichter zu studieren, manche erfüllen jedes Klischee. Männer balancieren in ihren Mundwinkeln Zigaretten, die gar nicht brennen, Mädchen in Trenchcoats und viel zu weiten, schlampigen Shirts erinnern mich an Sophie Marceau und feuchte Träume.

Warum nur wirken Französinnen so viel erotischer und anmutiger als deutsche Frauen? Weil sie dunkler sind? Weil sie schlanker sind? Weil sie keine BHs tragen? Es klingt absurd, aber ich denke, es ist die Art, wie sie schweben. Irgendwie bewegen sie sich langsamer: ihre Beine, ihre Lippen, ihre Augenlider, einfach alles. Selbst ihre Haare scheinen in Zeitlupe zu fallen, und immer dann, wenn die Mädchen mir entgegenkommen, zunächst verlegen auf den Boden blicken und mich erst im allerletzten Moment fixieren, explodiert tief in meinem Innern ein

Stern. Eigentlich bin ich ein misstrauischer Mensch, doch bei hübschen Frauen setzt jede Kontrolle aus. Nichts fasziniert mich so sehr wie Schönheit und Perfektion, vielleicht, weil ich mich selbst so unvollkommen finde. Vielleicht bin ich auch einfach nur ein Mann.

Am Ufer der Ill begrüßt mich ein niedlicher weißer Malteser. Endlich mal ein netter Hund, denke ich. Das Tier hechelt auf mich zu, ich knie mich hin, breite die Arme aus, und das kleine durchtriebene Vieh beißt mir beherzt in den Unterschenkel. Was macht ihn so aggressiv? Bin ich es? Oder ist es das EU-Parlament auf der anderen Flussseite, über dem große Vögel kreisen wie die Geier? Der riesige runde Glaskasten hat etwas von modernem Vollzug, und seine Häftlinge brechen gerade aus. Die transparente Gangway, die aus dem Gebäude über das Wasser führt, entlässt Männer mit Rollkoffern in die Freiheit. Fast wundert es mich, dass überhaupt noch jemand da ist – es ist doch schon Freitagmittag.

Seit Jahrzehnten fragen wir uns, warum Deutschlands europäische Polit-Elite (Günther Oettinger, Lothar Bisky, Silvana Koch-Mehrin) in Straßburg so kläglich versagt. Hier ist die Antwort: Es gibt keinen vernünftigen Grund, in dieser Stadt zu arbeiten. Wenn die Sonne scheint, so wie heute, bekommt man auf dem Place Kléber vielleicht noch einen Tisch, aber garantiert keinen Stuhl. Dutzende, vielleicht sogar Hunderte reißen sich um jede Sitzgelegenheit und schleppen die Klappstühle der Brasserien lustig hin und her, wie es ihnen gefällt. Wer bei dieser Reise nach Jerusalem ausscheidet, trinkt seinen Wein eben im Stehen oder sitzt auf den warmen Steinen am Rand des Springbrunnens. Und so geht es bis spät in die

Nacht. In Straßburg schmeckt das Leben süß. Vielleicht sollte man das EU-Parlament verlegen? Zum Beispiel nach Kassel?

Geselligkeit, Atmosphäre und Romantik sind für einen allein reisenden Monsieur drei große Probleme. Wie selbstbewusst muss man sein, um sich einfach zu den lachenden, trinkenden und flirtenden Gruppen zu setzen und mitzufeiern? Länger als eine Stunde irre ich abends über das Kopfsteinpflaster in La Petite France und fühle mich wie der einsamste Mensch auf der Erde. Im kleinen Frankreich, dem alten Quartier der Fischer und Gerber, spiegeln sich die Laternen, die Brücken, die Türme, das Fachwerk und die Blumen im flachen Wasser, das die Altstadt umspült. Es ist, als hätte man das schönste Dorf des Elsass mitten ins Herz von Straßburg verpflanzt. Eine Million Restaurants, Kneipen und Bars beleuchten das Viertel wie eine Lichterkette, und in den Lokalen funkeln die Augen der Pärchen, die gerade Urlaub machen oder ihren Eltern beim wöchentlichen Pflichtanruf erzählen, sie würden hier studieren. Und ich? Es ist immer dasselbe Spiel: Ich luge vorsichtig über jede Türschwelle, tue so, als würde ich jemanden suchen, mache verlegen kehrt und ziehe weiter. Mich allein an einen Tisch zu setzen und zu warten, bis der Kellner die eine Kerze vor mir anzündet, bringe ich heute einfach nicht fertig.

Ich habe grundsätzlich kein Problem damit, solo zu frühstücken, schon gar nicht auf meiner Reise. Der Morgen dient im Moment nur der Nahrungsaufnahme. Ich stopfe mich stumpf mit Kohlenhydraten voll und sehe zu, dass ich unbemerkt möglichst viel vom Buffet mitgehen lasse, wenn es denn eins gibt. Das Mittagessen fällt meistens aus. Bei meinem Pensum von fünfundzwanzig bis dreißig Kilometern am Tag habe ich keine Zeit, irgendwo einzukehren – in der Regel sind die Gasthöfe mittags eh geschlossen, das hat sich seit Norddeutschland nicht geändert. Und so sitze ich an Bushaltestellen, auf Supermarktparkplätzen und auf Stromkästen, Pollern oder Baumstümpfen und kaue an Müsliriegeln, Bananen oder erbeuteten Croissants mit Käse.

Doch abends ist alles anders. In jeder Kultur der Welt ist dies die Zeit, in der wir uns mit den Menschen zusammensetzen, die wir lieben. Wir zünden eine Kerze an, setzen uns darum und erzählen uns die Geschichten des Tages, der Schein der Flamme spiegelt sich in den Pupillen, während das Wachs zerfließt und uns daran erinnert, dass das Leben vergänglich ist. Das Abendessen ist ein Ritual, und es alleine zu sich zu nehmen ist Folter. Wenn ich hier und jetzt ein Restaurant betrete, habe ich sofort das Gefühl, zum Mittelpunkt des Geschehens zu werden. Alles starrt, alles glotzt, alles fragt sich in einer Mischung aus Neugier, Mitleid und Verachtung: Warum, um Himmels willen, isst dieser Junge allein? Der Kellner wird mich entweder vernachlässigen oder bemuttern, was beides genauso schlimm ist. Denn wie ein Mensch, dem das rechte Bein oder der linke Arm fehlt, möchte ich, der heute Abend auf einen Partner verzichten muss, doch nur eins: Normalität. Und während ich auf mein Essen warte, werde ich abwechselnd auf meinem Handy herumtippen, mein Gesicht in der Wanderkarte des nächsten Tages vergraben oder gedankenverloren vor mich hin stieren. Und so finde ich heute Abend für jedes Lokal eine Ausrede: zu aufgedreht, zu betulich, zu voll, zu leer, zu groß, zu klein, zu hip, zu dreckig, zu teuer, zu einladend, zu gut gelaunt, zu romantisch, zu sinnlich, viel zu schön.

Die junge Frau an der Rezeption des Hotel Kléber kann meine Zimmerschlüssel nicht finden. «Vendredi!», lächelt sie. «Freitag! Freitags fehlen immer welche, c'est la vie!» Sie kramt hektisch durch mehrere Schubladen und zieht aus einer Kiste mit Ersatzschlüsseln die Nummer 502, und in ihrer Überforderung ist sie so charmant und süß, dass ich sie auf der Stelle küssen möchte. Stattdessen steige ich in den engen Aufzug, fahre hinauf, öffne meine Tür, und dahinter endet der Raum auch schon. Fünf mal zwei Meter, weiße Wände, ein kleines Dachfenster, Dusche, WC – die Frau hat mich in einen Schuhkarton gesteckt. Ich übernachte in einer Bienenwabe, in der Einzelzelle des Großstadttouristen.

Mitten in der Nacht reißt mich ein weißes Telefon aus dem Schlaf, das direkt über meinem Kopf in die Wand geschraubt ist. Eine Männerstimme.

«Monsieur Gastmann?»

«Ja?»

«Hier ist die Rezeption. Sind Sie in Ihrem Zimmer?»

«Pardon?»

«Ob Sie in Ihrem Zimmer sind?»

«Ja, ich bin in meinem Zimmer. Sie rufen auf meinem Zimmertelefon an.»

«Excusez-moi, aber wie können Sie in Ihrem Zimmer sein, wenn Ihre Zimmerschlüssel noch hier unten sind?»

Franzosen. Zärtliche Chaoten.

KAPITEL 11

Run nach Canossa

(Im Tunnel)

Samstag, 6.30 Uhr, der Wecker klingelt, ausgemacht, wieder eingeschlafen, 6.45 Uhr, Wecker klingelt erneut, aufgestanden, Ohrstöpsel rausgezogen, Hunger, Kopfweh, gelähmte Oberschenkel, Stechen im linken Knie, Schmerztablette genommen, Zähne geputzt, geduscht, abgetrocknet, Hacke an der Kabinenwand aufgerissen, Blut abgetupft, Pflaster auf Hacke geklebt, Zahnpasta und Duschgel wasserdicht verpackt, Füße und Beine mit Schmerzöl eingerieben, angezogen, Wanderschuhe geschnürt, 7.05 Uhr, nach unten gegangen, gefrühstückt, Äpfel und Croissants geklaut, wieder nach oben gegangen, 7.25 Uhr, zwei Einwegflaschen mit Leitungswasser gefüllt, Flaschen in die Rucksackseiten gesteckt, Wäsche zusammengelegt und in Plastikbeutel verpackt, Plastikbeutel ins unterste Rucksackfach gequetscht, Reißverschluss zugezogen, Kamera, Badutensilien, Regenjacke, Regenhose, Strickmütze und Handschuhe ins große Fach gepresst, alles fest zugeschnürt, oberste Rucksacktasche geöffnet, Warnweste, Müsliriegel und erbeuteten Proviant hineingeschoben, Tasche wieder geschlossen, kleines Seitenfach kontrolliert, Taschenmesser, Taschenlampe, Traubenzucker, alles da, zufrieden genickt, 7.45 Uhr, Rucksack aufgesetzt, festgezurrt, untere Schnalle geschlossen, Klick, obere Schnalle geschlossen, Klick, unters Bett geschaut, das Bad kontrolliert, nichts vergessen, Kappe aufgesetzt, Tür geöffnet, mit dem Fahrstuhl runtergefahren, gezahlt, mit dem Rezeptionisten über nächtlichen Anruf gescherzt, nach dem Weg gefragt, das Haus verlassen, 7.55 Uhr, Bäckerei gefunden, Französisch geübt, blamiert, noch mehr Brot, eine Flasche O-Saft und Milchkaffee zum Mitnehmen gekauft, 8.10 Uhr, Kopfhörer aufgesetzt, Musik eingeschaltet, losgewandert, tief abgetaucht, 8.55 Uhr, verletzte Hacke schmerzt, hingesetzt, rechten Schuh ausgezogen, Socke ausgezogen, neues Pflaster draufgeklebt, 9.05 Uhr in Illkirch-Graffenstaden verlaufen, Hundegebell, 9.20 Uhr einen Busfahrer nach dem Weg gefragt, Wasser getrunken, Croissant gegessen, 10.35 Uhr in Fegersheim angekommen, bunten Wasserturm gesehen, Straße nach Ichtratzheim nicht gefunden, Karte studiert, geflucht, Karte verworfen, umhergeirrt, um 10.50 Uhr einen Greis um Hilfe gebeten, ausgeschilderten Fahrradweg gefunden, blühendes Rapsfeld passiert, kurz innegehalten, 11.25 Uhr mit Müsliriegel in der Hand das Fachwerk in Ichtratzheim bewundert, Rucksack abgesetzt, ein Foto gemacht,

11.45 Uhr Fachwerk in Hipsheim bewundert, Rucksack abgesetzt, ein Foto gemacht, 12.55 Uhr Fachwerk in Nordhouse bewundert, Rucksack abgesetzt, Hundegebell, kein Foto gemacht, 13.05 Uhr, gefragt worden, ob ich nach Santiago de Compostela laufe, verneint, 13.40 Uhr in Erstein müde geworden, Dönerbude entdeckt, Kebab mit Huhn- und Fritten-Füllung mitgenommen, seltsame Kombination, im Ort vergeblich nach einer Sitzbank gesucht, Blumenkübel vor der Schule gefunden, lauwarmen Kebab gegessen, Reste in den Müll geworfen, Liter O-Saft getrunken, einen Junkie abgewimmelt, weitergegangen, um 14.55 Uhr in Osthouse angehalten, auf Mauer gehockt, Hundegebell, entnervt ein Stück weitergegangen, wieder Halt gemacht, auf den Rand eines Straßenschilds gesetzt, Wasserflaschen leergetrunken, Brot gegessen, Störche beobachtet, gefreut, gehofft, dass sich die Fußsohlen erholen, 15.05 dunkle Wolken entdeckt, geseufzt, vorsichtshalber Regenjacke angezogen, schnell weitermarschiert, 15.20 Uhr aufgeatmet, Regenwolken vorbeigezogen, jetzt starke Schmerzen an der Hacke gespürt, um 16.10 Uhr in der Ortschaft Sand schlappgemacht, kurz verlaufen, dann Gasthof gefunden, der Empfangsdame erklärt, warum ich zu Fuß gehe, Empfangsdame zum Lachen gebracht, Zimmerschlüssel bekommen, Tür hinter mir geschlossen, untere Rucksackschnalle geöffnet, Klick, obere Schnalle geöffnet, Klick, Rucksack aufs Bett gelegt, ausgepackt, hingesetzt, Schuhe ausgezogen, Socken ausgezogen, Pflaster entfernt, erschrocken, Füße massiert, ins Bad gegangen, um 16.40 Uhr geduscht, Zähne geputzt, Handtuch umgebunden, Wäsche mit Duschgel und heißem Wasser im Waschbecken gereinigt, Thermohemd, Unterhose und

Socken auf die Heizung gelegt, Heizung aufgedreht, festgestellt, dass die Heizung nicht funktioniert, geflucht, um 17.35 Uhr die Route für die nächsten beide Tage geplant, Benfeld, Huttenheim, Sermersheim, Kogenheim, Ebersmunster, Übernachtung in Sélestat, dann Illhaeusern, Houssen, Übernachtung in Colmar und immer weiter Richtung Belfort, telefoniert, Zimmer organisiert, um 18.45 Uhr eingeschlafen, um 19.36 Uhr wieder aufgewacht, angezogen, runtergegangen, hingesetzt, bestellt, gewartet, in Kerzenlicht gestarrt, Fisch gegessen, zu viel Wein getrunken, viel zu viel gezahlt, hochgegangen, Zähne geputzt, in den Spiegel geschaut, Augenringe gezählt, mit dem Kopf geschüttelt, hingelegt, wieder eingeschlafen, um 22.30 Uhr begonnen, von Feldwegen, Fachwerk und Hunden zu träumen, noch achthundertneunundsechzig Kilometer bis Canossa, noch vierzig Wandertage, noch acht Stunden, bis der Wecker klingelt.

KAPITEL 12

Böser die Glocken nie klingen

(Besançon)

Der Himmel ist verschwunden und mit ihm die Sonne, der Mond und alle Sterne. Über mir ist nur noch das Nichts, ein fahles Grau, aus dem Milliarden kalte, zermürbende Tropfen fallen. Wenn es regnet und ich meine Kapuze schließe, dann verriegelt sich auch mein Kosmos. Wenn es regnet, verliere ich den Blick in die Ferne und ziehe mich ganz in mich zurück. Wenn es regnet, denke ich an Italien. Den Blick gesenkt, drücke ich mich an den Leitplanken einer Schnellstraße entlang, Reifen kreischen über den nassen Asphalt, Gras und Lehm sammeln sich im Profil meiner Schuhe. Doch mein Geist sitzt im T-Shirt auf einer Piazza, isst Tortellini und sieht den Spatzen zu, die im untergehenden Licht über die Ziegeldächer flattern.

Lastwagen zischen durch die Lachen, Wasser schlägt mir ins Gesicht, Dornbüsche am Wegrand versuchen, mich festzuhalten. Doch ich bin in Turin, in Vercelli oder in Reggio und muss nur stur weiterlaufen, immer der Straße nach, und irgendwann, das ist sicher, sind die Lastwagen fort, die Tropfen verfliegen, und das Grau über mir reißt auf. Irgendwann. Doch dieser Moment ist noch fern.

Der Aprilregen begann schon vor vier Tagen in Belfort und will einfach nicht enden. Auch nicht hier in Besançon. Die Häuserschluchten scheinen langsam vollzulaufen. Man hat das Gefühl, die Passanten würden bald mit ihren Schirmen und Handtaschen in den breiten Fluss getragen, der die Altstadt umspült.

Das Herz von Besançon ist von drei Seiten nur über Brücken zu erreichen, es liegt dicht zusammengeschoben in einer Schleife des Doubs. Auf engem Raum drängt sich die kulturelle Elite der Stadt: Theater, der Justizpalast, das Erzbistum, die Cathédrale Saint-Jean, das Musée des Beaux-Arts et d'Archéologie. Die Landseite des Stadtkerns wird von einer Klippe geschützt, dort wacht die Zitadelle, eine Festung aus dem 17. Jahrhundert. Es ist kein Wunder, dass dieser natürlich geschützte Ort immer wieder große Krieger anlockte. Schon zur Bronzezeit sollen die Gallier hier gesiedelt haben, Julius Cäsar besetzte die Stadt, Marc Aurel errichtete einen Triumphbogen, die «Porte Noire».

Zur Zeit Heinrichs IV. gehörte Besançon als Teil von Burgund zum Heiligen Römischen Reich. Der König kam mit seiner Familie hierher, um mit Graf Wilhelm, einem Großcousin, Weihnachten zu feiern. Was für eine nette Auszeit auf dem Gang nach Canossa! Der Chronist Lampert von Hersfeld schreibt, dieser weihnachtliche Empfang in Besançon solle trotz Heinrichs misslicher Lage «ziemlich glänzend» gewesen sein. Schließlich habe der Graf über «weite, blühende Besitzungen» verfügt. Lasst uns froh und munter sein – man kann sich in etwa vorstellen, wie es die edlen Leute krachen ließen. So viel zur Legende von Buße, Entsagung und Selbsterniedrigung. By the way: Es heißt, Heinrich solle «wenige Tage vor Weihnachten» in Speyer losgezogen sein. Allerspätestens an Heiligabend muss er Besançon erreicht haben – sonst hätte er den Gänsebraten und die Bescherung verpasst. Das macht mich etwas stutzig, denn die Strecke hat in direkter Linie etwa dreihundertdreißig Kilometer. Ich habe sie in sechzehn Tagen bewältigt – im Frühling und auf befestigten Wegen. Das bedeutet: Entweder waren der Wanderkönig und sein Gefolge unglaublich gut zu Fuß, oder sie haben, auf Deutsch gesagt, beschissen.

Heute reißen sich gleich mehrere Krieger um Besançon. Die Plakate mit ihren Konterfeis sind überall in der Stadt hübsch nebeneinander aufgereiht. Werbeagenturen und Spindoktoren haben sich wieder mal viele Gedanken gemacht: François Hollande blickt zuversichtlich in die Kamera, hinter ihm eine weite grüne Landschaft, blauer Himmel und unschuldige Quellwolken. «Le changement c'est maintenant», steht in weißen Lettern unter ihm, «Der Wechsel ist jetzt». Marine Le Pen presst die Lippen zusammen und zwingt sich zu einem Lächeln, sie hat die Hände flach aufeinandergelegt und sitzt uns leicht gebückt gegenüber. Ihr Wahlspruch ist geheimnisvoll und zögerlich zugleich: «Oui, la France». Das lässt mich etwas ratlos zurück. «Ja, Frankreich» – kein Punkt, kein Ausrufezeichen, der Anfang eines Satzes? Worauf will sie hinaus? Nicolas Sarkozy wirbt mit dem Credo «La France Forte», ein starkes Frankreich, das passt zu ihm. Als einziger Kandidat blickt der Präsident entrückt an der Kamera vorbei, er scheint es nicht nötig zu haben, dem Wähler direkt in die Augen zu sehen. Vielleicht traut er sich auch nicht mehr. Mit Anzug und Krawatte steht er am Meer und sieht diabolisch lächelnd in die Ferne, graue Strähnchen im Haar, die Sonne im Gesicht. Es wirkt, als wisse er schon, dass diese Wahl ihn weit weg an ein anderes Ufer tragen wird, womöglich ins Exil nach Elba. Der Ausdruck verrät aber auch, dass Napoleon insgeheim schon seine triumphale Rückkehr plant.

Jemand drückt mir einen blau-weiß-roten Flyer in die Hand: «Cinq raisons de voter pour Nicolas Sarkozy», fünf Gründe, Sarkozy zu wählen:

1. Ich wähle Sarkozy, weil er international respektiert wird.
2. Ich wähle Sarkozy, weil er die Staatsschulden senkt und die Arbeitslosigkeit bekämpft.
3. Ich wähle Sarkozy, weil ich keine Gesellschaft will, in der die Kultur der Entschuldigung die Strafe ersetzt.
4. Ich wähle Sarkozy, weil er die Bürgerrechte stärkt und verhindert, dass Ausländer wählen dürfen.
5. Ich wähle Sarkozy, weil er den Menschen vertraut.

Würden nicht Wasser und Wind wie ein gigantischer Hochdruckreiniger durch die Straßen fegen, vielleicht wäre Nicolas Sarkozy längst vorbeikommen und hätte manche Viertel von Besançon persönlich «ausgekärchert» –

um in der Sprache des Law-and-Order-Präsidenten zu bleiben. Außerhalb des historischen Zentrums ähnelt die Stadt jeder beliebigen größeren Stadt: Häuserblöcke, Graffiti, Kindergärten im Container. Presslufthämmer schlagen durch die Asphaltdecke, Baumaschinen pflügen den Boden, Bagger schaufeln Sand aus der Tiefe, Plätter plätten alles wieder platt.

Alexandra Blachère wohnt im Erdgeschoss eines verwaschen ockergelben Hochhauses in der Rue Georges Clemenceau. Zwei Kinder toben im Flur, ein drittes schreit aus einem hinteren Zimmer. «Désolé», sage ich, «es tut mir wirklich leid», als ich durchgefroren und triefend nass ihre Wohnung betrete. Zwischendurch war der Dauerregen in feuchten Schnee und Hagel übergegangen. Am Telefon hatte ich sie nach ihrem Büro gefragt, aber Madame Blachère bat mich gleich zu sich nach Hause. «Voilà, Monsieur, DAS ist mein Büro», sagt sie und führt mich in ihr kleines Wohnzimmer. Der Raum ist zweigeteilt. Auf der rechten Seite der Fernseher, eine Spielkonsole, der Couchtisch und ein beige-rotes Ecksofa vor einer Fototapete. Motiv: Malediven im Abendrot. Die linke Seite wird ganz von einem Schreibtischmonster okkupiert, auf dem sich wüst Akten, Rechner und mehrere Computertastaturen stapeln. Davor steht eine Lidl-Tüte, ebenfalls voller Unterlagen. Auf der Heizung blinkt ein WLAN-Router neben dem schnurlosen Telefon und einem weihnachtlichen Familienfoto.

Für mich ist es ein klassischer Interviewtermin. Schon vor Monaten hatte ich von Alexandra Blachère gelesen, und der Journalist in mir wollte sie unbedingt kennenlernen. Dass sie sich wirklich Zeit für mich nehmen würde, hätte ich nie geglaubt. Alexandra bittet mich an einen Glastisch und bringt Kaffee. «Da, wo Sie jetzt sitzen, hat schon die gesamte französische Presse Platz genommen», erzählt sie stolz, «alle Zeitungen, alle Magazine, alle Fernsehsender. Und dann kam die ganze Welt zu Besuch. Die Schweden, die Belgier, sogar die Chinesen!» Allerdings hat schon lange kein Chinese mehr an diesem Tisch gesessen. Die Medien sind weitergezogen und stürzen sich nun auf die Präsidentschaftswahlen. Nichts ist so alt wie die Schlagzeilen von gestern.

Wie soll ich Madame Blachères Geschichte erzählen? Ein körperliches Merkmal hat sie berühmt gemacht. Nicht ihre zierliche Figur, nicht ihre tiefdunklen Augen, sondern ihre Oberweite. «Nach den drei Geburten hingen die Dinger wie nasse Lappen nach unten», sagt sie und fasst sich an ihren auffällig großen Busen. «Da war nichts mehr, nur noch Haut. Das hat mich so frustriert. Ich musste einfach etwas ändern.» Diese Änderung war teuer. 3240 Euro legte sie auf den Tisch – für zwei Silikonkissen und zwei lange Schnitte an den Unterseiten ihrer Brüste. Noch nie hatte sie so viel Geld auf einmal ausgegeben, selbst das Auto war billiger. «Aber es war nicht nur ein ästhetischer Eingriff», sagt Alexandra, «sondern eine Operation für meinen Kopf. Wissen Sie, die meisten Frauen mit künstlichen Brüsten sind keine Sexbomben. Das ist ein Klischee. Ich wollte einfach wieder glücklich sein.»

Alexandra fand jedoch bald heraus, dass man ihr billiges Industriesilikon in die Brust gefüllt hatte, das sonst nur für Reifen, Drucker oder Matratzen verwendet wird. Die Substanz ist so aggressiv, dass sie die Außenhüllen der Implantate angreifen und die Kissen zum Platzen bringen kann. Alexandra bekam Panik, begab sich erneut unters Messer und ließ das falsche Silikon durch Qualitätsware ersetzen. Die Rechnung zahlte diesmal ihre Mutter. Woher die minderwertigen Implantate kamen? Von Poly Implants Prothèse aus Besançon, dem damals drittgrößten Produzenten auf dem Markt. Ein Skandal. PIP exportierte das Billigsilikon in siebenundsechzig Länder, sogar nach Brasilien und Venezuela. Man schätzt, dass weltweit dreihunderttausend Frauen solche Zeitbomben in sich tragen.

Alexandra Blachère ist ihre Stimme. Sie hat sich über das Internet mit mehreren tausend Opfern verbündet, sammelt Spenden, legt sich mit den Krankenkassen an und spricht immer wieder im Gesundheitsministerium in Paris vor. Ihr Ziel: Alle Betroffenen sollen kostenlos neue Implantate erhalten.

Es ist eine komische Situation, dieser Frau gegenüberzusitzen und ein seriöses Interview über ihre sekundären Geschlechtsmerkmale zu führen. Natürlich muss ich dabei unweigerlich immer wieder auf ihre Brüste starren. Das merkt Alexandra, die übrigens genau mein Jahrgang ist, und es ist ihr recht. Nein, es ist sogar kalkuliert. Ganz bewusst lässt sie ihren schwarzen Spitzen-BH ein Stück zu weit aus ihrem Ausschnitt ragen. Ich versuche, die Atmosphäre etwas zu entkrampfen: «Würden Sie sich als Jeanne d'Arc der Silikonkissen bezeichnen?» – «Oh, das gefällt mir. Das gefällt mir sehr», flirtet sie, und in diesem Moment betritt ihr Gatte das Wohnzimmer, ein sportlicher Mann im Jogginganzug, der sich als «Herr Müller» vorstellt. Müller erklärt, er habe deutsche Vorfahren und stamme aus Altenburg bei Leipzig. Leider sei er der einzige Deutsche, der kein Deutsch spricht.

Jetzt reden wir zu dritt über Alexandras Brüste, und alles wird noch bizarrer. Herr Müller setzt sich auf die Sofakante und beginnt, laut zu fluchen. Sein ganzer Körper steht unter Strom, seine Gesten sind roh und aggressiv. Er schimpft, er habe letztens TV-Werbung gesehen und hätte sie nach ein paar Minuten ausstellen müssen, weil er sonst aus der Haut gefahren wäre: «Alle Firmen versprechen mir, wenn Ihnen das Produkt nicht gefällt, können Sie es binnen vierzehn Tagen kostenfrei zurückgeben! Oder umtauschen! Oder es gibt Geld zurück! Oder ein Geschenk! Also frage ich: Was bieten mir die Chirurgen? Die machen eine OP, und wenn was schiefgeht, heißt es: Pech gehabt! Dann operieren sie ein zweites Mal und halten wieder die Hand auf! Die profitieren doch immer noch!»

Im Moment hat Herr Müller einfach viel zu viel Zeit, sich aufzuregen. Hauptberuflich passt er auf die Kinder und den kleinen Hund Gizmo auf, einen Job hat er nicht in Aussicht. Seine Frau Alexandra arbeitete als Krankenschwester, war aber zuletzt fulltime damit beschäftigt, Anwälte zu treffen und die Mails anderer Silikon-Opfer zu beantworten. Manchmal jobbt sie als Nounou, als Kindermädchen, aber natürlich reicht das alles nicht.

«Was halten Sie denn von dem Doktor, der die Implantate verkauft hat?», frage ich.

«Das Arschloch ist kein Doktor!», antwortet Herr Müller.

«Was ist er dann?»

«Der hat Metzger gelernt! Der Typ ist ein verdammter Fleischer!»

Das ist die Ironie der Geschichte. Angeblich soll Jean-Claude Mas, der Gründer von PIP, seine Karriere tatsächlich an der Wursttheke begonnen haben. Später handelte er mit Wein, Cognac und Reinigungsgeräten, bis das Verkaufsgenie das ganz große Geld in der Schönheitsindustrie witterte. Ein simpler Bauerntrick machte ihn zum Multimillionär: Industriesilikon ist siebenmal günstiger als das reguläre Gel. So konnte er seine Implantate zu unschlagbaren Preisen auf den Markt werfen. Mittlerweile sitzt Mas in Haft, doch nach Canossa geht er nicht. Im Gegenteil: Bis heute brüstet er sich mit der Qualität seiner Arbeit.

«Das ist kein Mensch», sagt Alexandra und verlässt kurz das Zimmer. Sie kommt wieder und legt ein Billigimplantat auf den Glastisch. Jetzt nimmt unsere Begegnung eine fast surreale Wendung. Ganz sicher kann man sich ja nicht sein, aber ich glaube, ich habe noch nie eine Silikonbrust angefasst. Heute ist mein erstes Mal. Zumindest das erste Mal, dass ich ein Silikonkissen bewusst anfasse. Es ist erstaunlich schwer und fühlt sich hart an, zumindest die Außenhaut. Fast andächtig knete ich es in meiner Hand und wage nicht zu fragen, ob dieses Ding einmal in Alexandras Brust gesteckt hat. Während ich so dasitze, wandelt sich Müllers unendliche Wut in Galgenhumor. Er beginnt, laut zu lachen, und steckt auch uns damit an.

Auf dem Tisch liegen noch mehrere andere Dinge, die aus heutiger Sicht völlig lächerlich erscheinen: eine Garantie auf Lebenszeit von PIP und ein Zertifikat des TÜV Rheinland, der das Billig-Silikon geprüft und für gut befunden hat. Wie der stinkreiche falsche Doktor seinen Schwindel jahrelang vertuschen konnte und wer ihn geschützt hat, ist bislang nicht klar. Sicher ist nur: Viele haben fleißig mitverdient, vor allem die Schönheitschirurgen. Der weltweite Bedarf nach preiswerter Füllmasse ist gewaltig, und die Gier ist stärker als die Moral.

Schließlich entdecke ich etwas zwischen den Dokumenten, das unser Lachen erstickt. «Ja, so was lässt niemanden kalt», seufzt Herr Müller. Vor mir liegen Fotos, die man nicht länger als ein paar Sekunden ansehen kann. Sie zeigen, wie geplatzte Implantate mühselig aus dem Körper geschnitten werden. Das Silikon hat sich mit Fett, Gewebe und rohem Fleisch zu einer blutigen Masse verklumpt, es könnten Szenen aus einem Schlachthof sein.

«Würden Sie die erste Brustoperation noch einmal machen?», frage ich, und Alexandra lächelt verlegen.

«Uhhhh ... je ne sais pas. Das weiß ich wirklich nicht. Um ehrlich zu sein: Eigentlich waren es vier OPs.»

«Vier?»

«Ja. Die erste hatte ich schon 2008, sie lief nicht gut. Bei der zweiten bekam ich PIP-Implantate. Bei der dritten wurden sie ersetzt, doch es gab wieder Komplikationen – und noch eine vierte Operation. Für jede haben wir etwa dreitausend Euro bezahlt.»

Und so steckt wohl das gesamte Ersparte der Familie Müller-Blachère in Alexandras Oberweite. Ich merke, dass alles gesagt und gefragt ist, und bitte darum, ein Foto machen zu dürfen. Natürlich darf ich. Alexandra setzt sich aufrecht an den Glastisch, nimmt das Implantat in die rechte Hand und legt denselben vorwurfsvollen Blick auf, den sie schon eintausend Mal für die Medien der Welt gemimt hat. Ich drücke ab, so wie die gesamte französische Presse, wie die Schweden und Chinesen, verabschiede mich und gehe zurück in den Regen. Es wird Zeit, sich vom Journalisten in mir zu entfernen.

KAPITEL 13

Die große Überquerung des Jura-Gebirges zu Fuß

(Pontarlier)

Termine, Termine, Termine. So froh und munter das Weihnachtsfest auch war, Heinrich IV. konnte es nicht lange genießen. Schon am 27. Dezember raffte er seinen edlen Corpus wieder auf und zog durch das Königreich Burgund weiter nach Italien. Klar, er hatte es eilig, weil sein Ultimatum ablief. Es gab aber noch einen anderen Grund: Heinrich war in der Nähe von Genf mit seiner Schwiegermutter verabredet. Und die Schwiegermutter lässt auch ein König nicht warten. Mir ist allerdings völlig schleierhaft, auf welchem Weg er zu ihr gelangt ist. Immerhin liegen zwischen Besançon und Genf gut hundertfünfzig Kilometer, und die führen nicht durchs Flachland, sondern quer über das Jura-Gebirge. Gerade in der Nähe des Genfer

Sees soll es besonders steil sein, manche Gipfel ragen über eintausendsiebenhundert Meter in den Himmel. Wie um alles in der Welt ist er da zu Fuß rübergekommen? In den historischen Texten ist diese Etappe ein weißer Fleck, die Quellen lassen mich im Stich.

Meine Hilflosigkeit treibt mich ins «Office de Tourisme», einen Glaskasten am Rand der Altstadt von Besançon. Gerade rechtzeitig schlüpfe ich hinein, denn mal wieder geht die Welt unter. Regen prasselt auf das Flachdach, und durch den Sturzbach, der die Scheiben hinabfließt, sehe ich verschwommen, wie die Menschen draußen bei Blitz und Donner durch Pfützen rennen. Wer sitzt jetzt im Aquarium, die oder ich? Jede Stadt, die was auf sich hält, hat heutzutage ihren Slogan: «München mag dich», «Bielefeld bewegt» oder «Ich komm zum Glück aus Osnabrück». Hier wirbt das lokale Marketing mit «Besançon, l'irrésistible» – die Unwiderstehliche. Nach meinen grenzwertigen Erfahrungen kann ich mir allerdings nichts Schöneres vorstellen, als dieses Regenloch so schnell wie möglich zu verlassen.

Die blonde Madame am Empfang erschrickt, als ich sie anspreche. Offenbar hat niemand in der Touristeninformation mit Besuch gerechnet. Vielleicht fragt sie sich, warum mich die lieblosen Regale mit den Prospekten und die bedruckten Tassen nicht verjagt haben. Ich übertreibe nicht, es macht wirklich den Eindruck, als sei ich der erste Mensch, der diesen Ort betritt. Ich erzähle der Frau von meinem Dilemma. Dass ich zu Fuß unterwegs sei, irgendwie von Besançon nach Genf kommen müsse und einfach keinen Plan hätte, wie es weitergehen soll. Sie zieht ihre linke Augenbraue hoch. Erst denke ich, die Dame hätte mich nicht verstanden. Doch falsch, sie überlegt – und zwar eine ganze Weile. Dann erhebt sie sich wortlos aus ihrem Bürostuhl, fischt eine Landkarte aus dem Regal und breitet sie zwischen uns auf dem Tresen aus.

Jetzt wirkt sie nicht mehr lustlos, sondern streng und konzentriert. «Bon, Monsieur, Sie wissen schon, dass zwischen Besançon und Genf ein paar Berge liegen?» Ihre Hand fährt einmal quer über das Jura-Gebirge. «Also, im Grunde haben Sie drei Möglichkeiten: Entweder Sie machen einen großen Bogen und laufen einmal unten herum, das dauert aber ewig. Oder Sie laufen in gerader Linie über Champagnole auf den Jura zu und steigen dann einfach drüber. Das wäre der kürzeste Weg, aber er ist vermutlich viel zu steil.» Sie empfiehlt mir Variante drei: zunächst nach Südosten über Ornans nach Pontarlier, von dort aus einmal quer über den gesamten Jura-Gebirgs-kamm und dann der Abstieg Richtung Genf. «Monsieur, es ist zwar ein kleiner Umweg», gibt sie zu, «aber diese Strecke geht nur ganz langsam nach oben, und wenn Sie erst mal in Pontarlier sind, laufen Sie quasi über ein Plateau. Vor der Stadt beginnt ein sehr, sehr schöner Wan-derweg, der GTJ. Warten Sie.»

Plötzlich ist sie ganz begeistert bei der Sache, als hätte ich sie aufgerüttelt. Wieder eilt die Frau zu ihrem Regal, kramt in den Prospekten, öffnet Klappen, nimmt etwas heraus und legt es wieder hinein. «Une minute!», ruft sie, «une minute!», verschwindet hektisch in einem Hin-terzimmer, sucht auch dort und kehrt doch mit leeren Händen zurück. Sie sagt, ich solle mir unbedingt das Buch «GTJ – La Grande Traversée du Jura à Pied» besorgen, die große Überquerung des Jura-Gebirges zu Fuß. Das Standardwerk, die Bibel für Jura-Wanderer. Bedauerlicherweise habe sie ihr letztes Exemplar wohl schon vor einiger Zeit verkauft.

Damit weckt sie mein Abenteurerherz. Die große Überquerung des Jura-Gebirges zu Fuß – das klingt wunderbar, so wie die große Expedition von Alexander von Humboldt oder die große Überfahrt von Christoph Kolumbus. Große Helden auf großen gefährlichen Reisen habe ich schon als Kind geliebt: Odysseus gegen den Zyklopen, Käpt'n Ahab auf der Jagd nach Moby Dick, Ali Baba und die vierzig Räuber. All diese Geschichten erzählte mir mein kleiner flacher Panasonic-Kassettenrecorder in Graumetallic zum Einschlafen – immer und immer wieder. Jeden Abend reiste ich als kleiner Muck durch Tausendundeine Nacht. Ich pflanzte goldene Zauberbohnen und kletterte auf ihren Ranken in das Land der Riesen, ich fuhr mit Sindbad über die See, beschützte den Däumling im dunklen Wald und riss dem Teufel drei goldene Haare aus.

«Wie lange brauche ich denn für den GTJ? Gibt es da Herbergen, oder schläft man im Zelt?»

«Monsieur, das steht alles in dem Buch. Hier um die Ecke ist eine Bücherei.»

«Und wie komme ich von Besançon in dieses Pontarlier?»

«Das ist kein Problem, Monsieur, da gibt es sehr gut ausgeschilderte Schnellstraßen.»

«Kann ich denn auf denen laufen?»

«Mon dieu, nein!»

Die vierzig Räuber, der Zyklop und Moby Dick müssen also warten. Es ist mir etwas peinlich, als ich am nächsten Tag in den «Mobidoubs» steige, den großen weißen Überlandbus von Besançon Gare über Ornans nach Südosten. Dabei kann ich froh sein, dass er überhaupt fährt. Der Zettel an der Bustür informiert über einen «conflit social», es wird mal wieder gestreikt. «Pontarlier?», frage ich, und die Fahrerin hält den Daumen nach oben. «Yes, Monsieur! Pontarlier, yes!», ruft sie. «Money six Euro!» Offenbar ist mein ausländischer Akzent penetranter, als ich dachte. Außer mir steigt noch ein kleiner, dicker Junge zu. Er schiebt seinen Tornister in den Gepäckraum des weißen Wals, sagt «Salut» und quält sich auf seinen Sitz. Mobidoubs schnauft einmal kräftig durch, dann beginnen die ersten fünfzig Kilometer meiner großen Überquerung des Jura-Gebirges zu Fuß. Aus den Lautsprechern des Busradios klagt Michael Jackson «They don't really care about us».

Was hätte ich tun sollen? Natürlich regnet es immer noch, und die Strecke nach Pontarlier ist – höflich gesagt – nicht gerade wanderfreundlich. Es führen tatsächlich fast nur große Straßen dorthin, viele ohne Seitenstreifen für Radfahrer oder Fußgänger. Das Buch habe ich nicht bekommen. Es war wie verhext, in fünf, sechs Geschäften immer dasselbe Ergebnis: epuisé – ausverkauft! Und andere Literatur brachte mich nicht weiter. Natürlich bin ich frustriert, trotzdem versuche ich, mich zu entspannen und an die Abenteuer zu denken, die im Jura-Gebirge auf mich warten.

Tropfen laufen schräg über die Busfenster, während wir uns über Serpentinen nach oben schrauben und das Flusstal von Besançon endlich hinter uns lassen. Der Jura soll noch viel wilder und spektakulärer sein als alles, was ich auf dem Rothaarsteig erlebt habe. Angeblich führt er über steile Klippen, die kilometerhoch über den Abgrund ragen, enorme Wasserfälle stürzen sich in die Tiefe. Der Höhenweg passiert türkisfarbene Seen, Grotten und Weinschlösser und durchquert Mouthe, die kälteste Stadt Frankreichs. Dort sollen die Winter so eisig sein, dass der Atem zu Kristall gefriert und klirrend zu Boden fällt. Einmal sank das Thermometer auf sagenhafte minus einundvierzig Grad – die tiefste je in Frankreich gemessene Temperatur. Deshalb tauften die Franzosen das Dorf «La petite Sibérie», das kleine Sibirien. Ob Heinrich IV. dort eine Nacht verbracht hat? Endlich verschwinden die Tropfen an der Scheibe, und aus dem Einheitsgrau des Himmels lugt zum ersten Mal seit langer Zeit ein Fleckchen Blau hervor. Im Licht erinnert mich die Landschaft an die grünen Hügel des Sauerlands. Der kleine dicke Junge ist vor einer Weile an einer Polizeistation in der Pampa ausgestiegen, und endlich erreicht der Mobidoubs den Bahnhof von Pontarlier.

Sofort ein Déjà-vu: Direkt gegenüber der Station liegt die örtliche Touristeninformation. Der Laden ist nicht ganz so groß wie der in Besançon, dafür sind die Kolleginnen, eine junge und eine ältere Dame, genauso hochmotiviert. Als ich nach «Die große Überquerung des Jura-Gebirges zu Fuß» frage, beginnen sie zu fluchen: «Dieses verdammte Buch! Alle fragen danach! Wir versuchen seit Ewigkeiten, es nachzubestellen. Tut uns leid.»

«Beginnt denn schon die Wandersaison?»

«Keine Ahnung, wir wandern nicht. Aber der Jura ist wirklich *das* Wandergebiet in Frankreich, Monsieur. Hier sind Sie richtig.»

«Haben Sie denn vielleicht einen Tipp, welche Etappen ich bis Genf nehmen soll, wo ich übernachten kann …»

«Das steht alles in dem Buch, Monsieur! Hier um die Ecke ist eine Bücherei.»

In der Librairie L'intranquille à Pontarlier, dem Buchladen des Rastlosen in der Rue Tissot, klärt sich schließlich alles auf. «Die große Überquerung des Jura-Gebirges zu Fuß», dieses allwissende Werk, ist nicht nur ausverkauft, sondern vergriffen. Der Händler ist «désolé». Eine neue, völlig überarbeitete Auflage soll im Juli erscheinen, aber dreieinhalb Monate kann ich beim besten Willen nicht warten. Trotzig decke ich mich mit detaillierten Karten ein, Maßstab 1:25 000, miete ein Zimmer mit Internet und Telefon in der Innenstadt und plane mein Abenteuer ohne die Wanderbibel.

Die Strecke müsste eigentlich in sechs bis sieben Tagen zu schaffen sein. Erst eine harte Etappe über dreißig Kilometer ins kleine Sibirien, dann über Foncine-le-Haut in die Brillenstadt Morez, das Mekka der französischen Optiker. Abstieg vom Skiort Les Rousses aus nach Gex, dann lockere zwanzig Kilometer über die Schweizer Grenze bis ans Ziel.

Zufrieden lehne ich mich zurück und sehe im Fenster, wie erste schüchterne Sonnenstrahlen auf die Berge und den Skilift über der Stadt fallen. Ich mache ein paar Anrufe. Meiner Mutter geht es gut. Sie nennt mich immer noch einen Hirsch und hält mich für verrückt, das gefällt mir. Ohne eine gesunde Portion Wahnsinn wären die großen Heldensagen nie erzählt worden – Achilles wusste, dass er nicht zurückkehren würde, als er nach Troja zog. Außerdem melde ich mich wieder einmal im Büro von Professor Stefan Weinfurter an der Ruprecht-Karls-Universität in Heidelberg. Schon seit einiger Zeit versuche ich vergeblich, ihn zu erreichen. Was das Buch «Die große Überquerung des Jura-Gebirges zu Fuß» für Wandernde ist, scheint seine Schrift «Canossa – Die Entzauberung der Welt» für Historiker zu sein.

Professor Weinfurter schreibt, der Streit zwischen Heinrich IV. und dem Papst habe unseren Kulturkreis in seinen Grundfesten erschüttert und die Gesellschaftsordnung auf links gedreht. Wie zwei Kontinentalplatten seien Staat und Kirche für immer auseinandergedriftet. Man muss sich das mal vorstellen: Zum ersten Mal unterwirft sich ein König einem geistlichen Oberhaupt. Bis dahin glaubten die Leute noch, ihr Herrscher sei direkt aus den Wolken gestiegen. Jetzt wurde plötzlich klar: Hoppla, der König besteht auch nur aus Fleisch, Blut und Fett.

Das ZDF hat Weinfurter bekannt gemacht – vor ein paar Jahren beriet er die Autoren der Doku-Reihe «Die Deutschen» und trat darin als jovialer väterlicher Stichwortgeber auf. Sein Stil ist amerikanisch: Er redet nicht in akademischen Chiffren, sondern bringt die Dinge pointiert in wenigen Sekunden auf den Punkt. Ein Traum für Fernsehleute. Natürlich ist der Historiker unheimlich viel unterwegs, das ist das Herrliche an seinem Beruf: Forschungssemester, Gastprofessuren in fernen Ländern, Fernsehauftritte. Beneidenswert. Auch die Profs an meiner Uni in Hamburg schienen sich auf einer lebenslangen, aufregenden Expedition zu befinden. Ihre Sprechstunden legten sie immer auf den Freitag, weil sie wussten, dass dann keiner kommt. An diesem Tag waren die meisten Studenten schon auf dem Weg ins Heimatwochenende, da schließe ich mich nicht aus.

Heute aber ist mein Lucky Day, die Sekretärin des Lehrstuhls für mittelalterliche Geschichte stellt mich zu Professor Weinfurter durch. Seine Stimme wirkt auf mich so vertraut, als spräche ich mit meinem Großvater im Jenseits. Weinfurter bedauert, dass er gerade auf dem Sprung nach Bologna sei und wirklich nur eine Sekunde Zeit habe. Ich fasse mich kurz.

«Herr Weinfurter, halten Sie sich fest: Ich gehe nach Canossa! Von Speyer aus über die Alpen, genau wie Heinrich IV.! Und morgen überquere ich den Jura zu Fuß!»

Die Koryphäe lacht.

«Interessant, Herr Gastmann. Dann brauchen Sie als Allererstes ein Pferd.»

«Wie meinen Sie das?»

«Na, Heinrich ist nur geritten. Er ist nie zu Fuß gegangen, das ist eine Legende.»

«Sie meinen: Der Gang nach Canossa war ein Ritt nach Canossa?»

«Exakt. Aber ich muss jetzt wirklich Schluss machen. Viel Glück und bis bald!»

Der Professor bietet mir an, nächste Woche noch einmal ausführlicher zu telefonieren, doch alles ist gesagt. Mit nur einem Satz hat er meine Welt entzaubert. «Heinrich ist nur geritten» – der große Büßer ist also auf dem warmen Rücken eines Gauls nach Canossa gegondelt. Seine adligen Zehen berührten nur den Boden, wenn er mal austreten musste. Aber noch viel peinlicher ist, dass ich fast eintausend quälende Kilometer zu Fuß gegangen bin, um das herauszufinden. Was bin ich doch für ein miserabler Rechercheur. Und naiv noch dazu, Lotte hatte recht. Ich sollte mich aus Scham vom Stapel meiner vergeblich gekauften Wanderkarten stürzen.

Irgendwie bin ich aber auch erleichtert. Der Regionalexpress von Bremen nach Delmenhorst, die Fahrt mit Lotte nach Brilon, der Ritt auf dem Rücken von Mobidoubs, all diese Sünden sind mir auf einen Schlag vergeben – Heinrich hätte es genauso gemacht. Oder noch schlimmer: Wahrscheinlich wäre er heute mit dem Privatjet nach Parma oder Reggio geflogen und hätte die letzten Kilometer bis zur Burg bei eisgekühlten Getränken im Fond einer Limousine zurückgelegt. So bin ich also der erste Mensch in der Geschichte, der den Gang nach Canossa tatsächlich auf Schusters Rappen geht.

Und jetzt? Um ehrlich zu sein: Eine große Überquerung des Jura-Gebirges zu Ross, denke ich mir, wäre genau das Richtige. Zorro reitet, Winnetou reitet, Robin Hood hat sein ganzes Heldenleben nichts anderes getan. Allerdings gibt es ein Problem: Ich habe Angst vor Pferden. Grund dafür ist eine schmerzvolle Geschichte, auch sie spielt in meiner Kindheit und hat damit zu tun, dass meine Großmutter Anneliese eine sehr generöse, warmherzige Frau ist. Einmal spendete sie ein Kinderfahrrad aus unserem Großhandel für die Tombola des Landfrauenfestes. Dafür bekam sie ein Los. Wie der Zufall es wollte, zog sie einen der Hauptgewinne: ausgerechnet das Fahrrad. Einer anderen Frau passierte genau das Gleiche – sie hatte ein Pony gespendet und gewann es zurück. Die beiden tauschten ihre Preise aus.

Nachmittags sprang meine Mutter aufgeregt ins Kinderzimmer. Sie bat mich, schnell ans Küchenfenster zu kommen – ich hatte gerade Windpocken und durfte nicht ins Freie. «Ein Geschenk! Oma hat ein großes Geschenk für dich, Lütti!», rief sie. Doch als ich durch das Fenster in den Garten blickte und das kleine schwarz-weiße Pony sah, fing ich bitterlich an zu weinen. «Was ist denn los?», wollte meine Mutter wissen. «Mama, ich will keine Kuh!», heulte ich. Vielleicht war ich damals schon so kurzsichtig wie heute, noch immer weigere ich mich, eine Brille oder Kontaktlinsen zu tragen.

Als ich mich beruhigt hatte, gab ich meinem Pony einen Heldennamen aus der Sesamstraße: Samson. Damals hatten wir einen Reiterhof in Leeden bei Osnabrück, und manchmal durfte ich meinen Hauptgewinn dort besuchen. Doch Samson und ich wurden keine Freunde, im Gegenteil: Immer wenn man mich auf seinen Rücken setzte, schmiss er sich auf die Seite und warf mich im hohen Bogen in den Mist. Das nahm ich ihm sehr übel, und ich beschloss, ihn nie wiederzusehen. Auch in den Monaten darauf blieb er störrisch und wild. Meine Oma schenkte ihn irgendwann entnervt einer Einrichtung für behinderte Kinder. Und wenn er nicht gestorben ist, terrorisiert er sie noch heute.

Ich telefoniere ein drittes Mal. Es soll im südlichen Jura, in La Pesse, einen kleinen Bauernhof geben, der zwar keine Pferde und zum Glück auch keine Ponys verleiht, dafür aber Wanderungen mit Eseln anbietet. Das finde ich süß. Vier bis sechs Tage lang läuft man mit so einem Tier durch die Landschaft, der Esel trägt den Rucksack, den Proviant und die kalten Getränke und kennt sogar den Weg. Man muss ihm nur folgen und ihn gut behandeln, dann bringt er einen ans Ziel. Doch die weibliche Stimme in der Leitung enttäuscht mich. Sie sagt, zu dieser Jahreszeit seien die Tiere noch im Tal, die Saison beginne erst Ende Mai. «Und habe ich Sie richtig verstanden, Sie wollen *jetzt* durch das Jura-Gebirge wandern?» – «Ich will es versuchen», antworte ich, und die Frau hält mir einen Vortrag: ob ich noch ganz richtig ticken würde, ob mir klar sei, wie viel Schnee noch in den Bergen liege, und ob ich einmal den Wetterbericht gelesen hätte?

Am nächsten Morgen wird mir klar, was sie meint. Ich schiebe die Vorhänge zur Seite und werde auf der Stelle blind. Ganz Pontarlier ist tief zugeschneit und eingeschlossen im dichten Nebel, der die Stadt wie ein gigantischer Wattebausch umhüllt. Er verdeckt sogar die Uhr im Turm der Porte St. Pierre, dem steinernen Eingangstor zur Altstadt. Ich bin für die erste Etappe der großen Jura-Überquerung extra früh aufgestanden, doch wenn ich jetzt ins kleine Sibirien aufbreche, ende ich wie der arme Ötzi. In fünftausend Jahren taue ich als Rätsel der Wissenschaft wieder auf: Warum trug die Gletschermumie eine italienische Minigolfmedaille aus den sechziger Jahren bei sich?

Was hilft's. Ich bleibe noch eine Nacht in Pontarlier. Und noch eine. Und noch viele mehr. Doch der Winter verharrt mit mir. An manchen Nachmittagen bricht das Sonnenlicht durch die Wolken, der Schnee auf dem Kopfsteinpflaster beginnt zu tauen, und ich kann die Umrisse der Berge erahnen. Aber immer wenn es dunkel wird, erstarrt das zarte Pflänzchen Hoffnung in mir zu einer Blume aus Eis. Der GTJ, der große Abenteurerweg, bleibt gesperrt, die Lawinengefahr ist zu hoch. Es kommt mir vor, als hätte König Heinrich IV. den Frost geschickt, um mir zu sagen: Siehst du, ich bin zwar nicht zu Fuß nach Canossa gegangen, aber im Gegensatz zu dir habe ich mich wochenlang durch die Kälte gequält. Also, wer von uns beiden ist jetzt der Schisser?

Eindeutig ich. Und Angst ist noch untertrieben, Panik würde meine Stimmung besser beschreiben. Wenn ich schon am Jura scheitere, wie soll ich es zu Fuß über die Alpen schaffen? Pontarlier, die kleine Stadt, in der ich gerade wie der Affe auf dem Felsen sitze, liegt auf achthundert Metern, Heinrichs Schicksalsberg ist fast dreimal so hoch: Der König zog über den steilen Mont Cenis, einen legendären Berg auf der Grenze zwischen Frankreich und Italien. Und wenn es hier schon schneit, wie sieht es dann erst im Hochgebirge aus? Natürlich stelle ich mir all diese Fragen schon länger, doch bisher ist es mir gelungen, sie zu verdrängen. Sonst hätte ich mir wohl eingestehen müssen, dass es für große Überquerungen viel zu früh ist. «Die Alpen sind dein Problem», hat Lotte mir prophezeit, «du kommst nicht allein über die Alpen.» Diese Worte hallen wie ein Echo durch meinen Kopf. Du kommst nicht allein über die Alpen, du kommst nicht allein über die Alpen.

Was tun, wenn die Stimmung am Boden ist? Lösung eins: Aktionismus. Ich sende eine Flut von E-Mails um den Erdball. Zuerst schreibe ich meinem Guru in Rishikesh, dann dem Deutschen Alpenverein Hamburg. Beide bitte ich dringlichst um Hilfe. Swami Sudhir Anand möge mich segnen und am Ufer des Ganges für meine Reise beten. Die alpinen Hamburger frage ich hanseatisch höflich, ob sie irgendeine Chance sehen, wie ich den Mont Cenis zu dieser Jahreszeit bezwingen kann. Diese Nachricht schicke ich in meiner Verzweiflung noch an zwanzig andere Wanderclubs in Deutschland, Frankreich und der Schweiz. Copy, paste, go.

Auf den Aktionismus folgt der Alkoholismus. Und für dieses letzte Abenteuer, die große Überquerung des

Promille-Gebirges, könnte es keinen besseren Ort auf der Erde geben als Pontarlier.

Als ich die Tür zur kleinen Destillerie Arman Guy in der Rue Lavaux langsam aufschiebe, empfängt mich ein starker Anisgeruch. Schwerer Alkohol liegt in der Luft, schon das Atmen macht betrunken. Unter der Decke des Vorraums, in dem Kupferkessel, Holzfässer und Hunderte Flaschen mit einer smaragdgrünen Flüssigkeit stehen, funkeln Kronleuchter, und aus dem hinteren Teil der Brennerei dringt lautes Gelächter. Ich sehe schüchtern um die Ecke und finde mich plötzlich in einer Traube aus bestens gelaunten Madames und Monsieurs, die sich in Grüppchen um aufrecht stehende Fässer drängen. Kaum jemand nimmt von mir Notiz, denn sie alle tanzen eng umschlungen mit der grünen Fee. Pontarlier ist die Welthauptstadt des Absinths.

Legenden ranken sich um diesen Alkohol. Oscar Wilde schrieb auf Absinth, Gauguin malte auf Absinth, und van Gogh soll sich im Absinthrausch ein Ohr abgeschnitten haben. Im späten 19. Jahrhundert versank ganz Paris in einer grünen Wolke, Absinthismus war die anerkannte Krankheit der Bohème. Am frühen Abend traf sich die Hautevolee zur «grünen Stunde» in den Cafés und versank in diesem janusköpfigen Tropfen aus Anis, Wermut und Fenchel, der den Menschen an die Schwelle zwischen Genie und Wahnsinn tragen konnte. Bald verfielen auch die einfacheren Leute der grünen Fee, denn Absinth war nur wenig besteuert und günstiger als Wein. Pontarlier war damals das Zentrum der Absinthproduktion und pumpte angeblich hunderttausend Liter täglich in die

Köpfe der Kreativen und Kellerkinder. Als ein Feuer die Destillerie Guy im Jahre 1901 niederbrannte, flossen eine Million Liter Absinth in den Doubs und färbten ihn grün. Kurz danach schimmerte auch das Wasser der Kilometer entfernten Loue plötzlich in dieser Farbe. Erst durch dieses Unglück fand man heraus, dass beide Flüsse unterirdisch verbunden sind.

Ein aufsehenerregender Mord bereitete dem kollektiven Taumel ein jähes Ende. Der Weinbergarbeiter Jean Lanfray hatte zum Mittagessen sechs Cognac, sieben Gläser Wein, einen Kaffee mit Brandy, zwei Gläser Minzlikör und zwei Absinth getrunken. Er torkelte nach Hause, stürzte noch einen Kaffee mit Brandy, begann einen Streit mit seiner Frau und forderte sie auf, ihm die Schuhe zu polieren. Als sie sich weigerte, schoss er ihr mit einem Gewehr in den Kopf. Seine vierjährige Tochter Rose kam erschrocken in den Raum gelaufen, und Lanfray erschoss auch sie. Dann ging er ins Kinderzimmer und tötete die zweijährige Blanche.

Natürlich war überhaupt nicht klar, welche Substanz den braven Familienvater zum Monster werden ließ. Aber die Politik hatte endlich ihren Vorwand gefunden. Es hieß, Absinth sei «menschenverderbend», mache Männer zu Bestien, Frauen zu Huren und Kinder zu hirnlosen Zombies. Tatsächlich konnte exzessiver Konsum zu Halluzinationen, Todessehnsucht, Krämpfen und sogar Blindheit führen. Man nahm an, dass die hohe Konzentration des Nervengifts Thujon den Wahn ausgelöst hatte, und so wurde die grüne Fee Anfang des 20. Jahrhunderts in den meisten europäischen Ländern verboten. Die Volksgesundheit war wiederhergestellt – pünktlich zum Ersten

Weltkrieg. Heute weiß man, dass nicht das Gift, sondern der billige Alkohol verantwortlich für das Siechtum war. Seit zehn Jahren ist Absinth wieder legal.

Ein Mann im blauen Kittel bemerkt mich. Er sieht mich an, hebt sein Kinn, und ich nicke ihm zu. Auf dem Tisch vor ihm steht die Absinthfontäne, ein hohes Glasgefäß mit mehreren Wasserhähnen an den Seiten. Oben auf der Kuppel des Behälters sitzt ein kristallener Papagei, der seine Flügel ausbreitet und zum Flug ansetzt. Jetzt beginnt das Absinthritual. Der Mann öffnet eine Flasche und gießt gerade so viel in ein Glas, bis sich das kugelförmige Reservoir im unteren Teil smaragdgrün gefärbt hat. Auf den Rand des Bechers legt er einen durchlässigen, silbern blitzenden Spatel, den Absinthlöffel, und in dessen Mitte platziert er ein Stück Würfelzucker. Sachte öffnet er einen Hahn der Absinthfontäne und lässt das Eiswasser langsam über den Zucker durch den Löffel in den Alkohol tröpfeln. Ein magischer Moment. Die Reaktion des Zuckerwassers und der Anisessenz gibt der grünen Fee ein unschuldiges Weiß. Der Absinth wird milchig, er opalisiert.

Meine letzte Begegnung mit Absinth ist eher nicht so gut verlaufen. Ich hatte meinem Kumpel Schucki beim Umzug geholfen, danach lud er mich und ein paar andere auf den St.-Pauli-Weihnachtsmarkt ein. Ich weiß nicht mehr, wie viel wir getrunken haben, aber die Verkäuferin am Glühweinstand war uns so dankbar, dass sie ein Tablett mit Schnapsgläsern auf den Tresen stellte. Darin schwappte eine grüne Flüssigkeit. Ich habe nicht gefragt, was ich da zu mir nahm, doch als ich am nächsten Morgen aufwachte, trug ich eine Kapitänsmütze auf dem Kopf. Wir alle haben Wochen gebraucht, um die Mosaiksteine unserer Erinnerung wieder zusammenzufügen. Offenbar waren wir auf die Party eines langhaarigen Zuhälters geraten, der auf dem Kiez in seinen Geburtstag reinfeierte. Um Mitternacht war ich der Erste, der ihm gratulierte. Als würde ich seit Jahren mit ihm krumme Geschäfte machen, fiel ich dem muskelbepackten Luden um den breiten Hals. «Der ist tot», dachte sich Schucki. Doch anstatt mich abzustechen, hielt der Mafioso meine Geste wohl für den Beginn einer langen Freundschaft und zeigte sich auf seine Weise erkenntlich: Er spendierte uns «Susis Dildo-Show». Details gehen niemanden was an.

Bier macht schleichend betrunken, fast zärtlich lullt es dich ein. Wodka ist von Natur aus falsch. Stundenlang kann er dich in Sicherheit wiegen, und es scheint, als habe er überhaupt keinen Effekt. Erst wenn du aufstehst, zieht er dir plötzlich die Beine weg und knipst das Licht aus. Absinth dagegen geht direkt in den Kopf, du spürst ihn schon beim ersten Schluck. Sobald er die Zunge benetzt, gehen die Synapsen in die Disco, und der Verstand verabschiedet sich in eine Welt ohne Kummer, ohne Schreibblockaden und ohne Deadlines. Ich kenne keinen anderen Alkohol, der so gnadenlos und gleichzeitig so inspirierend ist.

In dieser Nacht schneide ich mir kein Ohr ab, ich erschieße niemanden, und Todessehnsucht liegt mir fern. Doch in den Armen der grünen Fee beginne ich endlich die große Überquerung des Jura-Gebirges. Zu Fuß.

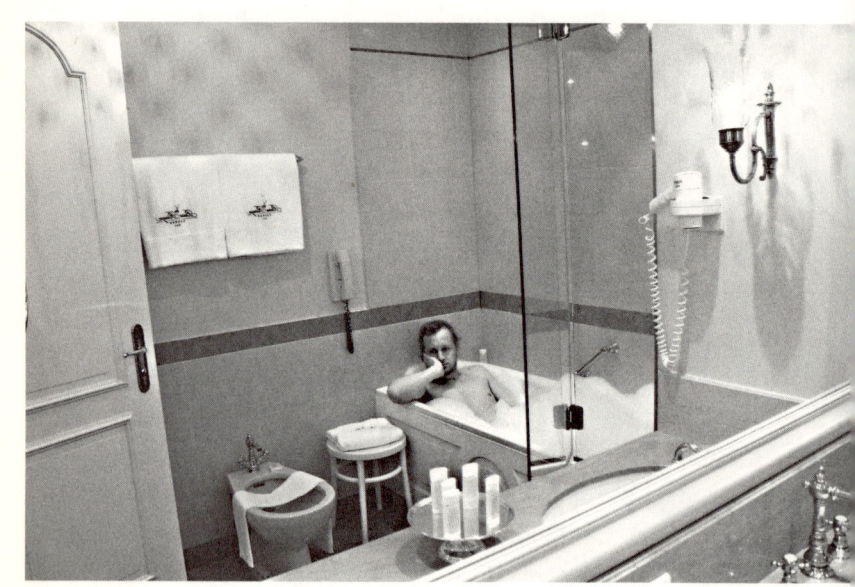

KAPITEL 14

Premium Lifestyle

(Genf)

Die grüne Fee ist großzügig. Sie verwandelt mich in einen Däumling und trägt mich auf ihren Flügeln über die Schweizer Grenze nach Neuchâtel. Ich steige einmal um und erreiche am frühen Nachmittag den Gare de Cornavin, den Hauptbahnhof von Genf.

Als ich die Empfangshalle verlasse, rennen zwei Männer im Abstand von etwa zehn Metern direkt auf mich zu. «Stop this guy!», brüllt der entferntere mir zu. «He's a thief! Stop him!» Solche Momente vergehen wie in Zeitlupe. Ich versuche, die Situation zu erfassen. Der Verfolger trägt eine Sonnenbrille, er ist Asiat, vermutlich Chinese. Sein schwarzes Sakko ist offen und flattert, seine Bewegungen sind ungelenk, lange wird er diesen Sprint nicht durchhalten. Der mutmaßliche Dieb ist ein drahtiger, dunkler Typ in Lederjacke, der jedem Klischee entspricht. Er hat die Augen weit aufgerissen, in seinem Blick sind Entschlossenheit und Furcht.

Was soll ich jetzt tun? Dem Mann ein Bein stellen oder versuchen, ihn festzuhalten? Vielleicht schlägt er mich dann k.o.? Vielleicht trägt er eine Waffe? Oder vielleicht ist er gar kein Dieb und läuft um sein Leben, weil der andere ihn abstechen will? Eine Verschwörung? Die chinesische Mafia? Rette ich die Welt, wenn ich den Asiaten überwältige? Rot oder Schwarz? Millionen Gedanken schießen mir durch den Kopf. Mein Verstand lässt den Körper gefrieren, Rot und Schwarz preschen an mir vorbei, und wie gelähmt sehe ich den beiden noch eine Weile nach. Es ist die perfekte Szene für einen guten oder schlechten Spionagefilm. Chinese und Lederjacke hetzen die Uferpromenade entlang, hinter ihnen schießt der Jet d'Eau, die riesige Fontäne auf dem Genfer See, sein Wasser in die Luft. Was für eine Kulisse: weiße Segelyachten, Ausflugsdampfer, internationale Bankhäuser, im Hintergrund die Alpen, überragt vom schneebedeckten Gipfel des Montblanc, und das alles in optimalem Licht – die Sonne ist ein Schweizer. Manchmal streifen Rot und Schwarz im Sprint einen Passanten, doch niemand hält die beiden auf. Irgendwann verlässt den Chinesen die Kraft, und der vermeintliche Dieb verschwindet in einer Unterführung.

Ich war schon einmal in Genf. James Bond folgte Goldfinger in diese Stadt, ich jagte der deutschen Fußballnationalmannschaft nach. Es war 2006, kurz vor der Weltmeisterschaft im eigenen Land. Klinsmann, Schweinsteiger und die anderen hatten sich ins Trainingslager zurückgezogen, und ich sollte sie als satirischer Reporter observieren. Die Story: Ein enttäuschter Fußballfan (ich) hat kein WM-Ticket bekommen und versucht nun alles, um trotzdem ins Stadion zu gelangen. Ich bewarb mich als Bodyguard für die Promis in den VIP-Logen und wurde beim Nahkampftraining bös verprügelt, ich prüfte die Möglichkeit, mit dem Hubschrauber in der Arena in Hannover zu landen oder mich zum Endspiel in Berlin per Katapult in den Mittelkreis schießen zu lassen (theoretisch möglich, Landegenehmigung unmöglich).

Am Höhepunkt der Reise demonstrierte ich allein vor der FIFA in Zürich, versuchte, zu Sepp Blatter vorzudringen, und schlich mich zum Training der Deutschen ins Genfer Stadion. Sönke Wortmann drehte sein Sommermärchen, die Spieler hüpften mit Gummibändern zwischen den Beinen über den grünen Rasen, und die Sportreporter langweilten sich auf der Tribüne zu Tode. Frage an den N24-Kollegen Uli Köhler: «Was machen wir denn hier?» Antwort: «Warten, dass was passiert. Passiert aber nix.»

Später, in der Mixed-Zone, wo es den domestizierten Sportreportern erlaubt war, Fragen zu stellen, passierte dann endlich etwas. Ich bekam immerhin den Co-Trainer vor die Kamera: Jogi Löw. Er kramte hektisch in den Jackentaschen und scherzte, seine letzten beiden WM-Karten seien wohl mitgewaschen worden. Erst als ich dem deutschen Mannschaftsbus bis ins Teamquartier folgte, endete der Spaß. Lukas Podolski gab mir noch grinsend die Hand, Oliver Bierhoff schmiss mich raus. Mein etwas

infantiles Fernsehdebüt bescherte der A R D einen Höllen-
ärger und hätte mich fast den Kopf gekostet.

Abends stand ich im Regen am Seeufer und blickte fasziniert auf zehn goldene Lettern, die am Quai du Montblanc leuchteten. Die Schrift ließ mich nicht mehr los.
Es waren die Buchstaben des geheimnisumwittertsten
Luxushotels auf diesem Planeten: BEAU-RIVAGE. Die
über hundertfünfzig Jahre alte Festung der Spitzenpoliti-
ker, Diplomaten und Geheimagenten, das Himmelreich
der Monarchen, Ölscheichs und Diven. Wer ist hier nicht
alles abgestiegen? Charles de Gaulle, Richard Wagner,
Roger Moore, Robbie Williams, Tina Turner, Stéphanie
von Monaco, der Dalai Lama, angeblich sogar Kaiser Aki-
hito. Doch bei uns in Deutschland ist das Hotel vor allem
durch einen Kriminalfall bekannt geworden: In Zimmer
317 verbrachte Uwe Barschel die letzte Nacht seines Lebens.
Sollte ich noch einmal nach Genf kommen, schwor ich mir
damals, werde ich im Beau-Rivage einchecken. Koste es,
was es wolle.

Die Portiers an der gläsernen Drehtür tragen Zylinder und
sind etwas irritiert, als ich mit meinen Wanderschuhen
den roten Teppich betrete. Sie sagen zwar freundlich
«Bonjour», bieten aber nicht an, mir den schweren Rucksack abzunehmen. Zugegeben: Es wundert mich nicht.
Die zotteligen Haare kann ich mittlerweile nur noch mit
meiner ausgeblichenen Kappe bändigen, der Bart sprießt
ungepflegt in alle Richtungen. Ich sehe aus wie der letzte
Wurzelsepp. Außerdem habe ich meine Hose seit zwei
Monaten nicht gewaschen, aus Angst, die Imprägnie-
rung zu zerstören. Den Rest meiner Kleidung reinige ich

übrigens regelmäßig. Auch wenn es damals im Globetrotter-Laden hieß, ich könne meine ultramodernen Wanderwunderwollsocken ohne Bedenken zwei Wochen am Stück tragen, sie würden trotzdem keinen unangenehmen Geruch entwickeln.

Der Empfang des Beau-Rivage, das Atrium, ist ein Belle-Époque-Palast aus Marmorsäulen, Kronleuchtern und bordeauxroten Sesseln. Im Zentrum plätschert ein Springbrunnen, darüber hängt eine stuckverzierte Bahnhofsuhr, für alles andere habe ich keinen Blick. Ich steuere nervös nach links auf die Rezeption zu. «Gastmann, Bonjour, ich habe reserviert.» – «Stimmt, Monsieur, das haben Sie», heißt es, und dann geht alles sehr schnell. Kreditkartennummer, Ausweis, Schlüssel. Man reicht mir die Durchwahl des Generaldirektors, falls es Probleme während meines Aufenthalts geben sollte, dann folge ich der Empfangsdame in das gedämpfte Licht des verspiegelten, ebenfalls säulen- und stuckverzierten Fahrstuhls. Wieder muss ich mein Gepäck selbst tragen, doch warum sollte ich mich beschweren? Monsieur Gastmann ist nicht der Sultan von Brunei und hat nur den «Executive Room» gebucht. Ein Schnäppchen: 399 Euro exklusive Frühstück.

«Was würde das Frühstück denn kosten?»

«Das Buffet liegt bei siebenundvierzig Schweizer Franken, Monsieur.»

«Oh. Und gibt es eigentlich noch die Badewanne von Barschel?»

«Bedaure, Monsieur, das war weit vor meiner Zeit. Aber wir haben renoviert.»

Der Lift öffnet sich im vierten Stock. Von hier oben wirkt das Atrium mit seinen weißen Balustraden, den

Fresken und Statuen so bombastisch wie das Innere einer Kathedrale. Über den violetten Teppich und durch einen langen Gang schieben wir uns zu meinen Gemächern, Zimmernummer 408. Die Tür geht auf, und ich folge der Hotelangestellten in einen weitläufigen Flur mit hohen Decken, zwei Leuchten aus geschliffenem Glas malen ein Blumenmuster auf die cremefarbenen Wände. Die Minibar im Eingang ist hervorragend sortiert – Champagner, Gin, Wodka, Cognac, fünf Sorten Whiskey: Johnny Walker Red Label, Johnny Walker Black Label, Jack Daniel's Bourbon, Aberlour Single Malt, Glenmorangie.

Hinter der ersten Tür auf der linken Seite befindet sich das WC, hinter der zweiten das Bad, und über eine dritte erreichen wir den Hauptraum, in dem Gold- und Terrakottatöne harmonieren. Zwei Sessel, ein Schreibtisch, sechs Kopfkissen in verschiedenen Größen und Härtegraden auf dem Kingsize-Bett. Die Lichtschalter sind goldumrandet, genau wie die Knöpfe der Konsole auf dem Nachttisch, mit der ich wie ein König die Jalousien, die Klimaanlage und das «Do not disturb»-Zeichen an der Tür kommandieren kann. «Das gibt es nicht, man kann von hier aus sogar das WC steuern!», frohlocke ich. «Das Licht auf dem WC, Monsieur», antwortet die Dame und lässt mich allein. Ich beginne einen Siegestanz. Wie ein kleiner Junge hüpfe ich durch mein protziges Kinderzimmer, singe «Monsieur Gastmann ist zu Gast im Beau-Rivage! Monsieur Gastmann ist zu Gast im Beau-Rivage!» und lasse mich krachend auf meine royale Schlafstätte fallen.

Der Manie folgt die Depression. Das Edelhotel ist meine letzte Tankstelle vor der Wüste, morgen muss ich in die Alpen ziehen. Das macht mir Sorgen. Ich schiebe die schweren Vorhänge zur Seite und möchte frische Luft in den Raum lassen. Am Fenstergriff hängt ein Hinweis in sieben Sprachen:

Achtung auf Insekten
Bei warmem und feuchtem Wetter wollen Sie bitte:

- **Bei brennendem Licht die Fenster geschlossen halten.**
- **Die Insekten mit Hilfe von Insektenpulver bekämpfen.**
- **Nie die Insekten auf den Tapeten zerdrücken.**

Auf dem Zettel sind eine Mücke, eine Spinne und ein Käfer abgebildet. Wage ich es also, das Fenster zu öffnen, dann könnte es sein, dass eine solche Bestie unerlaubt in mein Herrschaftsgebiet vordringt. Ich gehe das Risiko ein und sehe ins Freie.

Wenn ich den Kopf nach rechts aus dem Fenster strecke, kann ich über den See und die Fontäne auf die weißen Berge blicken. Sie sind zum Niederknien schön, aber sie machen mir Angst. Die Alpen kommen mir vor wie eine Mauer, ein gigantischer, unüberwindbarer Riegel aus Eis, Schnee und Stein. Je länger ich auf die Gipfel schaue, desto tiefer sinkt meine Moral. «Du schaffst das nicht!», scheint sie mir zuzuflüstern. «Canossa ist ein Hirngespinst! Wenn du in die Alpen gehst, mein Freund, findest du nie wieder raus!» Ich denke nicht an Heimatfilme und die Melodien der Berge, ich denke an die Messner-Brüder am Nanga Parbat oder Frodo, Gandalf und Legolas im Schneesturm des Nebelgebirges. Soll ich wieder den Zug nehmen? Oder nach Italien fliegen? Damit würde ich meinen Gang endgültig ad absurdum führen. Ich bin am Jura-Gebirge gescheitert, ich will nicht schon wieder versagen.

Was hat mein Vorbild an dieser Stelle der Geschichte getan? Heinrich IV. musste den langen Umweg über Besançon und den Jura durch Burgund nehmen, weil seine Feinde, die deutschen Fürsten, alle leicht zu begehenden Alpenpässe, wie den Brenner, versperrt hatten. Unter keinen Umständen sollte der König Italien erreichen, sich mit dem Papst versöhnen und seine Krone retten. Für Heinrich gab es nur eine Chance: seine Schwiegermutter Adelheid. Die Markgräfin von Turin herrschte über Savoyen, ein Gebiet zwischen dem heutigen Frankreich, Italien und der Schweiz. Adelheid galt nicht nur als bildschön und tugendhaft, sie konnte auch kämpfen – mit Waffen und mit Worten. Als sie und Heinrich in Gex bei Genf zusammentrafen, ging es nicht um Kaffee, Kuchen oder andere familiäre Sentimentalitäten. Man traf sich zum Poker. Natürlich wusste die Gräfin, wie sehr ihr Schwiegersohn in der Bredouille war. Das nutzte sie aus. Als Preis für die Reise durch ihr Gebiet verlangte die Gräfin fünf italienische Bistümer. Nach mühsamen Verhandlungen, die Heinrich an den Rand der Verzweiflung getrieben haben sollen, überließ er der bösen Schwiegermutter eine reiche Provinz in Burgund. Der Weg über den Mont Cenis war nun frei.

Ich habe keine Großgrundbesitzer in der Familie, aber mein Aktionismus in Pontarlier, die hilflosen E-Mails vor dem Absinthrausch, waren nicht umsonst. Zwar fasst sich mein Guru überraschend kurz. Er wünscht «many, many blessings» und sorgt sich um den Rang seiner Yoga-Internetseite bei Google. Der Deutsche Alpenverein Hamburg stellt sich tot, und die meisten Wanderverbände winken gleich ab. Ein Bergführer schreibt sogar zynisch: «Tja, zurzeit sind die Alpen noch tief verschneit. Da kann es für Sie etwas ungemütlich werden, Herr Gastmann. Viel Glück.» Doch auch ich habe im alpinen Pokerspiel noch einen Joker: Marc Mischke, ein Wanderlehrer aus Radolfzell am Bodensee.

Obwohl Mischke auf seltsame Wortspiele steht, er leitet die Wanderschule «bewandert», soll er ein nüchtern kalkulierender Profi sein. Zumindest gibt mir seine Internetseite ein gutes Gefühl. Mischke leitet Workshops im Hüttentrekking und Gipfelwandern und bietet Ausrüstungs- und Schneeschuhkurse an. Er schreibt, meine seltsame Vision vom Gang nach Canossa sei ihm sympathisch, deshalb wolle er mir helfen. Für den direkten Weg über das Gebirge sei es tatsächlich viel zu früh. Überall liege noch Schnee, und die Berghütten hätten noch gar nicht geöffnet. Wenn ich aber über kleinere Pässe in niedrigen Höhen liefe und mich ansonsten von Stadt zu Stadt durch die Täler schlagen würde, könnte ich den Mont Cenis in zehn bis zwölf Tagen erreichen. Dort allerdings gehe es ohne einen professionellen Führer definitiv nicht weiter. Marc Mischke skizziert die Route und schickt mir eine Ausrüstungsliste für die Berge. Etwas Equipment solle ich mir unbedingt noch besorgen. Ob ihm klar ist, dass ich gerade in der drittteuersten Stadt der Welt bin?

Als ich das Beau-Rivage verlasse, kommt mir auf dem roten Teppich ein Greis in Tweedjacke entgegen. Eine junge Frau mit schwarzem Kurzhaarschnitt und Sommerkleid stützt ihn, während er sich die Treppe hinaufquält. Ich grüße die beiden, doch es hallt kein Bonjour zurück. Der alte Mann macht ein fragendes Gesicht, seine Begleiterin zeigt keinerlei Reaktion. Unten ist gerade eine schwarze Limousine vorgefahren. Die Türen öffnen sich, eine hübsche Brünette im Trenchcoat stöckelt heraus, und der graumelierte Fahrer lässt seine Schlüssel in die Hand des Portiers fallen. Aus dem Fond steigen zwei kleine Jungs in weißen Hosen und dunkelblauen Segelpullovern.

Das Herz von Genf ist sehr international. Leute aus aller Welt, Geld aus aller Welt. Die Eitelkeit regiert. An der ersten Fußgängerampel sind alle so sehr mit sich selbst beschäftigt, dass sie das Drücken vergessen und sich fragen, warum kein grünes Signal kommt. Zwei schwer getunte Russinnen posieren abwechselnd vor den Schaufenstern der Luxusuhrenhändler Omega und Gübelin, drehen sich, strecken die gemachte Brust raus und setzen ein Lächeln auf, das sie zu Hause stundenlang vor dem Badezimmerspiegel geübt haben. Ein männliches Model in dunkelblauen Nadelstreifen kommt mir entgegen, an seiner Seite eine umwerfend schöne Blondine auf High Heels. Ich kenne die beiden. Sie grüßen mich seit dreißig Jahren aus den Annoncen für Chopard, Armani oder Pierre Cardin. Zwischen den Edelboutiquen von Genf vermischt sich die reale Welt mit der Realität der Werbung.

Auch die Preise kommen aus einem Paralleluniversum. Kugel Eis: drei Euro, Pizza Margherita: 19,50 Euro, Tüte Schweizer Bruchschokolade: 35,60 Euro. Und für ein kleines Vermögen kaufe ich in einem Sportgeschäft meine Alpenausrüstung: Teleskop-Wanderstöcke für die An- und Abstiege, Gamaschen gegen die Nässe, eine Sonnenbrille gegen das Höhenlicht und eine Thermoskanne. Mischke meint, ich brauche auf den letzten Etappen mindestens zwei Liter kalte Flüssigkeit und einen Liter heiße Flüssigkeit täglich. An der Kasse entdecke ich noch etwas Besonderes. «Sudden Rush» – kleine schwarze Doping-Patronen mit einem Mix aus Koffein und Guarana. Einnahmeempfehlung: Maximal zwei Ampullen pro Tag, nicht geeignet für Kinder und schwangere Frauen, niemals mit Alkohol mischen. Für den Notfall nehme ich eine mit und stiefle zurück in mein heimeliges Beau-Rivage.

Wieder grüßt der Portier freundlich, wieder steht ein grauer Herr im Eingang, er ähnelt Donald Sutherland und trägt Janker. Sein junges Anhängsel zieht sich vor einem Spiegel der Lobby die aufgespritzten Lippen nach. Was die Herren angeht, bin ich doch etwas zu jung für dieses Etablissement. Die Frauen sind eher in meinem Alter, viele sogar jünger. Wer Einblick in die Lebenswelt dieser Leute gewinnen möchte, muss nur die schwere Schublade im Schreibtisch des Hotelzimmers aufziehen. Hier lagern fünf akkurat aufgereihte Hochglanzmagazine: ein Weinprospekt, ein Kunstjournal, die Zeitschrift «Hochedel», das «Swiss Magazine for International Premium Lifestyle und Design» und eine Immobilienbroschüre für den gehobenen Anspruch. Wie wäre es mit einer Maison aus dem 16. Jahrhundert im Zentrum von Lausanne für vier Millionen Euro? Oder lieber das exklusive Landhaus mit Pool, Sauna und Privatwald für fünf Millionen? Ironischerweise berichtet die Neue Zürcher Zeitung ausgerechnet heute über einen belgischen Abgeordneten des Europarats, der mit einer Resolution Druck auf «Steuerparadiese und jede Art von Bankgeheimnis» ausüben wollte. Leider erschienen zur Abstimmung über den Entwurf nur dreiundsechzig von dreihundertachtzehn Abgeordneten. Man hatte den Termin auf einen Freitag gelegt.

Entspannung ist in der Welt des Premium Lifestyles vergleichsweise günstig. Das Beau-Rivage bietet Massagen auf dem Zimmer schon ab zweihundert Euro an. Eine Flatrate für Erotikfilme gibt es ab fünfzig Euro pro Tag, auch hier ist das Angebot des Hotels vielfältig und erlesen: «Pussy Galore», «Bubble Butt Sluts», «Lusty Busty Lesbians». Mein Budget für diesen Tag ist allerdings ausgereizt, und zum Relaxen ziehe ich mich in das geräumige Badezimmer zurück. Ich drehe die versilberten Orient-Express-Armaturen in der Wanne auf und wähle aus dem Bouquet der edlen Duschgels und Haarwaschmittel das «Gel Moussant» und das «Shampooing Vitalité» von Clarins Paris. Dann ziehe ich mich aus, blicke in den weiten Spiegel und stelle mich auf die Waage: 78,5 Kilo. Seit Hamburg habe ich sagenhafte sieben Kilo verloren. Ich berühre meinen Bauch, auf dem sich zum ersten Mal in meinem Leben Muskeln zu bilden scheinen. Es stimmt, was die Leute sagen. Man ist immer so jung, wie man sich anfühlt.

Das Bad ist bereit, und natürlich dauert es nicht lange, bis ich in Barschel-Pose im Wasser treibe. Ich weiß nicht mal, ob es Absicht ist ober einfach passiert. Mein Körper sinkt in die Wanne, und mein Kopf liegt schlaff auf dem rechten, nach hinten angewinkelten Arm. Als ein Stern-Fotograf den damaligen Ministerpräsidenten von Schleswig-Holstein so fand, hätte er prüfen können, ob Barschel noch lebt. Stattdessen machte er seinen Job und schoss eines der berühmtesten Fotos der deutschen Geschichte.

Was für eine Story. Das Wunderkind der CDU, ein Sau-
bermann vor dem Herrn, manipuliert den Landtagswahl-
kampf, und zwei Tage vor der Befragung durch den Kieler
Untersuchungsausschuss treibt er in Hemd und Hose in
einer Genfer Badewanne. Es heißt übrigens, der Chef des
Beau-Rivage soll die Wanne noch eine Weile auf dem
Speicher aufbewahrt haben, bis sie eines Tages beim Ent-
rümpeln spurlos verschwand. Das passt gut zur Barschel-
Affäre, in der bis heute nur bewiesen ist, dass nichts bewiesen ist. Es ist nicht mal geklärt, was Barschel eigentlich in
Genf wollte. Vielleicht war er auf dem Weg nach Canossa?

Auch Sissi, die Kaiserin von Österreich, erlebte im
Beau Rivage ihre letzte Stunde. Sie hatte zwar unter dem
Pseudonym «Gräfin von Hohenembs» eingecheckt, doch
eine Zeitung ließ ihre Tarnung auffliegen. Das besiegelte
ihr Schicksal. Am Genfer See sprang der italienische Anar-
chist Luigi Lucheni auf Sissi zu und stach ihr mit einer
angespitzten Feile direkt ins Herz. Man brachte die Kaiserin zurück in ihre Suite, wo sie wenig später starb. Und
ich? Werde ich bald der nächste Tote sein? Irgendwo in der
Haute-Savoie zwischen Genf und dem Mont Cenis?

Meine erste Alpenetappe morgen sei anspruchsvoll,
schreibt Mischke. Ich werde die Stadt südwärts verlassen
und von Collognes aus den Mont Salève besteigen. Am
Gipfelpunkt «Le Grand Piton» soll ein Wanderweg über
den Kamm nach Cruseilles beginnen. Eine ausgewachsene
Bergetappe auf eintausend Meter Höhe.

Es klopft. Ich springe aus der Barschelwanne, schlüpfe
in den Hotelbademantel und öffne die Tür. Eine attraktive,
dunkelhäutige junge Frau steht vor mir. Sie sagt, sie sei das
Zimmermädchen und würde mir ihren «Abendservice»

anbieten. «Welche Art von Service meinen Sie?», frage ich. «Ich könnte Ihnen das Bett aufschlagen!», antwortet sie. Bevor ich hier als Dominique Strauss-Kahn ende, lehne ich lieber ab. Stattdessen ziehe ich mir wieder meine Wurzelsepp-Klamotten an und setze mich eine Weile in die Lobby.

Natürlich weckt dieses Hotel, das ganze Premium-Lifestyle-Gehabe, meinen Voyeurismus. Ein Teil von mir lehnt diese Welt ab, der andere Teil würde unheimlich gern dazugehören. Ein Kellner fragt, ob ich einen Wunsch hätte. Jetzt bloß keinen Fehler machen, denke ich mir, sonst tritt noch eine der Prophezeiungen meines Orakels ein: Mir geht das Geld aus. Nur spaßeshalber schlage ich die Weinkarte auf. Was darf's denn sein? Vielleicht einen 2004er Romanée-Conti aus dem Burgund, die Flasche für 8300 Euro? Ich schüttele den Kopf, der Kellner tritt ab, und bald darauf eilt ein Hotelmanager auf mich zu. Er reibt sich die Hände, während er mich freundlich fragt, ob es mir gutgehe und ob man etwas für mich tun könne. Subtext: Verschwinden Sie hier! Ich antworte ihm, dass es mir prächtig gehe und alles ganz wunderbar sei. Subtext: Ich fühle mich schrecklich unwohl und merke selbst, dass ich nicht hierhergehöre.

Nun weiß ich, was das Problem zwischen mir und dem Beau-Rivage ist: Ich bin das Problem. Ich bin ein Störfaktor in diesem Hotel. Meine bloße Anwesenheit raubt den Gästen zwei wesentliche Genüsse. Der erste ist die Diskretion. Ich gaffe, ich glotze, ich mache Fotos. Wer hier absteigt, zahlt auch für Anonymität. Der zweite ist die Exklusivität. Ein Rucksackreisender wie ich schmälert das Hotelerlebnis. Wenn ein bärtiger Landstreicher in der

Empfangshalle sitzt, fragt man sich doch automatisch, ob dieses Etablissement wirklich so edel ist, wie es tut. Im Beau-Rivage, das ist nicht übertrieben, wird man nur nach zwei Gesichtspunkten beurteilt – Geld oder Aussehen. Beides fehlt mir heute Abend. Oder anders gesagt: Ich entspreche einfach nicht den Genfer Konventionen.

«Bonsoir», lächelt der Portier, als ich die Lobby verlasse und nach rechts in die Straße biege. Ich gehe ins «Little India» und bestelle ein überraschend erschwingliches Chicken Tikka und ein Mango Lassi. Während ich auf das Essen warte, bleibt ein Inder wortlos vor meinem Einzeltisch stehen. Ich sehe zu ihm hoch. Alles an ihm ist pechschwarz: sein weites Hemd und seine Pluderhosen, sein Hut, sein gekräuselter Bart, seine Augen, mit denen er mich fixiert. «You think too much», nuschelt er, «and Saturday is no good day for you.» Er wendet sich ab, ich stehe auf und folge ihm: «What did you say?» Jetzt nimmt er meine Hand. «Listen, Mister, you are a lucky man. But your heart is too open, too weak. Take a good care on Saturday. This is very bad day for you», flüstert er und drückt mir etwas in die Hand: «Put this in your wallet!»

Es ist ein kleiner schwarzer Stein mit dem Bild eines roten Affen. Ich stecke ihn wie empfohlen in mein Portemonnaie, und der Inder öffnet seins. «Now put money here!», sagt er – und irgendwie war das ja klar. Genf ist die Stadt der großen und kleinen Diebe. Ich gebe ihm zehn Schweizer Franken, doch der Mann ist noch nicht zufrieden. «Mister!», klagt er. «Rich man give hundred fifty. Poor man give fifty. You are no rich man, but you are no poor man either. You give hundred!» Ich bin entsetzt, aber schlechtes Karma kann ich nicht gebrauchen. Schon gar nicht am Samstag, da bin ich mitten in den Alpen. Der Inder hat ein dankbares Opfer gefunden. Ich lege ihm fünfzig Schweizer Franken in die Geldbörse, er lächelt zufrieden und faltet seine Hände zu einem Namaste. Wahrscheinlich hat er gerade das Geschäft seines Lebens gemacht.

Später sitze ich auf der Kaimauer am See und blicke auf den Regenbogen, den die tausend bunten Lichter der Banken und Edelgeschäfte auf die Wasseroberfläche malen. Der Jet d'Eau hält Nachtruhe, die Segelyachten und Ausflugsschiffe haben angelegt, die Alpen sind im Schatten der Nacht verschwunden. Unter mir huschen Ratten über die Ufersteine, hinter mir leuchten die zehn goldenen Buchstaben auf dem Dach des Beau-Rivage. Mein innerer Türsteher hat gute Arbeit geleistet, ich wollte mich schon den ganzen Tag über selbst aus dem Hotel werfen.

KAPITEL 15

Kraftwürfel

(Genf – Faverges)

Die Älteren erinnern sich vielleicht. Vor fünfzig Millionen Jahren krachte Afrika in den eurasischen Kontinent und schob die adriatische Platte wie einen Keil in den Süden Europas. Dort, wo die Platten aufeinandertrafen, erhob sich ein unvorstellbar hohes Gebirge. Es heißt, manche Splitter der gigantischen Knautschzone hätten zehn bis dreißig Kilometer in den Himmel geragt. Doch wie das Wasser bewegt sich auch Gestein in einem ewigen Kreislauf. Es wird zu Bergen aufgetürmt, vom Gletschereis gebrochen, von Flüssen gemahlen und zerfällt in der Sonne zu Staub. Und so ist ein Großteil der urzeitlichen Alpen auch schon wieder Geschichte.

Ihr Rest aber macht mir Sorgen. Es war eine gruselige

Nacht. Trotz des Kingsize-Betts, trotz der sechs harten, soften und supersoften Kissen, trotz der fünf Whiskeysorten bin ich vor Schiss immer wieder aufgewacht. Stimmen geisterten durch meinen Schädel. «Die Alpen sind dein Problem!», rief das Orakel. «Es ist viel zu früh!», warnte der Wanderlehrer. «Du schaffst das nicht!», jammerte meine Moral. Außerdem hatte ich einen bösen Traum. Ich saß in der Lobby des Beau-Rivage und willigte in alles ein, was der Garçon mir offerierte.

«Darf es ein Gläschen Champagner sein?»

«Oh, sehr gerne!»

«Möchten Sie vielleicht Golf spielen?»

«Warum nicht?»

«Hätten Sie Interesse, gegen Oliver Kahn anzutreten?»

«Aber sicher!»

Eilig bohrte der Kellner achtzehn Löcher in den Marmorboden, stellte Fähnchen auf und ließ den Kahn-Titan von München nach Genf einfliegen. Die denkwürdige Partie im Atrium blieb bis zum Ende spannend. Erst am letzten Loch bezwang mich die Torwartlegende mit einem präzisen Lob in eine unbezahlbare Ming-Vase. Es war ein großer Spaß, doch als der Kellner die Rechnung brachte, flüchtete ich aus dem Hotel. Der Preis für meine Eskapaden: 460 690 Euro.

Ich schiebe mich aus dem Bett und taumle ans Fenster. Meine Stirn ist heiß, der Hals brennt, ich fühle mich schwach und zittrig. Mein Kopf ist so groß wie ein Lastwagen, und der Blick nach draußen macht alles noch schlimmer. Es ist sieben Uhr morgens, aber die Alpen sind nicht wieder aufgetaucht. Auch die Gebäude am anderen Ufer fehlen, und der Jet d'Eau ist immer noch ausgeschaltet, weil der Sturm das Wasser der Fontäne auf die Straße wehen würde. Das Panorama vor meinem Fenster, die Postkartenansicht der Stadt, hat sich in eine Waschküche verwandelt. Dichte Wolken hängen bis auf den Boden, der Regen ist zurückgekehrt und hat Verstärkung mitgebracht: Blitz und Donner jagen durch die Luft. Das Nebellicht eingeschaltet und mit geschlossenem Verdeck, kriechen Cabrios den See entlang, manche Fußgänger haben sich in Capes aus transparentem Plastik gehüllt. Mir wird flau. Ich renne in mein Barschelbad und muss mich übergeben. Wahrscheinlich sind es die Nerven. Früher habe ich vor jeder Mathe-Klausur Fieber bekommen, und nach der Prüfung war es wie von Zauberhand verschwunden.

Ich schlafe wieder ein, doch das Unwetter bleibt. Als ich erwache, ist es schon elf, und mir wird klar, dass ich genau drei Alternativen habe. Erstens: Ich schultere den Rucksack, fahre die Teleskopstöcke aus und steige erkältet in eine Gewitterwolke. Zweitens: Ich akzeptiere, dass Wandern heute unmöglich ist, bleibe in Genf und lasse mein Konto bis zum letzten Cent aussaugen. Drittens: Ich komme auf anderem Wege in die Voralpen.

Jewgenija, die junge Frau an der Rezeption, fragt, ob ich in Euro oder Schweizer Franken zahlen möchte. Meiner Kreditkarte ist das gleich. «C'était pas mal ici» – es war nicht übel hier, sage ich, und sie lächelt. «Au revoir», ruft der Portier, doch ein Wiedersehen wird es wohl nicht geben. Kurz darauf sitze ich mal wieder an einem Busbahnhof, immerhin hat dieser internationales Flair. Hamburg ist das Tor zur Welt, der Gare Routière in Genf ist die Pforte zum Osten. Von hier aus rollen Reisebusse nach Belgrad, Budapest und Bratislava, nach Novi Sad in Serbien, Rijeka in Kroatien, nach Oneşti in Rumänien, Doboj in Bosnien-Herzegowina, aber auch ins Hochgebirge Frankreichs, in die Haute-Savoie.

Ich muss mich eine halbe Stunde gedulden und flüchte vor dem Regen in den gläsernen Wartesaal. Drei Männer in Jogginganzügen folgen mir, einer trägt ein Handtuch über dem Kopf. Sie hören sich an wie Polen oder Russen. Obwohl alle Stühle im Raum frei sind, setzen sich zwei der drei Männer direkt neben mir hin. Der Dritte hockt sich kaugummikauend auf den gekachelten Boden vor meinen Füßen und mustert mich. «Thank you!», ruft er. «Hey! Thank you!» Jetzt wird mir klar, dass er mich meint. «Ey, Blondie! Thank you! We English!» – «Oh, hello», brumme ich und hoffe, dass er die Lust an der Anglistik bald verliert.

«Stani, you can go London! Your English good», sagt ein anderer.

«Thank you!», sagt Stani und wendet sich wieder mir zu. «You English, Blondie?»

«Sorry, German.»

«Ahhh!», ruft Stani, springt mit einem Satz aus der Hocke und streckt seinen rechten Arm vor mir aus. «Heil Gitler!»

Ich schaue schweigend zu ihm hoch. Noch immer salutiert Stani, die Augen weit aufgerissen. «Heil Gitler! Heil Gitler!»

Nein, ich werde diese Provokation nicht kommentieren.

Doch Stani lässt nicht locker. «Ey, Blondie, your new name Heil Gitler! Understand? You Heil Gitler now.»

«How are you, Heil Gitler?», fragt ein anderer, und ich

stehe auf und suche die Toilette. «Oh . . . Heil Gitler finish!»,
stöhnt Stani mir hinterher.

Leider ist das WC am Terminal «out of order», und nun
rollt auch schon die Linie 172 nach Cruseilles ein. Drinnen ist es stickig und verraucht. Ich setze mich ganz nach
hinten und bleibe der einzige Fahrgast, es ist nun mal
Nebensaison in den Bergen. Der Schnellbus fährt an, die
Heil-Gitler-Polen oder -Russen bleiben im Warteraum
am Terminal zurück, und langsam, ganz langsam lasse ich
Genf hinter mir. Doch erleichtert fühle ich mich nicht. Im
Gegenteil: Alles erinnert haargenau an die große Überquerung des Jura-Gebirges zu Fuß. Ich scheitere. Noch
viel schlimmer: Ich bin ein Scharlatan, ein Betrüger auf
dem Gang nach Canossa. Spätestens jetzt ist meine Wanderung, das größte Abenteuer meines Lebens, nur noch
eine Farce.

Deprimiert sehe ich mal wieder durch ein Fenster in
den Regen. Allmählich schrumpfen die Gebäude, Genf
löst sich auf, Vorstadttristesse. Statt den Mont Salève zu
erklimmen, den ich heute Morgen zu Fuß bezwingen
wollte, biegt der Bus auf die Autobahn und fährt im weiten
Bogen durch ein Tal um das Gebirge herum. Klar, Heinrich IV. wird denselben Weg genommen haben, der König
ist ganz sicher nicht direkt über den Berg geritten. Doch
diese Erkenntnis ist ein schwacher Trost.

Jetzt nimmt der Fahrer eine Ausfahrt und tingelt über
die Dörfer. Obwohl wir in der Ebene bleiben, schaukelt
der Bus ungeheuer hin und her. Die Straßen sind schlecht,
immer wieder tauchen Schlaglöcher und Bodenwellen
auf. Mein Magen ist nicht begeistert, aber etwas anderes
in mir ist kurz vor dem Platzen – kleine Sünden bestraft

der Herr sofort. Ich erinnere mich daran, was wir Jungs auf Klassenfahrten in solchen Fällen getan haben. Etwa als der Reisebus von Osnabrück nach Berlin drei Stunden im Stau stand, wir unsere Fanta-Flaschen leer getrunken hatten, es keine Latrine an Bord gab und wir einfach keinen anderen Ausweg sahen. Mein Blick fällt auf die nagelneue Thermoskanne in der Seite des Rucksacks. Bis eben hatte ich wenigstens noch meine Würde. Tschüs, Würde.

So unauffällig wie möglich schließe ich die roten Seitenvorhänge. Kurzer Check: Der Fahrer achtet nicht auf mich. Ich schraube die Thermoskanne vorsichtig auf, nehme den Deckel ab, öffne meine Hose, und kaltes Metall berührt meine Haut. O Gott, ist das erniedrigend. Doch als ich versuche, die letzte Hemmung fallen zu lassen – und das ist gar nicht so leicht –, hält der Bus plötzlich an, ein zweiter Gast steigt ein und kommt nach hinten. Hektisch packe ich alles wieder ein und schäme mich noch mehr als vorher. Meine Busfahrt wird zur Bußfahrt. Die Landschaft interessiert mich längst nicht mehr und Cruseilles sowieso nicht, als der sogenannte «Schnellbus» die Stadt nach einer geschlagenen Stunde erreicht. Eine Stunde. Für zwanzig Kilometer. Ich sprinte in ein Café, bestelle Croque Monsieur und hetze auf die Toilette.

Der Koch persönlich bringt das Essen an meinen Tisch.

«Monsieur, laufen Sie nach Santiago de Compostela?», fragt er.

«Pardon?», knurre ich entnervt. «Das liegt doch in einer ganz anderen Richtung!»

«Stimmt, aber Sie sehen genau so aus.»

«Nein, ich laufe über die Alpen nach Italien.»

«Sie sind verrückt.»

«Ich weiß», sage ich, kehre in den erstbesten Gasthof ein, lege mich ins Bett und gehe nicht mehr aus dem Haus.

Am nächsten Morgen fühle ich mich besser. Mein vermeintliches Fieber ist abgeklungen, und der Kopf ist klarer. Ich frühstücke auf der Terrasse, gucke in die Luft und weiß gar nicht, wie mir geschieht. Das Essen ist liebevoll zubereitet, der Kaffee ein Genuss und die Aussicht ein Gemälde. Am azurblauen Himmel zieht eine Schäfchenwolke vorbei, ihr Schatten wandert gemächlich über den See und verflüchtigt sich hinter einem tannenbewachsenen Hügel. Bis auf den Windhauch ist es fast still, nur ein Hund bellt in der Ferne. Ich solle den Tag genießen, sagen die Leute, für diese Jahreszeit sei das Wetter außergewöhnlich schön. Genau wie mein Etappenziel. Wenn alles gut geht, erreiche ich heute Annecy, die «Alpenstadt des Jahres 2012» – was auch immer das heißt, ich bin gespannt. Diesen Morgen sollte ich im Kalender markieren, denn ich habe rein gar nichts an ihm auszusetzen. Ist das die Weitsicht, von der Pfarrer Bender im Beichtstuhl gesprochen hat?

«Abgesehen von kleinen Zwischenanstiegen, führt die heutige Strecke überwiegend abwärts», schreibt mein Wanderlehrer und wünscht viel Glück. Direkt hinter dem Haus beginnt mein Weg. Er steigt tatsächlich ein wenig an, doch auf die Teleskopstöcke möchte ich erst mal verzichten. Die Dinger erinnern mich an den bösen Rolf und an Nordic Walking, irgendwie sind sie mir peinlich. Weil ich so lange nicht gewandert bin und mich immer noch etwas schlapp fühle, lasse ich es langsam angehen. Im Rhythmus der Kuhglocken, sachte und ruhig, stiefle ich die kleine Anhöhe hinauf. Der Pfad führt zunächst in einen Wald, dann biegt er nach links ab und teilt eine Wiese, auf der etwas Löwenzahn blüht. Die Bäume zu beiden Seiten verschwinden, die Perspektive öffnet sich, und plötzlich, wie ganz von selbst, kullern dicke Krokodilstränen über meine Wangen.

Jeden Tag, jede Stunde, seit ich in Hamburg losgelaufen bin, habe ich an die Alpen gedacht. Und jetzt, wo sie zum ersten Mal so nah sind, dass ich meine, sie berühren zu können, bin ich ähnlich ergriffen wie ein Kapitän, der nach langer Zeit auf See in den Hafen einfährt. Im Morgenlicht wird die unbezwingbare Wand aus Stein, Eis und Schnee zu einer weichen Silhouette, und meine Furcht vor dem Scheitern, die Angst, in den Bergen das Leben zu verlieren, wandelt sich in dieser Sekunde in eine befreiende, unendlich tiefe Rührung. Herz und Seele öffnen sich, und aus ihrer Mitte entspringt ein Fluss aus Tränen. Wann habe ich das letzte Mal so geweint? Es ist ein schönes Gefühl. Ist es nicht vollkommen egal, ob ich die letzten zweihundert Kilometer zu Fuß gegangen bin oder nicht? Wer hat die Regeln aufgestellt? Das war ich selbst. Und nur mir allein wollte ich damit etwas beweisen. Vielleicht wird es Zeit, diese Reise zu genießen.

So sprunghaft wie meine Stimmung ist auch das Wetter. Jeden Tag eine neue Jahreszeit. Vorgestern Frühling, gestern Herbst und heute auf einmal Sommer. Die Wärme tut gut. Und obwohl mir immer noch etwas schwindelig ist, laufe und laufe und laufe ich jetzt zuverlässig wie ein VW Käfer. Ich bin eine Maschine. Nein, noch viel mehr: Ich bin ein Kraftwürfel, ausdauernd wie der Duracell-Hase und stark wie ein Büffel, den Rucksack spüre ich kaum mehr. Es ist ein völlig neues Körpergefühl.

Meine Freunde nennen mich immer «Sport-Goofy»

oder «Bewegungslegastheniker», denn normalerweise stehe ich mit körperlicher Ertüchtigung auf Kriegsfuß, und bei gemeinschaftlichen Leibesübungen kann ich mir sensationelle Verletzungen zuziehen. Einmal gelang es mir, beim Kicken im Garten mit beiden Füßen gleichzeitig umzuknicken. Ich stoppte das Leder am Garagentor, trat auf den Ball, knickte darauf um, fiel auf den anderen Fuß und knickte wieder um. Das Ergebnis: links eine schwere Knöchelverstauchung, rechts ein doppelter Bänderriss. Die Ärzte im Osnabrücker Stadtkrankenhaus haben wohl selten so gelacht. Immerhin konnte ich keine Eigentore mehr schießen.

Fast wie in Trance laufe ich dreißig Kilometer durch eine Szenerie aus Hügeln und kleinen Bauernhöfen, die mich ans Allgäu erinnert. Die Blätter der Bäume beginnen allmählich zu sprießen, und die ersten Leute trauen sich, in den breiten Gebirgsbächen zu baden. Meine Wanderschuhe sind ein Wohnzimmer geworden. Nichts drückt, nicht pikst mehr. Die Füße haben sich mit den Schuhen arrangiert – oder die Schuhe mit den Füßen. Es scheint, als würden sie mit jedem Schritt bequemer. Und wie mein Wanderlehrer es vorhersagte, bleibt der Weg gnädig und führt meistens leicht abwärts durch die Ebene.

Als ich Annecy am späten Nachmittag erreiche, bekomme ich einen Schrecken. Die Altstadt mit ihren Blumen, Arkaden und Kanälen ist noch schöner und romantischer als Straßburg. Manche nennen es das Venedig der Alpen, was eigentlich der größte anzunehmende Horror für einen Solo-Wanderer sein müsste. Doch heute Abend muss ich nicht alleine essen und sentimental in das Kerzenlicht starren. Ein alter Bekannter leistet mir Gesellschaft – er leuchtet in einem lilafarbenen Himmel über den Bergen und den Zinnen der Stadt. Junge, was bin ich froh, dich wiederzusehen. Die Zeitungen nennen ihn den Supermond. In dieser Nacht, heißt es, sei er der Erde so nah wie nie.

Mein kreisrunder Freund und ich essen überteuerte Pizza und trinken Rotwein am Ufer des Thiou, der durch die Innenstadt rauscht. Der Fluss führt unheimlich viel Wasser, ein gutes Zeichen: Der Schnee schmilzt. Im untergehenden Licht stellt der Palais de l'Île, das angeblich meistfotografierte Gebäude Frankreichs, neue Zelluloid-Rekorde auf. Ein amerikanisches Pärchen am Nebentisch findet dieses ehemalige Gefängnis aus dem 12. Jahrhundert «awesome» und «absolutely amazing», wie wohl alle Sehenswürdigkeiten dieser Welt. Diesmal stimme ich ihnen zu. Ein Japaner studiert sorgsam die Karte, bestellt ein Käsefondue und verspeist es so genüsslich und liebevoll, dass jeder ölige gelbe Faden eine Freude ist. Und auf den Stufen der schneeweißen Église St. Maurice steht eine Blaskapelle, spielt «Ein Freund, ein guter Freund», und sofort stimmen deutsche Touristen operettenhaft mit ein. Ich auch. Ist es denn zu glauben? Heute war der perfekte Tag.

Annecy liegt an einem riesigen Gebirgssee, auch er ist ein echter Streber. Der Lac d'Annecy soll der sauberste See Europas sein, und tatsächlich kann ich am frühen Morgen durch das kristallklare Wasser bis auf seinen Grund sehen. Marc Mischke rät mir, das Gewässer an der deutlich schmaleren Ostseite zu passieren. Dort könne ich zwischen zwei Routen wählen, beide seien allerdings etwas problematisch. Entweder laufe ich über die stark befahrene Uferstraße, an der es keinen Fußweg gebe. Oder ich nehme den Wanderweg «Tour du Lac d'Annecy», der hoch oben über die Bergketten führe. Er gelte jedoch als sehr anspruchsvoll und sei für den Anfang vielleicht zu viel des Guten, schreibt Mischke. Heinrich IV. wird sicher am Ufer entlanggeritten sein. Aber ich bin schließlich ein Kraftwürfel und möchte meine Wanderehre wiederherstellen, die ich durch die peinliche Thermoskannen-Busfahrt verloren habe.

Klick, Klack, die Teleskopstöcke ausgefahren, beginne ich mit dem Aufstieg. Anfangs behindern mich die Gehhilfen mehr, als dass sie mir helfen. Irgendwie ist mir immer ein Carbon-Bein im Weg. Doch je steiler der Pfad nach oben wird, desto mehr weiß ich sie zu schätzen, und ich lerne, mit ihnen zu laufen. Wie ein 4×4-Geländewagen arbeite ich mich den Berg hoch, stütze den Oberkörper auf die Stöcke und belaste gleichmäßig Arme und Beine. Trotzdem bin ich schon nach einer Viertelstunde fertig mit den Nerven, dem Kraftwürfel geht die Luft aus. Meine Haare sind klitschnass, Schweiß tropft auf mein Thermo-Shirt, und ich setze mich auf einen Stein, um etwas zu trinken. «Parcours Keller» steht auf einem blechernen Schild, das mir gegenüber an einem Felsen angebracht ist. Es erinnert an einen gewissen «Denis Keller», der an dieser Stelle wohl das Zeitliche gesegnet hat. Na bravo.

Ich will mich gerade wieder aufraffen, da kommen zwei Jogger den Weg hinaufgerannt, und ich mache ihnen Platz. Ein weiterer folgt wenig später. Faszinierend. Leichtfüßig wie Bergziegen hüpfen die drei an mir vorbei. Keine Spur von Erschöpfung, der Anstieg lässt sie anscheinend völlig kalt. Da sieht man, worin sich Kraftwürfel und drahtige, durchtrainierte Leistungssportler unterscheiden. Mit meinem Gewicht und dem Zwölf-Kilo-Rucksack auf dem Rücken bin ich ein Lastwagen auf der Wanderautobahn. Außerdem fällt es mir heute besonders schwer, mich zu orientieren. Der Waldweg ist wahnsinnig schmal und führt immer wieder über größere Felsen. Oft muss ich stoppen und in einem Suchbild aus Steinen, Ästen und Baumstämmen nach Markierungen Ausschau halten. Dabei kann auch ich noch etwas lernen. Die «Tour du Lac d'Annecy» ist mit einer gelb-roten Flagge gekennzeichnet. Wenn dagegen ein gelb-rotes Kreuz auftaucht, bedeutet das nicht etwa «Hier lang!», sondern «Hier *nicht* lang!». Diese Lektion kostet mich sechs Kilometer Umweg und zusätzliche anderthalb Stunden. Und ich gewinne noch eine weitere wichtige Erkenntnis fürs Leben: Niemals sollte man eine Thermoskanne mit kohlensäurehaltiger Flüssigkeit füllen. Das blöde Ding.

Nach über zwei Stunden Wanderung stiefle ich noch immer den Hang hinauf und habe mich keinen Meter Luftlinie von Annecy entfernt. Bald überholt mich sogar eine Rentnergruppe. Die bestens ausgerüsteten Senioren erzählen mir, sie kämen aus der Gegend und seien diesen Weg schon in ihrer Kindheit gelaufen. Als ich die Turbo-Rentner später auf dem Gipfel des Mont Veyrier einhole, haben sie ihr Pausenbrot schon verdrückt und ziehen weiter. Ich schaue ins Tal. Wie soll ich die Aussicht beschreiben, ohne die abgenudelten Reiseführer-Vokabeln «Panorama», «majestätisch» oder «überwältigend» zu verwenden? Es fällt mir schwer, weil ich vielleicht noch nie etwas so Schönes gesehen habe. Alles strahlt und scheint beinah unwirklich: Der See leuchtet intensiv türkis, am Ufer leuchten die roten Dächer von Annecy, und am Horizont kann ich den Schnee auf den Zweitausendern leuchten sehen, die vor mir liegen. Vielleicht gehört eine der weißen Kuppen dem Mont Cenis.

Nun laufe ich von Gipfel zu Gipfel den Kamm entlang, und auf dem Mont Baron ist das majestätische Panorama noch überwältigender. Ein Adler kreist über der Alpenlandschaft und komplettiert den Kitsch. Auf Augenhöhe saust ein weißes Sportflugzeug durch mein Blickfeld, Paraglider schrauben sich lautlos durch den Himmel, und unter mir an der Felswand hängen Kletterer. Der Lac d'Annecy ist ein Sportlerparadies mit sieben Millionen Touristen im Jahr, trotzdem scheiterte Annecy mit einer Bewerbung für die Olympischen Winterspiele 2018 kläglich. Die Lokalpolitiker hatten sich überlegt, das Seeufer vor der Stadt mit einem gigantischen Olympiastadion zu planieren. Leider hatte niemand mit den Bürgern von Annecy geredet.

Die letzten Stunden der Wanderung bringen mich endgültig an meine Grenzen. Der Abstieg führt zunächst über Felsen und dann über aufgeweichten Waldboden. Manchmal drücke ich mich dicht an der Bergwand am Abhang entlang und merke, dass ich nicht ganz schwindelfrei bin. Proviant und Wasser gehen zur Neige, die Sonne brennt erbarmungslos. Ich werde müde und unaufmerksam und rutsche immer wieder aus. Ohne die Wanderstöcke, mein drittes und viertes Bein, käme ich jetzt kaum noch weiter. Vielleicht bin ich auch übervorsichtig, aber Sport-Goofy möchte sich eben nicht die Haxen brechen, sonst könnte er Canossa vergessen. Die Jogger scheinen sich weniger

Sorgen zu machen. Sie springen von Stein zu Stein, als bestünde die Landschaft aus Schaumstoff, und erinnern mich an die waghalsigen Hindernisläufer aus der japanischen Fernseh-Show «Takeshi's Castle».

Abgekämpft und zerzaust erreiche ich das «Les Grillons» in der Nähe von Talloires. Es scheint das einzige Hotel in der Gegend zu sein, das zu dieser Jahreszeit geöffnet hat. Auf dem Parkplatz steht ein Reisebus, und die furchtbar aufgesetzte Blondine am Empfang freut sich überschwänglich, mich zu sehen. Sie möchte mir wahnsinnig gerne die gesamte Anlage zeigen. Eine bizarre Situation. Die Lady stöckelt über den roten Teppich der Lobby, ich folge ihr in voller Wandermontur, Dreck an den Schuhen, Schweiß auf der Stirn, die Wangen sonnenverbrannt. Gemeinsam bestaunen wir die Bar, die Sonnenterrasse und den geräumigen Speisesaal. «Très gentil», sage ich, «très, très gentil. Das ist wirklich überaus freundlich.»

«Abendessen gibt es von 19.30 Uhr bis 20.30 Uhr», referiert sie, «und da hinten ist übrigens unser Sarkozy!»

«Ist der nicht gerade im Wahlkampf?»

«Pardon, habe ich Sarkozy gesagt? Ich meinte Jacuzzi.»

Endlich zeigt sie mir mein Zimmer, einen lauschigen Ort mit dunkelroten Tapeten, auberginefarbenen Kissen und kerzenförmigen Lampen über dem Bett. Ich verkneife mir die Frage, ob es nach Stunden bezahlt wird.

Als ich am späten Abend an der Bar einen Mojito trinke und der britischen Reisegruppe dabei zusehe, wie sie das Buffet terminiert, schießt es mir wie ein Blitz durch den Kopf: Genf! Der Inder! Morgen ist Samstag! Fast mitleidig sah mich der Gauner an, als er im «Little India» «Saturday is no good day for you» flüsterte. Was genau mich erwartet, vermochte er zwar nicht zu sagen, trotzdem nehme ich die Warnung ernst und will am nächsten Wandertag nichts dem Zufall überlassen. Mischke schickt mich zurück auf die «Tour du Lac d'Annecy». Etappenlänge: neunzehn Kilometer, Haupt- und Zwischenanstiege: eintausenddreihundert Meter. Er schreibt, die Strecke sei heftig, und ich solle sie entsprechend ausgeruht und motiviert angehen. Doch der Alpenwetterbericht aus Chamonix kündigt für den Nachmittag «heavy thunderstorms» an. Schon jetzt hängt ein zarter Wolkenschleier in den Gipfeln. Netter Versuch, Schicksal.

In aller Frühe biege ich in die Uferstraße ein. Es ist schließlich Wochenende, und um diese Uhrzeit sollte der Verkehr überschaubar sein. Im Übrigen werde ich lieber überfahren, als bei Gewitter in eine Schlucht zu stürzen oder im Schneesturm elendig zu erfrieren. Der See liegt still, und die Berge lächeln mich friedlich an. Während ich mich durch das Gestrüpp hinter den Leitplanken quäle oder meine Beine in engen Kurven an die Begrenzungsmauer der Fahrbahn quetsche, beginnen die Gipfel leise zu singen: «Komm, mein Freund, lauf doch nicht über Asphalt! Die Uferstraße ist gefährlich! Komm lieber hoch zu uns! Hat dir der Ausblick gestern nicht gefallen?» Doch ich marschiere stoisch weiter, ignoriere die Sirenen und bete, dass kein Autofahrer mich übersieht. Der Berg ruft, und ich lasse ihn rufen.

Irgendwann liegt der Lac d'Annecy hinter mir, ich verlasse die Straße auf einem Feldweg und laufe durch eine Kirschblütenallee. Kein Wagen überrollt mich, kein Hund beißt mich, keine Biene sticht mich, und schon am Mittag erreiche ich mein Etappenziel, das Dorf Faverges. Ohne

Probleme finde ich eine Unterkunft, ironischerweise im «Hôtel de Genève». Ich schließe die Zimmertür, verriegele die Fenster, lege mich aufs Bett und höre dem Gewittersturm zu, wie er auf der Suche nach mir wütend durch die Straßen tobt. Wenn alles im Leben von einer höheren Macht vorbestimmt ist, dann hat sie sich heute vielleicht umentschieden. Nur zur Sicherheit schlüpfe ich unter die Decke und versuche, mich den Rest des Tages nicht mehr zu bewegen.

KAPITEL 16

Der Weg des kleinen Glücks

(Faverges–Lanslebourg)

Ich hatte das Schicksal überlistet, doch mir war klar, dass es Rache nehmen würde. Es dauerte nur vierundzwanzig Stunden. Bis dahin verlief alles wie im Traum. Ich erwachte in einem Stück, das Unwetter hatte aufgegeben, keine Wolke war mehr am Himmel zu sehen, und auf meinem bestens ausgeschilderten Weg erlebte ich das Wandern in all seinen Facetten: Ich lief über Skipisten, Felder und Kuhwiesen, vorbei an Burgen und Klöstern, stakste durch reißende Gebirgsbäche und kämpfte mich durch dichte apfelgrüne Laubwälder. Hypnotisiert vom Glockengebimmel und vom Zirpen der Grillen, vergaß ich sogar meinen Tinnitus. Nur hin und wieder warfen mich Motocross-Fahrer aus meinem Film.

Doch der Traum endet in einem Blechkasten an der Autobahn. Das «Balladins Express» ist heute meine einzige Übernachtungschance. Warmherzig wirbt die Hotelkette mit dem hübschen Spruch «Partout, rien que pour vous», «Überall sind wir für Sie da». Das Firmenmotto wird in der Nähe von Tournon allerdings recht frei interpretiert. Auf dem Parkplatz begrüßt mich der Chef des Hauses persönlich: ein gelber Automat in einem hölzernen Gartenhäuschen aus dem Baumarkt, die «Réception automatique». Ich berühre den Touchscreen, tippe meinen Namen und die Anzahl der Nächte ein, und das Gerät schreit nach meiner Kreditkarte. Dreißig Euro, ein sensationeller Preis. Mein Schlüssel fällt in das silberne Ausgabefach.

Wenn du das echte Frankreich erleben willst, hat ein Freund vor der Reise zu mir gesagt, musst du in einem der berüchtigten Selbstbedienungshotels absteigen. Voilà, ich bin bereit. Vorsichtig öffne ich die Glastür und betrete den braun gekachelten Empfangsbereich. Auf der rechten Seite teilt ein metallener Rollladen den Raum, in der Mitte steht ein weißer Plastiktisch mit Zeitschriften, daneben ein Kunststoffbaum. Links führt eine Schwingtür in ein schwarzes Loch. Nur tastend komme ich über den stockfinsteren Hotelflur, einen Lichtschalter suche ich vergeblich, dann nehme ich meine Taschenlampe zur Hilfe. Trotzdem dauert es eine Weile, bis ich mein Zimmer gefunden habe, denn ein mannshoher Wäschewagen versperrt den Eingang. Ich schiebe das Monstrum zur Seite und bin verblüfft: Mein Schlafplatz ist zwar winzig, aber modern und sauber – abgesehen von den langen schwarzen Haaren auf dem Bettlaken. Beißender Zigarettenrauch liegt in der Luft.

Es ist eben nicht das Beau-Rivage, denke ich mir, und spule mein Programm ab: duschen, Socken waschen, Schuhe einwachsen, Route planen, raus in die Wildnis ziehen und Nahrung jagen. Der Rollladen am Empfang ist jetzt hochgefahren, und am Tresen dahinter steht ein blasser Junge in grauem Hemd und grauer Hose. Dazu trägt er eine Krawatte im Gelbton des Firmenlogos. Seine Körperhaltung ist leicht gebückt, sein Ausdruck entschuldigend. Es macht den Eindruck, als wären ihm das Hotel und sein Studentenjob peinlich. Unglücklicherweise seien heute alle Restaurants in der Gegend geschlossen, meint er. Die Skisaison sei vorbei, die Sommersaison habe noch nicht begonnen, und außerdem sei schließlich Sonntag. Für 7,20 Euro könne er mir Ravioli Basilikum anbieten. Sein Unterton aber verrät, dass er den Preis für Wucher hält und das Gericht an meiner Stelle auf keinen Fall bestellen würde. Ich muss an meine Studienzeit denken. Damals habe ich mich fast ausschließlich von Dosenravioli ernährt. Die zweite Delikatesse auf meinem akademischen Speiseplan: Frischeiwaffeln von Aldi.

Wenig begeistert lege ich das Geld auf den Tisch, der Junge schlurft nach hinten, und ich höre, wie er eine Mikrowelle einschaltet. Die nächsten fünf Minuten gehören wohl zu den längsten unseres Lebens. Der Heißmacher röhrt, der graue Student starrt betreten auf den Boden, ich sitze auf einem Plastikstuhl, massiere die Blätter des Kunststoffbaums und studiere die braunen Kacheln. Nach einer gefühlten halben Stunde geht der Student in die Küche, kehrt zurück und nuschelt: «Ist gleich fertig, Monsieur.» Wir beide wissen, wie armselig dieser Moment ist. Draußen fließen Milch und Honig, und wir sitzen hier im

Neonlicht und warten, bis elektromagnetische Strahlen alle Vitamine und Nährstoffe meines eingeschweißten Abendessens zerschossen haben. Endlich macht es «Ping!», und der Junge reicht mir das Festmahl auf einem schwarzen Tablett. Ich trotte durch den dunklen Gang in meine Kammer, lege mich aufs Bett, ziehe die Folie von der Plastikschale und wundere mich nicht: alles verkocht. Wie gut, dass ich noch einen geschmolzenen Schokoriegel in der Tasche habe.

Laute Motorengeräusche reißen mich aus dem Schlaf, neue Nachbarn ziehen ein. Zwei Biker poltern über den Flur, eine Frau kichert hysterisch, es dauert eine Ewigkeit, bis sie sich beruhigen. Mitten in der Nacht werden sie wieder munter. Die Männer stöhnen und keuchen wie eine halbe Rinderherde, ihre Spielwiese schlägt immer wieder gegen meine Wand, und die Dame zwischen ihnen scheint sehr gläubig zu sein, denn sie ruft ständig nach ihrem lieben Gott. Ist das also das typische Frankreich, die Ménage à trois?

Traum und Trauma sind Geschwister auf meiner Alpentournee. Es gibt Tage, an denen mir einfach alles auf die Nerven geht. Die Hotels nerven, die Kühe nerven, die freundlich grüßenden Bauern nerven, ich nerve mich selbst, und die Berge engen mich ein. Langsam wachsen die Gipfel immer höher, die Täler schieben sich zusammen, und der Horizont verschwindet. Ich glaube, die Welt teilt sich in Meer-Menschen und Berg-Menschen – ich scheine ein Meer-Mensch zu sein, ich brauche Weite, ich will in die Ferne sehen. Aber damit ist es vorbei. Entweder laufe ich über asphaltierte Straßen in der Senke, oder ich wandere in tieferen Hanglagen, denn oben auf den Gipfeln liegt jetzt Schnee. Vermutlich wähle ich exakt denselben Weg wie Heinrich IV. und alle Heerführer, Händler, Schmuggler und Pilger, die in den vergangenen Jahrhunderten an dieser Stelle die Alpen überquert haben. Für sie war es die einfachste Route. Ich aber muss zusehen, dass ich nicht auf die Autobahn gerate.

An anderen Tagen lässt mich das Gebirge seltsam euphorisch werden. Dann renne ich im Adrenalinrausch durch die Walachei, bis ich nicht mehr kann, und breche dann entweder in Tränen oder in übertriebenes Gelächter aus. Bin ich manisch-depressiv? Ein Grund dafür liegt sicher im Wandern selbst. Die vielen Stunden in der Natur machen das Herz weit und verletzlich, da geht es mir wie Goethes jungem Werther. Der zweite Grund ist wohl meine Einsamkeit. Allmählich entferne ich mich von den Touristenzentren, und Jogger, Kletterer oder Turbo-Senioren tauchen einfach nicht mehr auf. Das hier ist nicht der Jakobsweg. Niemand läuft an meiner Seite, niemand spricht mich an, niemand fragt, ob er mich ein Stück mitnehmen kann. Und wenn ich reden will, rede ich mit mir selbst.

Manchmal haben die Alpentäler etwas Weihnachtliches. Immer wenn ich dabei bin, die nächste Tür des Kalenders zu öffnen, frage ich mich ungeduldig: Welche Überraschung wartet wohl auf mich? Zum Beispiel die siamesischen Zwillinge Saint-Jean-de-Maurienne und Saint-Michel-de-Maurienne. Die Kleinstädte erinnern mich an Villarriba und Villabajo aus der Fairy-Ultra-Werbung: Während es in St. Jean in Strömen regnet, sind es in St. Michel schon über dreißig Grad. Eine Etappe der

Tour de France führt durch beide Orte, und Fans haben die Namen ihrer Lieblings-Dopingsünder mit gelber und blauer Farbe auf die Straße gepinselt: «CONTADOR» und andere stehen auf dem Asphalt. Eigentlich sollten die Jungs bei der nächsten Tour direkt bis Canossa durchfahren, finde ich.

In dieser Gegend sausen ständig Radrennfahrer an mir vorbei, Profis und Amateure. Die einen durchtrainiert, die anderen gerne auch mal bierbäuchig. Beide Gruppen tragen Trikots und sehen aus wie fahrende Litfaßsäulen. Der größte Unterschied zwischen ihnen: Die Amateure haben Zeit zu grüßen. «Wohin des Wegs, Pilger?», ruft einer. «Nach Canossa!», rufe ich zurück. «Viel Erfolg!», lacht er und ist verschwunden. Die Profis dagegen sind fokussiert und scherzen nicht. Abends sitzen die spindeldürren Männer grüppchenweise bei der Nahrungsaufnahme in St. Jean oder St. Michel und schweigen. Sie essen nur, um zu essen. Was zählt, ist das Training am nächsten Tag.

Meine Route wird von Etappe zu Etappe unvorhersehbarer, auch für meinen Wanderlehrer. Auf den Wegen am Hang, die Marc Mischke mir empfiehlt, liegen oft gewaltige Tannen, die der Winter entwurzelt hat. Ich versuche, darüber zu klettern oder mich irgendwie durch das Dickicht um sie herum zu schlagen. Das geht nicht immer gut. Zwischen Saint-Michel-de-Maurienne und Modane, auf meiner neunten Alpenetappe, kraxele ich morgens fünfhundert Meter in die Höhe und gelange nach etwa anderthalb Stunden auf einen ausgeschilderten Pfad, der mich ans Ziel bringen soll. Er ist auf meiner Karte eingezeichnet, und auch das GPS auf dem Handy zeigt ihn an. Doch nach zehn Kilometern wird er immer schmaler und bewachsener, bis er sich ganz im Dorngestrüpp verliert. Ich irre noch eine Weile durch den Busch und entdecke die Ruinen alter Wohnhäuser. Offenbar hat es hier tatsächlich mal einen Weg gegeben, doch seit fünfzig Jahren ist ihn wohl keiner mehr gelaufen. Frustriert muss ich umkehren und die komplette Strecke zurückwandern.

Nach geschlagenen fünf Stunden stehe ich wieder am Marktplatz von Saint-Michel-de-Maurienne. Wie sinnlos. Ich mache eine längere Pause und versuche dann, über die Talstraßen ans Etappenziel zu kommen. Das übliche Spiel: Es gibt keinen Seitenstreifen, die Autofahrer hupen, schütteln den Kopf und wundern sich darüber, was ich hier tue. Eigentlich sonderbar. Ist Gehen nicht die ursprünglichste Fortbewegungsart von allen? Vogel fliegt, Fisch schwimmt, Mensch läuft, hat Emil Zatopek einmal gesagt.

Die zehnte Etappe soll mich endlich an den Fuß des Mont Cenis bringen. «Heute werden Sie zunächst am schattigen Nordhang laufen und dabei weiter an Höhe gewinnen», schreibt der Wanderlehrer. Er sagt, über den «Chemin du Petit Bonheur», den Weg des kleinen Glücks, würde ich nach Lanslebourg gelangen, das auf über eintausendfünfhundert Metern liege. Wie süß: «Kleines Glück» – das klingt so schön gemütlich. Wie die Lieblingsbank im Park, eine Parzelle in der Schrebergartensiedlung oder die Doppelhaushälfte mit Hund, Katze und Kombi in Halstenbek-Krupunder.

Doch der Weg ins Glück beginnt mit einem brutalen Anstieg. Ein kleiner Pfad führt steil durch den Wald nach oben. Trotz der Wanderstöcke rutsche ich dauernd weg, der Boden ist nass und manchmal noch vereist, der verdammte Rucksack zerrt mich nach unten. Ich bleibe an

Ästen hängen, einer reißt mir die Sonnenbrille aus dem Gesicht, und ich kann sie einfach nicht mehr finden. Immer wieder muss ich eine Pause einlegen, Wasser trinken und nach roten Markierungen an den Bäumen suchen. Der Hang wird steiler, der Weg immer enger, und obwohl es noch kühl ist, sehe ich schon aus, als hätte ich geduscht. Wenn ich zurückschaue, wird mir schwindelig. Der Blick nach oben aber macht mir Angst. Es scheint, als würde dieser Berg niemals enden und direkt in den Himmel führen.

Mit der Zeit unterscheidet sich der Pfad immer weniger vom Waldboden. Die roten Zeichen sind weg. Ich finde keine einzige Markierung mehr und habe mich offensichtlich verirrt. Ich komme nicht allein über die Alpen, hat Lotte gesagt. Wieder hinabzusteigen traue ich mich aber auch nicht. Cool bleiben, sagt mein Verstand, doch der hat im Moment nichts zu melden. Panisch beginne ich, einfach stumpf geradeaus zu rennen. Immer weiter die Steigung hoch, quer durch den Wald. Du schaffst das nicht, sagen meine Unterschenkel. Du schaffst das nicht, sagt meine Lunge. Ich schaffe das, sagt mein Kopf – und dann bin ich oben.

Gibt es hier irgendwo ein Taxi? Nein, gibt es nicht. Eigentlich gibt es hier gar nichts. Auf dem Zwischenplateau liegt nur ein ausgestorbener Skiort. Ich gehe über den Marktplatz von La Norma, und es ist absolut still. Bizarr. Die Gardinen der Bettenburgen sind zugezogen, sogar der Springbrunnen schweigt. Der Supermarkt ist verrammelt, die Touristeninformation geschlossen, «Intersport» und «Sport 2000» vertrösten auf den nächsten Winter. Es ist haargenau wie in einem Zombie-Film. Wann springt wohl der erste Untote aus der Boulangerie, dem Crêpe-

Restaurant oder der Tao-Bar? Und wer ist eigentlich schlimmer: Zombies oder Touristen? Die größte Gefahr in dieser Gegend scheint offenbar von Schafen auszugehen. «Hikers, please don't disturb the flocks!» steht auf einem Warnschild im Wald. Ich soll also die Herden nicht stören, das aber zu meiner eigenen Sicherheit, denn sie werden von großen weißen Hütehunden beschützt: «Wenn Sie einem Wachhund begegnen, Ruhe bewahren und abwarten! Die Tiere brauchen Zeit, um Sie zu identifizieren.»

Ab jetzt zieht sich der Weg des kleinen Glücks viele Kilometer weit den Hang entlang. Die Strecke führt leicht abwärts durch einen Wald, das entspannt. Nur das fabelhafte Wetter macht mir Sorgen. Es wird immer wärmer, und ich Depp habe schon die Hälfte meines Wassers verbraucht. In einem Taleinschnitt überquere ich die Pont du Nant, und von der Brücke aus kann ich den ersten Vorboten Italiens sehen: Wie ein tibetanisches Kloster thront auf dem Berg gegenüber ein Fort aus fünf steinernen Festungen. Fünf Fäuste für ein Halleluja. Im 19. Jahrhundert gehörte diese Alpenregion zum Königreich Sardinien, und die Redoute Marie-Thérèse sollte den Weg zum Mont Cenis versperren.

Nach zwei Stunden wird die Strecke breiter, über eine Wiese erreiche ich Bramans. Das Bergdorf wirkt so verlassen und heruntergekommen wie viele andere auf meinem Weg. Manche der Steinhäuser stehen leer, ihre Fenster sind mit Brettern vernagelt, und es ist so still, dass ich das Surren in den Strommasten hören kann. Auch in den Alpen zieht es das Leben in die Stadt, und die kleinen Orte bluten aus. Umso überraschter bin ich, als sich eine Brettertür öffnet und ein Greis mit weißen Haaren vor mir erscheint. Er ist nicht weniger verdutzt, mich zu sehen. In der linken Hand hält er einen Holzeimer, die rechte gibt er mir, sie fühlt sich ledrig an. Er will alles genau wissen: wie ich heiße, was in meinem Rucksack ist, wo ich herkomme, wo ich hinwill und warum. «Italien, Monsieur? Sie wollen nach Italien laufen? Aber doch nicht über den Mont Cenis, oder?» – «Doch! Ganz genau!», sage ich, und der alte Mann stellt seinen Wassereimer ab. «Großer Gott, Monsieur, der Berg ist furchtbar! Das ist ein Zweitausender! Deux milles! Da oben steht der Schnee immer noch drei Meter hoch!» Jetzt schwirren seine knöchernen Arme wie Windmühlenflügel durch die Luft. Immer wieder zeigt er mir an, wie hoch drei Meter Schnee und zweitausend Meter Berg sind. «Deux milles, Monsieur! Ich will Ihnen ja keine Angst machen, aber da kommen Sie nie im Leben rüber! Wissen Sie eigentlich, wie steil der Mont Cenis ist?» Ich zucke hilflos mit den Schultern und lächle verlegen, der Greis schmunzelt zurück. Zum Abschied gibt er mir beide Hände. Die Warnung kommt von Herzen, und doch blitzt in seinen großen wässrigen Abenteureraugen ein Funken Sympathie. Wenn er jünger wäre, würde er mich sicher gern begleiten.

Ich laufe mit gesenktem Kopf weiter. Natürlich hat mir der Greis Angst gemacht, das ist die eine Sache. Vor allem aber versuche ich, mein Gesicht vor der Höhensonne zu schützen. Der Weg des kleinen Glücks führt nur noch über freies Gelände, der Boden reflektiert die Strahlen, und bald wandere ich durch ein gigantisches Solarium – die Hitze kommt von allen Seiten. Natürlich sind die Schokoriegel in meinem Rucksack längst geschmolzen. Jetzt beginnen meine Lederschuhe zu glänzen, das Wachs tritt wieder aus. Ich pushe mich mit Musik. Die Soundtracks von «Last Samurai» und «Gladiator» treiben mich zehn Kilometer weiter, doch dann bleibe ich erschöpft vor einem Wegweiser stehen: Ganze zwei Stunden bis Lanslebourg, und in meiner Wasserflasche schwappt nur ein lächerlicher kleiner Rest. Durst ist ein beschissenes Gefühl, viel schlimmer noch als Hunger. Mir wird schwindelig, mein Kopf ist nicht mehr ganz in dieser Welt. Vielleicht erinnere ich mich deshalb gerade jetzt an den großen deutschen Philosophen Oliver Kahn, der einmal die weisen Worte sprach: «Weiter, immer weiter! Eier, wir brauchen Eier!»

Meine Eier führen mich zurück in den kühlen Wald, das ist die gute Nachricht. Die schlechte: Ab jetzt geht es wieder nach oben. Ohne Wasser. Ohne Kraft. Auch ohne Hoffnung? Nicht ganz. Ich schätze, es wird Zeit, zum allerletzten Mittel zu greifen. Eigentlich wollte ich mir meinen Joker für den Mont Cenis aufsparen, doch was soll's. Ich fische die kleine schwarze Patrone aus meiner Seitentasche. «Sudden Rush – nicht geeignet für Kinder und schwangere Frauen». Zucker, Koffein und fünfunddreißig Prozent konzentriertes Guarana, angeblich der intensivste Energy-Shot, den es auf dem legalen Sportlerdrogenmarkt zu kaufen gibt. Guarana, das Aufputschmittel der Amazonas-Indianer, soll für kurze Zeit die Leistung erhöhen und sogar Hunger und Durst unterdrücken. Es stand bis 2004 tatsächlich auf der Dopingliste.

Der eklige Geschmack bleibt lange im Mund. Das Serum ist dickflüssig und schmeckt bitter, irgendwie nach altem Kaffee. Doch es hilft. Die Ampulle ist mein kleines Glück. Ich schaffe auch den letzten Anstieg und kann durch die Bäume manchmal schon auf Lanslebourg blicken. Noch etwa eine Stunde, dann bin ich am Ziel. Endlich finde ich auch einen Gebirgsbach und fülle meine Flaschen wieder auf. Gierig wie ein durstiges Kamel trinke ich das eiskalte Quellwasser, lächle erleichtert, doch plötzlich spüre ich ein Stechen in meiner Stirn und in der Brust. Ich muss mich setzen und sehe durch die Äste, wie sich die weißen Bergspitzen allmählich auflösen. Sie zerfallen in ihre Atome, und jedes Teilchen beginnt zu leuchten. Auch der Wald zersetzt sich in Millionen grüne, braune und schwarze Pixel. Sie strahlen immer heller und verglühen, bis ich nur noch ein gleißendes Weiß sehe. Die Vögel hören auf zu singen, der Wind verstummt, und der Bach fließt lautlos ins Tal. Ich lege mich hin und schließe die Augen. So also fühlt es sich an zu sterben.

KAPITEL 17

Und täglich grüßt das Murmeltier

(Mont Cenis)

Um es gleich vorwegzunehmen: Ich bin nicht gestorben. Allerdings muss ich eine Weile so dagelegen haben, denn als ich wieder klar wurde, liefen Ameisen über meine verbrannten Unterarme, und der rechte Fuß hing mitten im Gebirgsbach. So etwas ist mir schon häufiger passiert, es war wohl der Kreislauf. Den spektakulärsten Umkipper erlebte ich bei Verwandten im Allgäu. Mein bester Freund Gurke und ich waren zum letzten großen Abenteuer der Menschheit aufgebrochen – wir wollten Skifahren lernen. Die Methode schien jedoch etwas unorthodox. Onkel Michael stellte uns oben auf eine Piste und meinte nur: «Buam, fahrt's oafach mol runta! Do wird's euch nix bassiern!» Nun ja, Gurke ist auch nichts «bassiert», Sport-

Goofy allerdings schaffte es, sich auf dem Hügel gleich dreimal zu überschlagen. Zurück in der Herberge, zog ich den knallroten Skioverall aus und blickte geschockt auf das blutige Resultat meiner unfreiwilligen Loopings: Ich hatte mir das rechte Knie der Länge nach aufgeschlitzt und konnte bis auf den Knochen sehen. «O Gott, setz dich erst mal», riet mir Gurke. Ich setzte mich und fiel sofort in Ohnmacht. Angeblich soll ich sogar Schaum gespuckt haben. Nach einer Weile ließ sich auch Gurke nieder und verlor ebenfalls das Bewusstsein. Wann Onkel Michael unsere Leichen fand, ist nicht überliefert. Er hat aber wohl unter Schock die ganze Hütte zusammengeschrien. Als ich in Unterhosen auf dem Bett erwachte, standen zehn fremde Leute um mich herum, und irgendjemand nähte mein Knie.

Heute weckt mich John Denver. Er meint, er sei gerade auf der Landstraße in seine Heimat West Virginia unterwegs und wolle mir von den Blue Ridge Mountains und vom Shenandoah River erzählen. Auch Tony Christie meldet sich bei mir und fragt, ob dies hier der Weg nach Amarillo sei. Etwas später muss ich erfahren, dass der arme Johnny Cash in einen Ring aus Feuer gefallen ist. Wie unangenehm.

Wenn ich eins aus tiefstem Herzen hasse, dann ist es Countrymusik, doch ich kann ihr nicht entfliehen. Das Gedudel schraubt sich von der Terrasse durch die dünnen Fensterscheiben meines Zimmers direkt in mein Gehirn. Es beginnt am Morgen um Punkt neun und endet erst abends um elf. Dazwischen läuft immer die gleiche Best-of-Western-Platte in Heavy Rotation: «Country Roads,

Take Me Home», «Amarillo», «Ring of Fire» und so weiter und so fort. Die meisten Songs kann ich mittlerweile mitsingen, denn ich bin schon seit Tagen der einzige Gast im einzigen geöffneten Gasthof von Lanslebourg. «La Vieille Poste» wird von einer polnischen Familie geführt, die aus unerfindlichen Gründen eine Schwäche für Cowboyromantik hat.

Mein Zimmer versprüht den liebevollen Charme des Ostblocks. Allein die Farbkombination ist atemberaubend. Zur fliederfarbenen Tagesdecke gesellt sich ein Bettkasten in blassem Türkis. Auf der grauen Naturfasertapete sind rosafarbene Tupfer, der Teppich ist hellblau, die Badezimmertür dunkelblau, und das beigefarbene Kunststoff-WC ist ein echtes Highlight. Beim Druck auf den Spülknopf geschieht erst mal nichts. Nach zwei Sekunden aber beginnt das Klosett langsam zu vibrieren und dann leise zu gurgeln. Das Gurgeln verwandelt sich in ein ohrenbetäubendes Röhren, und mit einem Donnern, das bis nach Warschau zu hören ist, saugt die Schüssel wie eine Flugzeugtoilette schnell und restlos alles in sich auf. Zum Glück verschluckt sie für kurze Zeit auch John Denver, Johnny Cash, den «Rhinestone Cowboy» und alle anderen.

Das zweite Highlight dieses Hauses ist die polnische Kochkunst, und das meine ich ganz ernst. Weil alle Restaurants, alle Pizzabuden und alle Kebab-Läden der Stadt geschlossen sind, habe ich zum ersten Mal in meinem Leben Vollpension gebucht. Bei den Polen bedeutet das: Ich werde dreimal am Tag so lange vollgestopft, bis ich wirklich in Pension gehen könnte. Die Orgie beginnt mit einem Korb Weißbrot, einer Kanne Kaffee, einer Flasche Orangensaft und mehreren Töpfen selbstgemachter

Marmelade. Mittags folgen drei Gänge, zum Beispiel Kartoffelsalat mit Möhren, Erbsen und Gurken, Rinderbraten in Rahmsauce mit Kohlrouladen und Posener Germknödel. Am Abend gibt der Koch noch mal alles und zaubert mir vier Gänge auf den Tisch. Das Menü gestern: grüner Salat, Rote-Bete-Eintopf, Schweinekotelett mit gestampften Kartoffeln und Apfelkuchen. Dazu eingelegte Gurken, Zwiebeln, Knoblauch und natürlich jede Menge Weißbrot. Böse Zungen behaupten, die polnische Küche sei etwas schwer. Und sie haben recht. Allerdings sind Kalorien, Fett und Kohlenhydrate nach den zermürbenden vergangenen Tagen meine drei besten Freunde.

So verbringe ich die Zeit in Lanslebourg: Fressgelage, Countrymusik und jede Menge Schlaf. Nur manchmal schiebe ich meine cremefarbenen Vorhänge, die mit dunkelgrünen Tannenzweigen und braunen Zapfen bestickt sind, zur Seite. Dann kann ich direkt auf das Monster schauen, das mir den Weg nach Canossa versperrt: den Mont Cenis. Als ich ihn das erste Mal sah, blieb mir der Mund weit offen stehen. Ein Riese hat sich direkt auf der Grenze zwischen Frankreich und Italien niedergelassen. Ein gigantischer Türsteher, der mit breiten Schultern und verschränkten Armen über dem Dorf wacht und mich nicht aus den Augen lässt. Dieser Berg ruft nicht, er pöbelt: «Zisch ab, Blondie! Du kommst hier nicht rüber! Schon gar nicht mit diesen Schuhen.»

Eigentlich ist der Mont Cenis eine Bergwand. Das Massiv besteht aus Dutzenden wolkenverhangenen Gipfeln, der höchste von ihnen ragt dreitausendsechshundert Meter in den Himmel und ist trotz der Hitze immer noch schneebedeckt. «Deux milles», die zweitausend Meter, von denen der Greis auf dem Weg des kleinen Glücks sprach, beziehen sich auf den «Col du Mont Cenis», Heinrichs sagenumwobenen Alpenpass ins Land der Matronen und Patrone. Wie es das Schicksal will, beginnt der Col direkt vor meiner Nase, direkt gegenüber der «Vieille Poste». Ich kann den steilen Anstieg sogar von meinem polnischen Bett aus sehen.

Italien ist zum Greifen nah, doch ich sitze fest. Die Polen raten mir dringend davon ab, allein ins Gebirge zu ziehen. Der Mont Cenis sei zu dieser Jahreszeit unberechenbar, das Wetter könne von einer Stunde auf die andere umschlagen. Mein Wanderlehrer ist leider nicht mehr zu erreichen, weil er selbst zu einer Tour aufgebrochen ist. Zuvor gab er mir noch die Handynummer eines Bergführers, den er persönlich kenne und der, wie er schrieb, schon über mich Bescheid wisse. Er besitze auf der italienischen Seite des Massivs ein Sportgeschäft und werde mich in Kürze mit allem nötigen Equipment über die Gipfel bringen. Das muss ein Scherz sein, dachte ich mir, als ich den Namen des Guides las. Kein Mensch auf dieser Welt heißt ernsthaft «Alberto Bolognesi». Mal abgesehen von Werbefiguren.

Tatsächlich aber soll Bolognesi zu den verwegensten Kletterern des Piemont gehören. Italienische Zeitungen nennen ihn eine Legende. Es heißt, schon in den Achtzigern habe er Berge von «maximaler Schwierigkeit» bezwungen. Fotos zeigen ihn, wie er ohne Sicherung an senkrechten Felswänden hängt und müde lächelnd von den höchsten Spitzen der Alpen grüßt. Außerdem soll Alberto ein leidenschaftlicher und spektakulärer Skifahrer sein. Sein Shop «Albysport» wirbt mit dem hübschen

Slogan: «If skiing is your drug, I'm your dealer!» Dummerweise geht mein Dealer seit Tagen nicht an sein Telefon, und mir bleibt nur übrig, zu warten, Country zu hören und bis in den Abend zu schlafen. Dann lasse ich mich bekochen. Der Kellner steht in weißem Hemd und schwarzer Hose im völlig leeren Restaurant und hat schon auf mich gewartet. «Wo möchten Sie Platz nehmen, Monsieur?», fragt er, und ich setze mich an einen Tisch in der Mitte des Raums. Putensalat, Rinderbrühe mit Hackfleischklopsen, Schmoreintopf mit Weißkohl und Sauerkraut, Käsekuchen – gute Nacht.

Neun Uhr morgens. Statt Alberto Bolognesi meldet sich wieder John Denver. Er sei noch immer auf der Landstraße nach West Virginia unterwegs, wo die Blue Ridge Mountains und der Shenandoah River lägen. Ich wünsche ihm eine gute Weiterreise, sättige mich mit Weißbrot, flüchte aus dem Hotel und mache einen Verdauungsspaziergang durch Lanslebourg. Im Grunde besteht das Sechshundert-Seelen-Dorf nur aus einer Straße, der Rue du Mont Cenis. Trotzdem findet sich hier alles für den perfekten Winterurlaub: Es gibt einen Skiverleih, eine Enzian-Bar, und die Blumenkästen auf den großen Holzbalkonen der Touristenappartements sind mit Geranien bepflanzt. Außerhalb der Saison kommt das Leben in Lanslebourg allerdings völlig zum Erliegen. Wer nicht in den Ferien ist, verschanzt sich hinter Gardinen vor der unerträglichen Hitze. Es ist so schwül, dass man sich nur morgens oder spätabends vor die Tür wagen kann. Diesen Abend bin ich, wie die Tage zuvor, schon verabredet: «Haben Sie noch einen Platz frei?», frage ich den Kellner, und er grinst. Gurkensuppe, Kartoffelklöße, schlesisches Bauchfleisch mit Zwiebeln,

Honigkuchen mit Grießfüllung. Und zum Runterspülen ein Bier mit Pfirsichsirup.

Neun Uhr morgens. John Denver rüttelt mich wach. Er sagt, das Leben in West Virginia sei älter als die Bäume und jünger als die Berge. Oh Country Roads, bete ich, bringt diesen Mann doch endlich in seine geliebte Heimat. Denver textete diesen Song übrigens direkt nach einem Autounfall, und er starb bei einem Flugzeugabsturz. Will das Schicksal mir damit irgendetwas sagen? Keine Neuigkeiten von Bolognesi, Frühstück, Spaziergang durch Lanslebourg. Die Maskottchen der Stadt sind übrigens Murmeltiere, die Ratten der Alpen. Offenbar lassen sie sich gut vermarkten. Es gibt ein geschlossenes Murmeltier-Hotel, ein geschlossenes Murmeltier-Restaurant, und hinter den Schaufenstern der geschlossenen Souvenirläden liegen Murmeltier-Fingerhüte, Murmeltier-Schlüsselanhänger, Murmeltier-Geschirr, Murmeltier-Schnaps und Mini-Murmeltiere auf Skiern. Sitze ich wie Bill Murray in einer Murmeltier-Zeitschleife fest? Muss ich mich erst läutern, um weiterzukommen? «Warum stehen Sie eigentlich so sehr auf Country?», frage ich den Kellner am Abend. «Die Musik beruhigt mich», antwortet er. Tomatensalat, Pilzsuppe, Käsefondue für zwei Personen. Gute Nacht.

Neun Uhr morgens. John Denver freut sich auf die Blue Ridge Mountains und den Shenandoah River in seiner Heimat West Virginia. Ich wünsche ihm die Autobahnpolizei an den Hals, kreise wie ein Tiger in meinem Hotelzimmer und kratze an den rosa gesprenkelten Naturfasertapeten. Runter ins Restaurant, Frühstück, Spaziergang durch Lanslebourg, schlafen, Mittagessen, Murmeltier-Souvenirs gucken, schlafen. Mir bleiben jetzt exakt drei

Möglichkeiten. Erstens: Tod durch Countrymusik. Zweitens: Tod durch Völlerei. Drittens: Tod am Mont Cenis. Ich wähle den heldenhaften Bergsteiger-Abgang und beschließe, in aller Frühe ins Gebirge zu ziehen. Lieber im drei Meter hohen Schnee erfrieren als im Shenandoah River ertrinken. Blattsalat mit Räucherspeck, Sauerkrautsuppe, Schweinelendchen – und zum Nachtisch eine süße Überraschung: Telefoni Bolognesi. «Scusi, scusi», sagt Alberto, er habe «im blauen Eis» festgehangen. Meint er damit vielleicht die Blue Ridge Mountains?

5.30 Uhr, es ist ganz still. Ein weißer Schleier liegt auf den Gipfeln, und über dem Mont Cenis leuchtet ein Halbmond. Ich sitze schon beim Frühstück, als ein altes Wohnmobil über die Country Road von Lanslebourg knattert. Es hält direkt neben meinem polnischen Hotel, und ein Mann mit Pferdeschwanz, Ohrringen und Sonnenbrille steigt aus. Er winkt mir zu. Sein graubrauner Bart ist am Kinn anrasiert, genau wie bei Lemmy, dem Sänger von Motörhead. Der Mann sieht aus, als hätte er gelebt. Ist es John Denver oder ein anderer Cowboy? Nein, ein Pirat: «I am a Mountain Pirate» steht auf seiner Jacke. «Ciao, ciao, ciao, buongiorno!», ruft der alpine Seeräuber. «Jä suiii Alberto!», und setzt sich zu mir an den Tisch. Wie wunderbar. Ich spreche zwar kaum Italienisch und Alberto kaum Englisch. Aber wir beide beherrschen dasselbe französische Kauderwelsch. So können wir uns bestens verständigen.

Signore Bolognesi ist nicht hungrig. Er sagt, er habe gestern bei seiner Familie gut gegessen («J'ä mangäää trä, trä beaucoup!»), klopft sich auf den Bauch und sieht etwas ungläubig dabei zu, wie ich meine tägliche Überdosis Weißbrot, Kaffee und Orangensaft verputze. Schließlich geht es heute über den Giganten, der mir seit Monaten Kopfzerbrechen bereitet. Alberto erzählt, er komme gerade aus dem Berner Oberland und sei dort eine Woche auf den Viertausendern herumgekraxelt. Gestern Abend habe er an einem Kletterwettkampf teilgenommen, und heute Nachmittag wolle er noch auf einen Dreitausender.

«Du machst noch eine zweite Tour?»

Alberto grinst.

«Si, pour-ä-quoi-ä non? Wollen wir los? Andiamo!»

Bolognesi wirft die Lunchpakete mit Sandwiches, Äpfeln und Orangen, die uns die Polen mitgegeben haben, in sein Wohnmobil. «No, no, no», sagt er, «das schwere Zeug will ich nicht mitschleppen. Wir essen später bei meiner Mama. Und was hast du da? Eine Thermoskanne? Willst du mich damit erschlagen?» Ich solle alle nutzlosen und schweren Sachen aus meinem Rucksack nehmen und in den Camper legen. Ein Kumpel werde den Wagen später abholen und auf die andere Seite nach Italien fahren. Dann zieht Bolognesi Spitzhacken, Steigeisen, Karabiner, Helme und Seile aus der Beifahrertür und legt sie mir in die Arme. Mir wird etwas flau, und Alberto grinst. «Hey, nur ein Scherz, keine Sorge!», sagt er, schlägt mir auf die Schulter und legt alles wieder zurück. «Es wird zwar nicht ganz leicht, aber wir schaffen das auch so.»

«Ist der Mont Cenis denn wirklich so gefährlich, wie die Leute sagen?»

«O ja, si si, ich habe viel Respekt vor ihm. Im Winter fallen da oben zwanzig Meter Schnee, da hast du brutalen Wind und ständig Lawinen!»

So müssen es Heinrich IV. und seine Entourage erlebt haben, als sie im Jahrhundertwinter 1077 über das Gebirge zogen. Der Chronist schreibt, die Gipfel «starrten so von ungeheuren Schneemassen und Eis», dass sie trotz der Hilfe ihrer Führer nur «mit größter Schwierigkeit bis auf die Scheitelhöhe des Berges» vordringen konnten. Obwohl die Hitze der vergangenen Murmeltiertage den meisten Schnee am Hang hat tauen lassen, fällt auch mir der Anstieg schwer. Wir wandern über eine steile Skipiste nach oben, und schon nach wenigen Metern kullern mir dicke Tropfen von der Stirn.

«Dou-cä-ment!», ruft Bolognesi. «Willst du den Berg hochrennen? Du läufst viel zu schnell und ganz ohne Rhythmus. Hast du mal gesehen, wie die Alten gehen? Ganz langsam, ganz gleichmäßig, Schritt für Schritt, von Dorf zu Dorf. So schaffen die viele Kilometer. Außerdem gehst du völlig falsch!»

Jetzt beleidigt er mich. Ich erzähle ihm – nicht ohne Stolz –, dass ich immerhin schon fast eintausend Kilometer, von Hamburg bis Lanslebourg, zu Fuß gelaufen bin. Mal abgesehen von der großen Überquerung des Jura-Gebirges und intimen Busfahrten mit Thermoskannen.

Alberto hebt beschwichtigend die Arme: «Bene, dein Gang ist auch nicht schlecht für die Ebene. Aber wenn es nach oben geht, dann darfst du die Füße nicht abrollen. Du musst sie flach aufsetzen, so sparst du Kraft, capito?»

Und so stampfen zwei Greise, die Hände auf den Rücken gelegt, in Zeitlupe einen unbezwingbaren Berg hinauf. Es funktioniert. Nach etwa zwanzig Minuten beruhigt sich mein Puls, der Schweiß trocknet, und ich fühle mich besser. Offenbar war das meine erste Lektion in Dolce Vita. Wir machen immer mal wieder Halt, und Alberto zeigt mir Tierspuren, die mir während meiner gesamten Reise noch nicht aufgefallen sind. Steinböcke, Wildschweine, sogar Wölfe habe er am Mont Cenis schon gesehen, und zu dieser Jahreszeit kämen langsam wieder die Vipern aus ihren Löchern. «Trä dangäreux!», ruft er. «Die sind sehr, sehr gefährlich. Sei vorsichtig!» Inzwischen färben sich die Wolkenschleier in den Gipfeln golden, allmählich geht die Sonne auf.

Auch Heinrich IV. hat am Mont Cenis «ortskundige Eingeborene» gemietet, die, wie der Chronist Lampert von Hersfeld schreibt, «vor seinem Gefolge über das steile Gebirge und die Schneemassen hergehen und den Nachfolgenden die Unebenheiten des Weges glätten sollten». Mein Eingeborener ist Mitte vierzig, seine Familie stammt ursprünglich aus Venedig, lebt aber seit einigen Generationen in Novalesa, auf der italienischen Seite des Mont Cenis. Er ist verheiratet, hat einen zwölfjährigen Sohn und eine Tochter, die neun Jahre alt ist. Trotzdem kann er ohne Kick nicht existieren. Er will mit einem Kumpel alle Viertausender Europas bezwingen, war elfmal auf dem Montblanc und bestieg die 6439 Meter des Illimani in Bolivien ohne Sauerstoffgerät. «Bergsteigerehre!», meint er und erwähnt nebenbei, dass er ein guter Freund von Reinhold Messner sei.

Früher war Alberto bei den Lawinenrettern. Jedes Jahr sterben in den Alpen über hundert Menschen durch Schneewalzen. Wenn jemand verschüttet wurde, flogen er und seine Kollegen mit dem Helikopter ins Hochgebirge und gruben die toten Wanderer, Kletterer und Skifahrer aus. Nur ein einziges Mal konnte er jemanden lebend aus dem Schnee ziehen, erzählt Alberto. Ein kleines Mädchen, ihr Gesicht habe er nie vergessen. Auch er selbst sei schon einmal in eine Schneewalze geraten, habe sich aber mit einem Lawinen-Rucksack retten können. Der funktioniert wie ein Airbag: Im Ernstfall blasen sich zwei große Luftkissen auf und halten den Körper an der Oberfläche.

Die vielen Leichen verfolgten Alberto bis in seine Träume. Vom Todeskampf verkrampfte Körper, die Augen weit aufgerissen, den Mund voller Schnee, Arme und Beine gebrochen, die Schultern ausgerenkt. Irgendwann ertrug er den Anblick nicht mehr und schmiss den Job hin. Nie wieder, schwor er sich, würde er eine Leiche aus dem Eisgrab ziehen. Doch der gütige Herr im Himmel hatte anderes mit ihm vor.

Es war ein himmelblauer Samstag, perfektes Skiwetter, und Alberto sollte eine Helikoptertour mit fünf Touristen führen. Die Gruppe wollte in die Alpen fliegen und dann auf Skiern aus dem Hubschrauber springen. Eine solche Tour ist für einen Bergpiraten keine Arbeit, sondern purer Genuss. Deswegen wollte ein Freund von Alberto den Job unbedingt übernehmen, er bettelte auf Knien und ließ einfach nicht locker. Schließlich willigte Alberto ein, blieb in seinem Sportgeschäft, verkaufte Jacken und Schneeschuhe und machte prächtigen Umsatz.

Irgendwann schrillte das Telefon. Der Heli mit seinem Freund und den fünf Touristen, erfuhr Alberto, war in einen heftigen Schneesturm geraten und abgestürzt. Noch immer tobte das Unwetter, und niemand konnte an der Unglücksstelle landen. Aber Alberto wollte nicht warten. Er ließ sich in der Nähe absetzen, legte den Rest des Wegs auf Skiern zurück und entdeckte das Wrack. Zu spät. Sein Freund und vier andere waren tot. Nur einen der Touristen konnte er lebend aus dem Hubschrauber ziehen und

sauste mit ihm ins Tal. Der Mann hatte vierzig Knochen-
brüche und lag danach zwei Jahre im Krankenhaus. Aber
er überlebte.

Nun beginnt der unglaubliche Teil der Story. Weil ihn
sein Gewissen plagte, kehrte Alberto am selben Tag noch
einmal zur Absturzstelle zurück. Er schnitt Blöcke aus
dem Eis, errichtete ein Iglu und legte die fünf Leichen
hinein. Mittlerweile wütete das Unwetter aber so stark,
dass er nicht mehr ins Tal fahren konnte. Also harrte er
neben den Toten aus und hoffte, dass der Sturm nachlas-
sen und keine Lawine über die Eiskuppel brechen würde.
Im Wrack hatte er etwas Brot und eine Flasche Rotwein
gefunden. Er versuchte, ruhig zu atmen, sich bloß nicht
zu bewegen, keine Körperwärme zu verlieren und unter
keinen Umständen einzuschlafen. Sein Handy stellte er so
ein, dass es alle fünfzehn Minuten einen lauten Alarmton
abgab. Zwei Tage und zwei Nächte will er so in seinem Eis-
gefängnis ausgeharrt haben. Erst dann ließ der Schneefall
nach, und er wurde schließlich gerettet.

Wenn diese Geschichte nicht wahr sein sollte, hat sie
Alberto zumindest gut erfunden. Vor allem aber über-
brückt sie sehr viel Zeit. Denn plötzlich, ich kann es gar
nicht fassen, sind wir auch schon auf dem Plateau des
Mont Cenis. Ganz entspannt, ohne Drama und zu meiner
Überraschung ohne Eis und Schnee. Der Pass ist völlig frei
und führt an einem riesigen azurblauen Stausee vorbei,
eingerahmt von schwarz-weiß gefleckten Gipfeln, die
wie schlafende Dalmatiner am Ufer rasten. Es ist absolut
still. Man könnte meinen, wir seien direkt auf den Mond
gestiegen.

Alberto sagt, der Col du Mont Cenis, der historische

Alpenpass, über den Heinrich, die Römer und sogar Napoleon gezogen seien, liege heute unter dem See. Man sei damals möglichst mittig über das Plateau gegangen, um die Lawinengefahr zu minimieren. «Und wusstest du», fragt er mich, «dass auch Hannibal hier langgeritten ist?»

«Nein!»

«Doch!»

Na ja, tatsächlich sind sich die Historiker nicht so ganz einig, über welchen Pass der Karthager mit seiner Armee marschierte. Etwa zwanzig kommen in Frage – einer davon ist der Col du Mont Cenis. Sicher ist jedoch, dass die Hälfte des Heeres, etwa zwanzigtausend Mann, und entgegen der landläufigen Meinung auch alle Kriegselefanten dabei verloren gingen. Bis auf einen.

Signore Bolognesi und ich schaffen es auch ohne Elefanten. Wir laufen zehn Kilometer über eine gut asphaltierte Straße. Einmal düst sogar ein Lieferwagen an uns vorbei, hupt, und Alberto grüßt freundlich zurück: «Ciao, ciao, ciao!» Man kennt sich hier oben. Ich frage mich, warum ich eigentlich so viel Panik geschoben habe. Lag es am Orakel, lag es am Greis, lag es an mir, oder lag es an den Texten des Chronisten? Jeder Geschichtenerzähler übertreibt, so gut er kann, und natürlich sind viele Überlieferungen reine Propaganda. Vielleicht wollte auch Heinrich IV. seinen Gang nach Canossa so dramatisch wie möglich aussehen lassen, um dem Papst, seinen Feinden und der ganzen Welt zu zeigen: «Seht her, welche Qualen euer König auf sich genommen hat!» Aber ich habe gut lachen. Damals, und das ist durch mehrere Quellen belegt, herrschte ein gnadenloser Winter. Jetzt ist Frühling.

Unsere historische Alpenüberquerung wird immer entspannter. Mitten auf dem Hochplateau des todbringenden Mont Cenis gibt es ein kleines Biker-Café. Alberto spendiert mir einen Espresso und eine Tafel Milka-Alpenmilchschokolade. Ich muss lachen. Hier oben gibt es sogar eine pyramidenförmige Kirche und ein Hotel in den ehemaligen Baracken der Staudammarbeiter, im Sommer kann man auf dem Wasser lustig segeln gehen und windsurfen. Es ist verrückt, aber ausgerechnet heute ist wohl der angenehmste und leichteste Wandertag meiner gesamten Reise. Vielleicht, weil ich nicht allein gehe. Vielleicht auch, weil ich mit einem Italiener gehe. Klar, ich bezahle ihn. Aber seine Storys sind jeden Cent wert: «Siehst du das alte Haus da hinten? Da hat meine Nonna gewohnt, meine Großmutter. Als Kind musste ich für sie immer Marlboro-Stangen über die Grenze schmuggeln. Dafür hat sie mir Schokoriegel geschenkt.»

Hinter dem Damm biegen wir von der Straße ab, klettern über eine kleine Mauer und laufen quer über eine Wiese. Plötzlich entdecke ich ein Murmeltier, das aus seinem Erdloch lugt. Es hat sich auf die Hinterbeine gestellt, hält seine kleinen Pfoten vor die Brust und glupscht uns freundlich mümmelnd an. Dann pfeift es wie ein Adler, und auf einmal tauchen drei andere Kollegen aus dem Boden auf. Hallo, Jungs, ihr seid der Grund, warum ich vor zehn Wochen losgezogen bin. Das Leben wird erst lebenswert, wenn man Zeit hat, den Murmeltieren zuzusehen. Auch Alberto wirkt ganz beseelt, allerdings aus einem anderen Grund. «Riechst du es?», fragt er. «Das ist der Duft Italiens!»

KAPITEL 18

Mangia, mangia!

(Novalesa–Turin)

Abbremsen! Abbremsen!», lacht Alberto, während wir die Serpentinen am Südhang des Mont Cenis runterstiefeln. Das drückt auf die Knie, und die Schienbeine fühlen sich so an, als könnten sie jeden Moment brechen. Im Canossa-Winter soll dieser Abhang so vereist gewesen sein, dass Heinrich und sein Gefolge nur unter Lebensgefahr in die Ebene gelangten. «Sie krochen bald auf Händen und Füßen vorwärts», schreibt der Chronist, «bald stützten sie sich auf die Schultern ihrer Führer, manchmal auch, wenn ihr Fuß auf dem glatten Boden ausglitt, fielen sie hin und rutschten ein ganzes Stück hinunter.» Angeblich zog man die Frauen auf Rinderhäuten bergab, den Pferden band man die Beine zusammen und ließ sie «mit Hilfe gewisser Vorrichtun-

gen» den Hang hinab. Leider nützten diese «gewissen Vor-
richtungen» offenbar wenig – die meisten Tiere überlebten
den Abstieg nicht oder wurden schwer verletzt. Ach, wäre
der König doch nur zu Fuß nach Canossa gegangen! Er
musste ja unbedingt reiten.

Signore Bolognesi und ich wandern mittlerweile über
einen uralten Pfad, den, wie er sagt, die Römer gepflastert
haben. Ganz genau wisse er es zwar nicht, aber es sei ja
auch egal. Immer wieder bleibt er stehen, bückt sich und
tätschelt einen der Steine auf dem Boden. «Bene», murmelt er, «gut, dass jemand die Wege pflegt.» Die Natur
scheint hier im Piemont viel weiter zu sein als drüben in
der Haute-Savoie. Ich bin kein Botaniker, aber es sieht aus,
als hätte der liebe Gott buntes Konfetti aus dem Himmel
regnen lassen. Im hohen Gras liegen Blüten in allen Farben des Regenbogens, und am Wegesrand leuchten Rosen
und knallrote Mohnblumen. «Das ist kein Wunder», sagt
Alberto, «auf einer Seite des Mont Cenis scheint immer die
Sonne. Und rate mal, welche Seite ich meine!» Ich drehe
mich um und sehe, dass der Berg weint. An mehreren Stellen ergießen sich schmale Wasserfälle von seinen Hängen
ins Tal. Wir haben die Bestie trotz Kaffee- und Murmel-
tierpausen in rekordverdächtigen sechseinhalb Stunden
bezwungen.

Schon am Mittag erreichen wir Albertos Heimat-
dorf. «Nicht schlecht», sagt er, «gar nicht schlecht. Man
merkt, dass du schon ein paar Kilometer unterwegs bist!
Rispetto!» Novalesa ist der Ort, den ich immer vor Augen
hatte, wenn ich im Regen über die Seitenstreifen der Landstraßen marschiert bin. Es ist das kleine Bergdorf aus meinen naiven kindlichen Italienträumen. Die Gassen sind so

eng, dass sich die verzierten Balkone der Häuser fast zu berühren scheinen. Was ich in Deutschland oder Frankreich heruntergekommen nennen würde, finde ich hier auf einmal inspirierend: Ein Land verfällt in Schönheit. Ohne bröckelnden Putz und blättrige Fassaden würde mir hier etwas fehlen.

Die verwaschenen Fresken an den Wänden der Chiesa di Santo Stefano erzählen von den schrecklichen Qualen, die auf arme Sünder im Fegefeuer warten. Geflügelte Teufel erschlagen die Huren, zerhacken den Eitlen, rammen dem Gefräßigen einen Trichter in den Hals und füttern ihn mit flüssiger Glut. Es könnten Szenen aus «Der Name der Rose» sein. Tatsächlich wird Novalesa bei Umberto Eco an einer Stelle erwähnt: Der Mönch William von Baskerville, den Sean Connery in der Literaturverfilmung spielt, lobt die Abtei des Ortes aus dem 8. Jahrhundert. Dort befindet sich eine Bibliothek mit Tausenden Büchern aus dem Mittelalter.

Und es gibt noch etwas, wofür Novalesa weltberühmt ist: die «Albergo della Posta», das Hotelrestaurant der Familie Bolognesi. Alberto öffnet die Tür, und ab jetzt läuft alles wie in einem klischeetriefenden Kinofilm. Mama Bolognesi, Papa Bolognesi, Opa Bolognesi, Brüder, Kinder und Tanten Bolognesi eilen auf uns zu und machen einen Radau, als wären wir gerade nach vielen Jahren von der Front zurückgekehrt. Albertos Vater nimmt meine Hand und fährt mit der anderen durch meine goldenen Zottelhaare. «Tedesco!», ruft er. «Ein Deutscher! Bravo!» Der Eingangsbereich des Gasthofs ist Bar, Souvenir-Shop und Tante-Emma-Laden zugleich. In den Regalen hinter der Kasse lagern Batterien, Zahnbürsten, Rasiergel, Shampoos und eine Legion Zigarettenpackungen. Neben dem Sekundenkleber steht eine kleine Statue, die mir bekannt vorkommt. «Ist das etwa Padre Pio?», frage ich. «Si, si», sagt Alberto, «aber jetzt lass uns was essen gehen!»

Das Restaurant der Bolognesis ist eine lichtdurchflutete Kathedrale mit hohen Fenstern, Kronleuchtern und hölzernen Säulen, und es scheint, als würde sich das ganze Dorf in diesem Tempel laben. Alberto geht von Tisch zu Tisch und legt seine Hände in die der Gäste. Auf allen Tafeln steht eine ganze Flasche Rotwein, mindestens eine Flasche Wasser und ein Strauß Grissini, jedes Brotstäbchen ist einen halben Meter lang. Wir setzen uns an ein Fenster, Alberto schenkt Rotwein ein und flüstert der blonden Bedienung etwas zu. Sie kichert und schaut irritiert. Die beiden diskutieren eine Weile, dann verschwindet sie in die Küche und kehrt mit fünf Tellern Antipasti zurück. «Der Junge war noch nie in Italien», sagt Alberto, «dann wollen wir ihm mal zeigen, was er verpasst hat!»

Etwas ängstlich sehe ich dabei zu, wie die Kellnerin die Vorspeisen auf der weißen Tischdecke verteilt. Eine Platte mit warmen Kartoffeln, Fisch, Garnelen und Zitronen. Eine Platte Vitello Tonnato. Eine Platte warmen Schinken mit Parmesankäse. Eine Platte Ziegenkäse mit Anchovis, Tomaten und Oliven und eine Platte Parmaschinken mit Ananas. Ich muss in ein Paralleluniversum geraten sein. Was die «Vieille Poste» auf französischer Seite ist, muss die «Albergo della Posta» auf italienischer Seite sein. Doch im gleichen Maß, wie mich das polnische Essen erschlagen hat, streicheln mich die Wunder auf den Tellern der Familie Bolognesi. Jedem Biss folgt eine kleine Explosion.

Das Fleisch zerfällt auf der Zunge, der Ziegenkäse schmilzt wie Butter in der Pfanne, und selbst etwas so Banales wie warme Kartoffeln gibt mir das Gefühl, ich hätte noch nie zuvor beim Essen wirklich Lust empfunden. Erst nehme ich nur zaghaft von jeder Platte, dann umso mehr. «Mangia, mangia!», grinst Alberto. «Na los: Iss, iss!»

Ich esse und esse und esse, und dann rollt auch schon die nächste Angriffswelle auf meine Geschmacksnerven zu. Primi, der erste Hauptgang: Penne all'arrabbiata, Cannelloni, Risotto und Involtini in grüner Soße. Wieder hat Alberto das gesamte Repertoire der Küche auffahren lassen. Ich vergrabe mein Gesicht in den Händen, der Bergpirat ruft «Mangia, mangia!», und während ich auch diesen Gang restlos verputze, fällt mir eine Geschichte ein, die mir mein Stiefvater mal über sich erzählt hat.

Klaus machte seinen Eltern in jungen Jahren große Sorgen. Er war viel zu mager. Und das, obwohl ihn seine Mutter mit allen Kalorienbomben verköstigte, die ihr schwäbisches Kochbuch hergab: Spätzle mit Käse, Dampfnudeln, Zwiebelrostbraten. Der Junge wollte einfach keinen Appetit entwickeln. In ihrer unendlichen Verzweiflung griffen seine Eltern zum allerletzten Mittel. Sie setzten ihn auf die Rückbank ihres schlüpfergrünen Fiat 600 und juckelten über den Brenner nach Italien. Ihr Klausi machte große Augen, als er auf den Tischen hinter den Alpen die Spaghettiberge erblickte. Zum Dessert gab es Käse, und sogar der Salat schmeckte ihm, obwohl er nur mit Essig und Öl angemacht war. Bald wurde der Junge in Italien von Familie zu Familie durchgereicht, gemästet, und sagen wir es mal so: Bis heute hatte mein Stiefvater nie wieder das Problem, zu dünn zu sein.

Das «Mangia, mangia!»-Massaker geht in die dritte Runde, die Secondi Piatti nahen. Diesmal handelt es sich vergleichsweise um eine Kleinigkeit: Kaninchen mit frittiertem Blumenkohl und Kartoffelbrei. Als ich den Kohl aufspießen will, zerfällt er. «Come un fiore!», sagt Alberto. «Siehst du: leicht wie eine Feder!» Der Genuss endet mit einem Espresso, Amarettini und einer fabelhaften Crème Caramel. Ich muss an Renato aus Gladenbach denken. «Italien wird dich lieben!», hat er gesagt, und es ist wahr: Noch nie bin ich so schnell und herzlich aufgenommen worden wie bei den Bolognesis. Es mag ein korruptes, durchtriebenes und verfressenes Land sein, aber jetzt und hier ist es *mein* korruptes, durchtriebenes und verfressenes Land. Ach ja: Alberto hat mich gebeten, unbedingt noch einmal sein hervorragendes Sportgeschäft zu erwähnen. Es liegt in Sant'Anna, am Ortsausgang von Novalesa. If skiing is your drug, Bolognesi is your dealer.

Von nun an laufe ich nicht mehr, ich lasse mich von den Endorphinen tragen. Mein Gehirn schickt mich auf einen Trip von einer Filmszene in die nächste. Ich walzere durch «Solino», schleiche durch den «Paten» und fahre wie Russell Crowe in «Gladiator» mit meiner rechten Hand durch das hohe Gras am Straßenrand. Meine Wanderung wird zwischen Olivenbäumen, Zypressen und Lorbeer zu einer langsamen Ballade, Kirschblüten schneien durch die Frühlingsluft.

Wer auch immer vor mir an dieser Stelle über die Alpen gekommen sein mag, ob Hannibal, Cäsar oder Napoleon, er wird die gleiche, unendliche Euphorie empfunden haben. Dieses Glück, wenn sich nach vielen beschwerlichen und beklemmenden Tagen die Täler allmählich wieder öffnen und den Blick auf den Horizont freigeben. Auch Heinrich muss davon überwältigt gewesen sein. Es heißt, als er italienischen Boden betrat, «da strömten alle Bischöfe und Grafen Italiens um die Wette zu ihm, empfingen ihn, wie es sich für die königliche Würde geziemt, mit höchsten Ehren, und innerhalb weniger Tage scharte sich ein unermesslich großes Heer um ihn». Natürlich nicht ohne Hintergedanken: Sie hofften, Heinrich sei gekommen, um gegen das Chaos und das Verbrechen im Land vorzugehen. Anscheinend hat sich Italien bis heute nicht verändert.

Ein Fahrradweg bringt mich von Dorf zu Dorf, und obwohl die Strecke ab jetzt eben ist oder leicht abwärts führt, gehe ich immer noch so bedächtig wie ein alter Italiener. Warum sollte ich hetzen? Ich habe die Alpen bezwungen, was kann mich jetzt noch aufhalten? Etwa die letzten, lächerlichen dreihundert Kilometer bis Canossa? Verdammt, ich bin endlich angekommen, und die Leute reagieren so, als hätten sie schon lange auf mich gewartet. Die Alten sitzen feixend auf den Piazzen und grinsen mich zahnlos an, junge Typen im hellblauen Italia-Jogginganzug zeigen mit ihrem Siegesfinger auf mich und rufen mir über das Kopfsteinpflaster «Ey! Complimenti!» zu. Und ich sauge all diese Eindrücke in mich auf – Mangia, mangia, nicht nur mein Magen, auch meine Seele frisst sich durch dieses Land. Lieber Gott, denke ich mir, bitte lass mich niemals aus diesem wunderbaren Klischee stürzen, durch das ich gerade wandere.

Und plötzlich bin ich Sean Connery im Mönchsgewand und laufe auf das Heiligtum des Piemont zu: die eintausend Jahre alte Sacra di San Michele, ein ehemaliges Benediktinerkloster auf dem spitzen Monte Pirchiriano. Der gigantische, von hohen Schutzmauern umgebene Bau wirkt nicht nur genauso furchteinflößend wie die Abtei aus «Der Name der Rose», er soll Eco sogar zu seinem Roman inspiriert haben. Die Scalone dei Morti, eine steile, direkt in den Fels gehauene «Treppe der Toten», führt an den Gräbern der Äbte vorbei ins Innere. Jahrhundertelang war dieser Ort eine Raststätte für Pilger, die über den Col du Mont Cenis kamen und nach Rom zogen. Doch ich ahne, was passiert, wenn ich jetzt auf diesen Berg steige und das Gruselkloster betrete. Entweder werde ich unsittlich berührt, stürze mich aus unerklärlichen Gründen aus einem Turmfenster oder ende mit dem Kopf voran in einem Fass voll Schweineblut. Außerdem sehe ich, dass sich mehrere Reisebusse die Straße hinaufquälen. Nein, das ist nicht meine Party.

Ich bleibe in meinem kitschigen Romantic Movie, steige auf die nächste Anhöhe und übernachte in einem Schmetterlingsgarten. Der «Giardino Farfalle» ist das Heiligtum der Familie Crosazzo, eine weiße, rosenumrankte Villa mit Blick auf Turin, auf die Abtei und die Seen von Avigliana. Roland und seine Frau Piera haben aus ihrem geliebten Zuhause eine Bed-and-Breakfast-Unterkunft gemacht. Die beiden empfangen mich an ihrem Gartentor fast so überschwänglich wie der Bolognesi-Clan in Novalesa. Roland, ein hagerer Typ mit schwarzen Locken und Zahnlücke, ist genau mein Jahrgang, das merke ich sofort. Irgendwie haben alle Jungs, die 1978 das Licht der Welt erblickten, dieselbe lauernde Zurückhaltung, denselben Glanz in den Augen und dieselbe merkwürdige Ironie.

Piera hat wilde pinkfarbene Haare, ist klein, eher kompakt und führt das Regiment: «Er kocht, ich esse. Basta. So einfach ist das!»

Auch bei der Inneneinrichtung scheint sie federführend gewesen zu sein. Ich beziehe das Zimmer «Magnolia», einen Prinzessinnentraum. Auf dem elfenbeinfarbenen Bett, das mit Goldapplikationen versehen ist, liegen zwei rosafarbene Rüschenkissen. Die Lampen auf den Nachtischen sind zartrosa, die Rüschenvorhänge weiß-rosa, die Verzierungen auf dem dunkelgrünen Teppich graurosa. An den hellrosafarbenen Wänden hängen goldene Marienbilder und ein goldgerahmtes Ölgemälde, es zeigt die Innenstadt Turins im vermutlich 18. Jahrhundert. Der Kristallleuchter an der Decke gibt dem rosa-weiß-gold-dunkelgrünen Ensemble ein schrecklich-schönes Finish. «Molto bene!», rufe ich etwas verwundert. «Wunderbar!», und die beiden fühlen sich geehrt.

Bed and Breakfast bedeutet: Ich bekomme mein eigenes Bett und frühstücke irgendwo mit den Leuten in ihrer Wohnung. «Nutz mein Haus», sagt Roland, «geh, wohin du willst, und tu, was immer du möchtest. Lies meine Bücher, benutz meinen Computer, geh in meinen Garten, sitz auf meinem Balkon, nur bitte lass die Finger von meiner Frau. Im Esszimmer ist ein Kühlschrank mit Wasser und Cola, da findest du auch Kekse und anderen Süßkram. Wenn du jemand schreien hörst, dann ist es unsere Tochter Isabelle, die Hunger hat. Wenn du jemanden bellen hörst, dann ist es unser Hund Rex, der Hunger hat. Okay?» Völlig okay. Ich bedanke mich und erzähle den beiden von meinem großen Abenteuer zu Fuß. «Canossa!», ruft Piera, «Canossa! Wir haben einen guten Freund, der da unten geboren ist. Er sagt, Canossa sei wunderschön!» Irgendwie überrascht mich das nicht.

Dann taucht ein Problem auf: Das nächste geöffnete Restaurant ist ein paar Kilometer entfernt.

«Wir könnten Pizza für dich bestellen!», sagt Roland, und die pinkfarbene Piera boxt ihn in die Seite: «Wir bestellen doch keine Pizza! Du wirst gefälligst für den Jungen kochen!»

Mir ist das etwas unangenehm, schließlich wohne ich bei den Leuten zu Hause und nicht in einem Hotel. Ich wiegle ab, doch jetzt kann ich Roland nicht mehr bremsen.

«Ecco, was darf es sein: Agnolotti mit Salbeibutter oder Gnocchi mit Spinat?»

«Ähm, wenn es wirklich keine Umstände macht ...»

«Kein Problem! Agnolotti oder Gnocchi?»

«Dann die Agnolotti.»

«Bene. Und als Vorspeise? Grünen Salat mit Mais, Tomaten und Eiern?»

«Oh, das wäre phantastisch.»

«Und was willst du als Seconda?»

«Roland, ein Gang reicht wirklich, danke.»

«Fleisch?»

«Na ja ...»

«Kein Fleisch?»

«Doch, gerne.»

«Kein Problem, ich mache etwas», sagt er, und wenig später tischt er im Esszimmer der Crosazzos ein so feierliches Mahl auf, dass es mir fast schon peinlich ist. Agnolotti, Chefsalat und Saltimbocca, dazu frisches Brot, eine Flasche Wasser, eine Flasche Cola und einen Piccolo. «Hör auf, dich zu bedanken!», sagt Roland. «Das ist nichts!

Wenn ich gewusst hätte, dass du kommst, hätte ich dir was Ordentliches gekocht!» Das Kind schreit im Schlafzimmer, der Hund bellt auf der Empore, und ich diniere in einem Ensemble aus Familienfotos, Ölgemälden und gehäkelten Deckchen. In der Stube läuft der Fernseher, und Roland sieht immer mal wieder nach, ob es dem «Ragazzo tedesco» auch schmeckt.

Sechs Jahre ist es her, dass die beiden ihr trautes Heim in ein Bed and Breakfast umgewandelt haben. Damals feierte Turin die Olympischen Winterspiele, und Hotelzimmer waren in ganz Piemont rar. Zwei große Räume auf der oberen Ebene dienen jetzt als Fremdenzimmer mit separatem Bad, und unten gibt es noch ein weiteres Gäste-Appartement. Über den Winter habe dort ein Mädchen aus Neapel gewohnt, erzählt Roland, das immer auf neunundzwanzig Grad geheizt habe, damit sie es so warm hatte wie in Süditalien. «Ich konnte also die komplette Miete an den Heizungsanbieter weitergeben. Ist das zu glauben?»

Wer weiß, vielleicht ist Italien pleite, weil es so unglaublich großzügig ist. Wie gastfreundlich ist eigentlich meine Heimat? Ich habe einmal eine Russin kennengelernt, die von Deutschland schockiert war. «Da wirst du nach Hause eingeladen, und was packen die auf den Tisch? Salzstangen und Erdnüsse. In meiner Kultur ist so etwas eine Beleidigung», meinte sie, «und gibt es eigentlich irgendein anderes Land auf dieser Welt, das die festlichste Mahlzeit des Tages Abendbrot nennt?» Ich beende den Tag mit einem Grappa aus der Hausbar, am nächsten Morgen frühstücke ich opulent, und für das gesamte Vergnügen verlangt Roland siebenunddreißig Euro. Ich muss ihn dazu zwingen, Trinkgeld anzunehmen, im Gegenzug möchte er mich unbedingt nach Turin fahren. Aber das ist nun wirklich zu viel des Guten. «Seid ihr eigentlich bei Facebook?», frage ich ihn. «Nein, wieso? Unser Haus ist Facebook!»

Vielleicht hätte ich sein Angebot annehmen sollen, denn natürlich verirre ich mich im Irrgarten der Metropole. Irgendwie gerate ich sogar auf eine Schnellstraße und muss über eine Mauer in ein Waldstück flüchten. In Rivoli, zwölf Kilometer vor Turin, sieht es aus wie in Beirut nach einem Bombenangriff. Der Wochenmarkt bricht gerade seine Zelte ab, und über den Platz verteilt liegen Berge aus Obstkisten, Pappkartons und Müllbeuteln. Entnervt will ich den Bus nehmen, doch die Schüler an der Haltestelle lachen über mich. Warum? Weil ich so aussehe, wie ich aussehe. Mit meinem Landstreicher-Look passe ich prima in die Berge, aber überhaupt nicht mehr in die Großstadt.

Es ist ein seltsames Gefühl, plötzlich über weißen Marmor zu laufen. Turin erinnert mich an Paris, Wien oder St. Petersburg. Wohin ich auch schaue, in jeder Himmelrichtung steht entweder eine Statue, eine Kirche oder ein Palast. Ich blicke auf die Touristenkarte, die ich in meinem Hotel bekommen habe: Palazzo, Palazzo, Palazzo, Palazzo, Palazzo. Die ganze Stadt ist ein Museum, und vor lauter Ehrfurcht weiß ich gar nicht, was ich mir als Erstes anschauen soll. Das Turiner Grabtuch ist eine Enttäuschung. Alles, was ich zu sehen bekomme, ist der Kasten, in dem der weltberühmte Jesuslappen aufbewahrt wird. Ich darf ihn nicht mal fotografieren.

Viel spannender finde ich es, Leute zu studieren, das könnte ich den ganzen Tag machen. Die Modepüppchen, die Möchtegerns, die Fotografen, die Schulklassen und

ihre überforderten Lehrer. Die reiferen Frauen mit erstarr-
ten Gesichtszügen, überlackiert wie Kirchenfiguren. Die
Alten, deren Gesichter so erhaben sind wie die Stadt selbst.
Die Afrikaner, die an der Ecke Sonnenbrillen und Handy-
taschen verkaufen. Den Bettler, der vor dem Bahnhof
Porta Nuova sitzt und seine Hosenbeine bis zu den Knien
hochgezogen hat, damit man seine schorfbedeckten
Unterschenkel sieht. Die blondierten Frauen mit getunter
Oberweite und den viel zu engen Motorradjäckchen, die
für den Giro d'Italia werben. Die Konsumkids mit ihrer
Mario-Gomez-Frisur, dem «Olaseku»: oben lang, Seiten
kurz. Die kleinen und die großen Machos mit gezupften
Augenbrauen, Tattoos auf den Oberarmen und Handys am
Ohr. Die Kojak-Italiener mit Glatze, dickem Hintern und
breitem Kreuz. Jede ihrer Gesten ist ein Feuerwerk, ihre
Theatralik ein Ereignis. Wie sie ihre Zigaretten im Mundwinkel balancieren, wie sie im Gespräch betend die Hände
falten, wie sie ihre Tropfensonnenbrillen tragen: die
getönten Gläser unter dem Kinn, die Träger an den Schlä-
fen. Mangia, mangia, wann sehe ich mich endlich satt?

KAPITEL 19

Tod im Reisfeld

(Vercelli, Mortara, Garlasco)

Willkommen zurück in der sogenannten Zivilisation. Die Nacht in Turin hat mich in einen Zombie verwandelt. Mein Körper wandert noch, aber mein Hirn ist nur noch Matsch. Zweimal rissen mich Besoffene aus dem Schlaf, die unten auf der Straße grölten. Um 6.45 Uhr kam die Müllabfuhr, um 7.15 Uhr kam sie noch einmal, und um 8.00 Uhr begann im Gebäude gegenüber eine Kreissäge zu schreien. Verdammte Kreissägen. Dieses unerträgliche Geräusch begleitet mich seit Jahren. Wo immer ich wohne, wo immer ich arbeite und wohin auch immer es mich zieht – ich kann sicher sein, dass sich bald im Umkreis von fünfhundert Metern ein rotierendes Stück Stahl durch die Stille schneidet. Wann kommt endlich der Tag, an dem jeder Balken, jede Kachel und jedes Blech in meiner Umgebung zurechtgesägt ist?

Meine italienische Insomnia setzt sich in den nächsten Tagen fort. Mal wecken mich Betrunkene, die über den Gang poltern, mal sind es die Niagarafälle der Klospülung im Nachbarzimmer, mal ist es auch der Klassiker: eine Vespa mit aufgebohrtem Vergaser, die direkt durch meinen Kopf braust. Vespa-Fahrer müssen Sadisten sein. Und auch in dieser Nacht schlafe ich unruhig, obwohl ich in einen Palast gezogen bin. Der «Piemont-Palace» ist ein wenig königlicher Betonkasten im Süden von Vercelli, eingerahmt von einem Krankenhaus und dem Autobahnzubringer. Erst lasse ich mir vom FC Bayern und von seinem «Fiasko dahoam» den Abend verderben, dann rüttelt mich das Gegacker von Disco-Mädchen wach. Vielleicht bin ich überreist. Manchmal weiß ich gar nicht mehr, wo ich bin, wer ich bin und was ich eigentlich hier will.

Was Heinrich IV. in Vercelli wollte, kann ich auch nicht sagen. Es gibt hier eine nette Piazza und den Torre dell'Angelo, einen hübschen Turm aus dem 14. Jahrhundert. Ansonsten versprüht die kleine Stadt mit ihren Hochhäusern und Superstores den Charme Hannovers. Sie ist bekannt für ihr Frauengefängnis und den gefürchteten Mittelstürmer Silvio Piola, der in den dreißiger Jahren den Fallrückzieher erfunden haben soll. Aber noch etwas anderes hat das Niemandsland zwischen Turin und Mailand berühmt gemacht.

Es ist leider wieder so ein Morgen, an dem ich mich müde, ausgelaugt und genervt fühle. Erstaunlich, wie schnell mich meine Endorphine fallen lassen. Ich würde mich am liebsten verstecken, doch irgendwie scheine ich der Mittelpunkt des Universums zu sein. Man hupt mich an, man zeigt auf mich, und man zieht auf wundersame Weise immer dann die Rollläden hoch, wenn ich unten am Haus vorbeikomme. Außerhalb der Stadt wird es nicht besser. Gleich aus dem ersten Bauernhof stürmen drei Dackel auf mich zu, nehmen Verfolgung auf und kläffen mir lange nach. Erst als ich umdrehe und den Biestern mit meinen Wanderstöcken drohe, ist Ruhe im Karton. Immerhin werden die Hunde auf meiner Reise langsam kleiner.

Ich laufe viele Kilometer durch eine Landschaft, wie ich sie eigentlich nur aus Asien kenne. Bis zum Horizont besteht die Welt nur noch aus Millionen und Milliarden kleiner grüner Stängel, die aus dem überfluteten Boden ragen. Blick nach links: Reisfelder. Blick nach rechts: Reisfelder. Oben kreisen die Reiher, und unten laufe ich, der letzte Samurai. Das beruhigt. Es ist schon verblüffend: Ich war immer der Meinung, unser Reis käme ausschließlich aus China, Indien oder Japan. Doch hier in der Po-Ebene werden jedes Jahr angeblich sechs Millionen Zentner geerntet. Vercelli gilt als «Reishauptstadt Europas», ein Drittel der europäischen Produktion kommt aus dieser Gegend, und ich ahne schon, dass es mit dem Klima zu tun haben muss.

Es herrscht eine seltsame Stimmung. Die Luft ist schwer und drückend, die dunklen und hellen Flecken am Himmel ergeben ein merkwürdiges, apokalyptisches Misch-licht. Es ist wie an einem schwülen Sommerabend, schön und sentimental zugleich. Natürlich dauert es nicht lang, bis die ersten Tropfen fallen. Aus den Tropfen wird ein Bach, aus dem Bach ein Fluss, und bald sieht es so aus, als würde sich ein ganzes Meer aus dem Himmel auf die Felder ergießen. Eigentlich hatte ich gehofft, dass ich meine Regenkleidung in Italien nicht mehr brauchen würde. Ich wollte sie schon nach Hause schicken. Doch jetzt flüchte ich mich unter einen Baum, ziehe das Cape über meinen Rucksack und schütze mich mit Gummihose und Windbreaker vor der Nässe. So wie am Rhein oder in Besançon oder im wilden Norddeutschland.

Der Regen will nicht enden, er kommt von allen Seiten. Ich schließe meine Kapuze so weit, dass ich wie ein Ninja nur noch durch einen engen Schlitz blicke. In den Schleusen der Reisfelder gurgelt und gluckert es, und in den Kanälen staut sich das brackige Nass immer höher. Stundenlang treibe ich durch diese unwirkliche Wasserwelt, die Wolken werden immer düsterer, und es wirkt, als wolle der Tag schon jetzt wieder Nacht werden und mich verschlucken. Plötzlich endet der Feldweg an einem Fluss, und es geht nicht mehr weiter. Auf meiner Karte ist eine Brücke verzeichnet, doch ich kann sie einfach nicht finden, also muss ich umkehren, Kilometer zurückmarschieren und die Hauptstraße nehmen.

Auf dem Weg dorthin durchquere ich ein Dorf. Eine Bäuerin lugt aus ihrer Tür und schließt sie wieder, ich grüße einen Mann, und er guckt mich an, als sei ich der erste Mensch, der ihm begegnet. Bald hüllt dichter Nebel die Gegend ein, und zum ersten Mal auf meiner Reise stiefle ich mit Warnweste und Signallicht über eine Landstraße. Die höchste Eskalationsstufe, die meine Ausrüstung zu bieten hat. Jeder Reifen, der durch die Pfützen schießt, fährt wie eine Schwertklinge durch mein Gehör, Wasser spritzt hoch, Fernlicht schlägt mir ins Gesicht.

Trotz des Regens überholen sich die Wagen unentwegt. Manchmal wird es knapp, dann teilen sich für eine kurze Sekunde drei Autos die Fahrbahn. Wenn jemand jetzt einen Fehler macht, denke ich, dann endet die Reise hier für mich.

Ich strecke den Daumen raus und versuche, eines der Fahrzeuge zu stoppen, doch sie rauschen alle an mir vorbei. So wie ich aussehe, würde ich mich auch nicht mitnehmen. Ich hätte Angst vor mir. Alles ist wie zu Beginn meiner Wanderung. Dasselbe Flachland, dieselbe Skepsis, dieselbe Qual. Ich bin also vor drei Monaten losgezogen, um wieder dort zu landen, wo ich hergekommen bin. Die Trecker, die tiefergelegten Proll-Karren, auch der Müll kehrt zurück. Im Straßengraben liegen Windeln und Red-Bull-Dosen, man raucht am Steuer «Diana» und besäuft sich mit Weißwein. Früher habe ich im Regen an Italien gedacht, jetzt denke ich an zu Hause. Ich weiß nicht mehr, wofür ich mir das hier antue. Was will ich mir noch beweisen? Muss ich noch nach Canossa gehen? Liegt mein Canossa nicht genau hier?

Schlimmer kann es nicht mehr kommen, denke ich, und es kommt schlimmer. Meine Sohlen sind nicht mehr dicht, in den Schuhen mischen sich jetzt Wasser, Schweiß und Blut. Es fühlt sich an, als würde ich durch Risotto laufen. Und offenbar bekomme ich erste Halluzinationen. In einer Kurve mitten auf der Straße sitzt eine junge Frau mit Schirm auf einem weißen Klappstuhl und tippt auf ihrem Handy herum. Wurde sie ausgesetzt? Wird sie abgeholt? Hat sie den Stuhl geklaut? Sitzt sie wirklich da? Sie nimmt keine Notiz von mir, ich schiebe mich weiter an den Leitplanken entlang und bete, dass dieser Weg der Erniedrigungen irgendwann irgendwie irgendwo endet.

Erst nach wahnwitzigen vierzig Kilometern werde ich erlöst. Zittrig und ohne jede Illusion erreiche ich meine Unterkunft in Mortara. Was für eine Ironie: Mortara, das klingt wie Mordor aus «Herr der Ringe» – nach Schmerzen, Tod und Verderben. Mein Gott, Italien, was ist nur aus dir geworden? Doch es gibt Hoffnung. Ich habe ein Zimmer in der Villa Sant'Espedito gebucht. Ein Gasthof, der im Internet sehr offensiv mit den Werten Respekt, Tradition und Nächstenliebe wirbt. Sant'Espedito, der heilige Expedit, ist nicht nur Namensgeber eines berühmten Ikea-Regals. Der Legende nach war er ein römischer Feldherr, der im Angesicht einer drohenden Niederlage zum Christentum konvertieren wollte. Da erschien ihm der Teufel in Gestalt einer Krähe und krächzte: «Krah, krah, morgen, morgen! Werde morgen Christ!» Der Römer zögerte nicht lang, zertrat den Vogel und rief: «Ich werde heute Christ sein. Heute!» Und so gilt Expedit als Schutzpatron in dringenden und verzweifelten Fällen. Er hilft all jenen, die es eilig haben. Den Kaufleuten, den Arbeitssuchenden, auch den Reisenden.

Mit ihren Tonziegeln und den ockergelben Wänden wirkt die Villa Sant'Espedito wie ein friedliches Anwesen in der Toskana. Der Kies knirscht in der Einfahrt, im Garten stehen große Amphoren aus Terrakotta. Doch von Entspannung keine Spur: Aus dem Saal wummert Discomusik, draußen unter dem Vordach diskutieren verschwitzte, festlich gekleidete Männer, und drinnen im Flur tobt eine Horde Bambini.

Die genervte Frau am Empfang erzählt mir, dass sie

Kopfschmerzen habe und sich am liebsten erschießen würde. «Matrimonio, eine Hochzeit! Schon wieder eine Hochzeit!», stöhnt sie. «Kommen Sie, wir hauen ab!» Sie galoppiert durch den Park in ein Nebengebäude und deutet im Laufen läppisch nach rechts: «Da, die Braut!» Und tatsächlich kauern dort die bedröppelten Vermählten Arm in Arm unter einem Regenschirm und lassen sich am schönsten Tag ihres Lebens fotografieren. Mein Zimmer ist ein spartanischer, gekachelter Raum mit Bad, Kleiderschrank und Fernseher. Die genervte Frau schließt mir auf und lässt sich sofort auf mein Bett fallen. Komisch, macht man das so in Italien?

«Was heißt ‹I'm totally fucked up› in Ihrer Sprache?», fragt sie.

«Vielleicht: Ich bin im Arsch?»

«Bene, ibinimasch! Und was haben Sie verbrochen? Sind Sie ein Pilger?»

Etwas verunsichert versuche ich, katholische Stimmung zu verbreiten, und behaupte, ich sei auf der Via Francigena unterwegs. Das ist ein uralter Pilgerpfad zur Grabstätte der Apostel Petrus und Paulus, er führt auf allen möglichen Wegen quer durch Italien bis nach Rom. «Oh Gott», ruft sie, «Sie sind bekloppt!», und ich zähle in Gedanken, wie oft ich diesen Satz in den letzten Wochen gehört habe. Die genervte Frau verabschiedet sich mit einem inbrünstigen «Ibinimasch», und mir geht es nicht besser als ihr. Wie menschliche Füße nach einer solchen Tortur aussehen, möchte ich aus ästhetischen und persönlichen Gründen nicht beschreiben. Nur so viel sei gesagt: Ich erkenne die Dinger nicht wieder. Es macht den Anschein, als würden sie verfaulen.

Buongiorno tristezza. Wie ein Greis quäle ich mich am nächsten Morgen aus dem Bett. In der Nacht tobten Blitz und Donner, und noch immer regnet es Sturzbäche. Glücklicherweise hat die genervte Frau ein großes Herz und fährt mich in sagenhaften zehn Minuten zu meinem nächsten Tagesziel. «Ciao, ciao, ibinimasch!», verabschiedet sie sich und sagt noch, dass sie den Rest des Tages schlafen werde.

Schon wieder besuche ich eine Stadt mit einem archaischen Namen: Garlasco. Der Ort ist vor fünf Jahren durch einen mysteriösen Mord berühmt geworden, der in Italien ähnlich viel Aufsehen erregte wie der Prozess um den «Engel mit den Eisaugen» Amanda Knox. Mit einer Schneiderschere hatte der Student Alberto Stasi seine Verlobte Chiara Poggi im Streit erstochen. Vergeblich versuchte er, die Tat zu vertuschen, doch die Carabinieri entdeckten Blut an den Pedalen seines Fahrrads, und der Täter war überführt. Das dachte man zumindest. Zwei Jahre später wurde der Prozess völlig überraschend neu aufgerollt, Aussagen und Indizien neu bewertet, und plötzlich war Stasi wieder ein freier Mann. Angeblich hatte man am Tatort die Spuren eines fremden Killers gefunden. Wer weiß, vielleicht hat der Stasi-Clan einfach nur gut gezahlt?

Garlasco ist mir unheimlich. Noch immer verdecken düstere Wolken den Himmel, und die Lichter der Autos spiegeln sich auf dem nassen Asphalt. Vor dem Holztor der Chiesa Santa Maria Assunta stehen alte Männer in dunkelblauen Mänteln. Sie haben ihre Hände vor dem Bauch gefaltet und nicken mir zu, als ich an ihnen vorbeilaufe. Dann merke ich, dass sie nicht mich meinen, sondern den silbernen Leichenwagen, der gerade neben mir hält. Sie öffnen die blumengeschmückte Heckklappe, holen einen dunklen Eichensarg aus dem Auto und wuchten ihn über drei Stufen ins Innere der Kirche. Der Priester steigt gehetzt aus dem Wagen und eilt durch den Regen. Vor der Kirche stoppt ein Polizist den Verkehr, damit ein paar Trauernde, die ihre Gesichter unter Schirmen verbergen, die Straße überqueren können. Ich denke nicht lange nach und folge ihnen. Eine Totenmesse passt gut zu meiner Stimmung.

Nun steht der Sarg vor dem Altar, auf dem sechs hohe schneeweiße Kerzen brennen. Die wenigen Angehörigen haben auf den Holzbänken Platz genommen, ich drücke mich an eine stuckverzierte Marmorsäule und falle in meiner schwarzen Regenkleidung nicht auf. Es scheinen nur vier nahe Verwandte gekommen zu sein. Zwei junge Männer und ein Ehepaar mittleren Alters, sie sitzen ganz vorn. Von allen Seiten blickt die heilige Mutter Gottes mit gütiger Miene auf uns hinab. Ein mächtiges Kruzifix erinnert uns daran, woran wir glauben sollen.

Irgendwie will der Priester so gar nicht in seine Rolle passen. Mit seiner gewaltigen Statur und dem Dreitagebart könnte er Türsteher, Schläger oder Metzger sein. Obwohl nur ein Dutzend Trauernde in der Kapelle sind, spricht er in ein Mikrophon. So ist seine Predigt gut zu hören, sein ständiges Husten allerdings auch. Routiniert bis teilnahmslos rattert er durch seine Gebete – im Namen des Herrn, des Sohnes und des Heiliges Geistes, amen. Jetzt klettert er erstaunlich leichtfüßig auf den Altar, öffnet ihn mit einem Schlüsselchen und holt einen silbernen Kelch heraus. Er bricht eine Hostie, spült sie mit Messwein herunter, hustet, wischt sich den Mund ab und hustet noch einmal. Dann knien sich die Trauernden vor ihm auf den kalten Stein, öffnen ihre Münder, und der Priester legt ihnen Oblaten auf die Zunge. Ein Mädchen im beigefarbenen Trenchcoat, das auf einer der hinteren Bänke sitzt, schnäuzt sich die Nase. Zum Abschluss gibt man sich die Hand. «Pace», sagt der Priester, «pace», spritzt Weihwasser auf die Totenkiste, und die Träger walten wieder ihres Amtes. Amen.

Eigentlich erwarte ich jetzt große Gefühle, schließlich sind wir in Italien. Doch niemand klagt, niemand schluchzt, niemand bricht in Tränen aus, und auch mich hat die Trauerfeier nicht gerade bewegt. Die Angehörigen steigen in einen dunkelgrünen Kombi und folgen dem Leichenwagen zum Friedhof, der Rest der Leute geht seiner Wege. Die Sargträger wirken gelöst und wischen sich zufrieden die Hände ab. Nur eine alte Frau bleibt schimpfend vor der Kirche stehen. Ihr knochiger linker Arm hält einen fliederfarbenen Regenschirm, der rechte wirbelt wild gestikulierend durch die Luft. Argwöhnisch studiert das Mütterchen die Todesanzeigen, die überall in der Stadt ausgehängt sind. Dort sieht man auch ein Foto des Verstorbenen. «Carlo» verschied im gesegneten Alter von dreiundneunzig Jahren. Er ähnelt Gargamel und blickt mit eisiger Miene in die Kamera. Die Dame regt sich furchtbar auf, flucht und nennt den alten Carlo, wohlwollend übersetzt, ein «Miststück». Der Rest ihrer Tiraden ist kaum zu verstehen, und ich versuche ihr zu erklären, dass ich Deutscher, noch dazu blond und daher schwer von Begriff bin. Nun keift sie noch lauter, gerät in Rage und wiederholt ihre bösen Worte so oft, bis mir klar wird, was sie mir sagen will: Carlo sei das kälteste, hinterhältigste und arroganteste Wesen auf diesem Planeten gewesen. Ich sehe noch einmal auf die Anzeige und begreife, warum niemand in Garlasco trauert: Wir haben einen Anwalt beerdigt.

KAPITEL 20

Gang nach Cabanossi

(Canossa)

Manchmal kann ein Schmetterling einen Taifun auslösen, in Parma hat eine Grille eine Revolution heraufbeschworen. «Der Hofnarr wird König!» titeln die Zeitungen. Mit märchenhaften sechzig Prozent hat der Stand-up-Comedian Beppe Grillo die Bürgermeisterwahl der Stadt gewonnen. Ein zorniges Rumpelstilzchen mit Vollbart und wilden grauen Locken, das seit Jahren mit dem satirischen Breitschwert auf das politische Establishment einschlägt. Zum Beispiel so: «Italien appelliert an die deutschen Brüder! Ihr seid unsere letzte Hoffnung. Schon jetzt schicken wir euch jeden Tag den Müll aus Kampanien – bitte nehmt uns auch die Politiker ab!» Manche vergleichen ihn mit Michael Moore, für mich ist er eher eine Kreuzung aus Jürgen von der Lippe, Fips Asmussen und Wolfgang Kubicki. Wie dem auch sei, der graue Giftzwerg hat große Ambitionen. Wer sind schon die Piraten? Grillos Spaßpartei soll landesweit bereits bei fünfzehn Prozent liegen. Und das trotz seiner etwas gewagten Nazi-Vergleiche: «Wir haben Stalingrad genommen», verkündet die Grille, «jetzt ziehen wir nach Berlin!»

Vielleicht ist es nur Zufall, aber ich habe auf meiner Wanderung schon einige Regime fallen sehen. Aus Wulff wurde Gauck, aus Sarkozy wurde Hollande, und bevor die Grille Italien erobert, sollte ich vielleicht besser das Land verlassen. Es wird Zeit. Meine Wanderlust ist auf der Straße nach Mortara gestorben, und sagen wir es mal so: Auf den letzten Etappen war mir das Schlemmen wichtiger als das Schlendern. Auch wenn sich vieles auf meiner Reise relativiert hat, eine weise Erkenntnis aus der Wildnis zwischen Buxtehude und Zeven behielt bis zum Ende ihre Gültigkeit – Essen ist der Sex des Wanderers, und ich bin der italienischen Küche hoffnungslos verfallen. Wer braucht noch Bücher? Stundenlang könnte ich in den Speisekarten blättern: Caprese, Crostini, Tramezzini. Papardelle, Fettucini, Orecchiette. Saltimbocca, Scalloppine, Salsiccia. Panna cotta, Zabaione, Pignolata. All diese poetischen Speisen sättigen nicht nur, sie machen absolut selig. Das italienische Essen führt dich zurück in deine Kindheit. Es badet dich, es cremt dich ein, es wickelt, es stopft, es nimmt dich in den Arm und schmust mit dir. Zum Abschluss küsst dich das Dolce auf den Bauchnabel, hüllt dich in eine warme Decke und wiegt dich sanft in den Schlaf. Was bleibt, ist pures Glück. Und fehlt auch nur ein einziger Gang, so ist es nicht vollkommen.

Meinen letzten Abend verbringe ich im «Ristorante di Canossa» in Reggio, zwanzig Kilometer vor dem Ziel. Von außen machte das Restaurant, freundlich gesagt, einen unscheinbaren Eindruck. Es war stockfinster. Erst dachte ich, es wäre geschlossen. Auch das Innere des Etablissements ist schlicht. Keine Kronleuchter, keine Ölgemälde, keine einsame Kerze auf dem Tisch. Auch kein Herz? Oh doch. Das Besondere in diesem Haus sind die Gastgeber. Es ist wunderbar, zu sehen, mit welcher Hingabe sie ihre Besucher verwöhnen. Sie schäkern, sie scherzen, sie flirten, sie bieten den Leuten das Beste, was sie haben, und das scheint sie selbst glücklich zu machen. Oder sie sind einfach verdammt gute Schauspieler. Wie auch immer: Endlich, endlich bekomme ich meine langersehnten Tortellini, die Spezialität der Region Emilia-Romagna.

Der Anblick meiner «Tortelli», wie sie hier heißen, ist allerdings eine schwere Enttäuschung. Sie erinnern mich an die Dosenravioli aus meiner Studentenzeit. Vor mir liegen zwölf labbrige quadratische Teigtaschen, nicht etwa liebevoll arrangiert, sondern einfach auf den Teller geklatscht. Die Tortelli baden nicht in zerlassener Butter, von Soße keine Spur, da ist nur etwas Parmesan. Der Koch vertraut offenbar einzig und allein der Harmonie aus Nudelteig, Ricotta, Spinat und etwas Salz. Dafür bin ich also zu Fuß von Hamburg nach Italien gedackelt? Während ich den ersten Bissen nehme, fixiert mich eine Frau, die mit ihrer Familie am Nebentisch sitzt. Ich beginne zu kauen, und nun senkt sie ihre Lider und schenkt mir ein Lächeln. Vermutlich stellt sie sich vor, wie himmlisch diese Tortelli wohl schmecken mögen. Bald lächele ich zurück. In dieser Sekunde empfinden wir dasselbe Vergnügen, dieselbe Lust, wir sterben denselben kleinen, sinnlichen Tod. Nein, man sollte keine Teigtasche dieser Welt nur nach ihrem Äußeren beurteilen.

Jetzt schiebt der Chef des Hauses den Carello von Tisch zu Tisch, einen dampfenden Servierwagen mit Pasteten, Roastbeef, Prosciutto, Kalbsbrust, Lamm und einigen weiteren Dingen, die ich nicht zuordnen kann. Auch diese Secondi Piatti genieße ich nicht allein. Es fühlt sich an, als säße ich mit allen anderen an einem großen, festlich gedeckten Tisch. Wie ein kleines Orchester spielen wir gemeinsam eine Symphonie: die Gäste, die Kellner und die Sinne. Der eine isst, der zweite seufzt, der dritte nickt. «Spettacolo!», ruft die Frau am Nebentisch, und schöner könnte man unsere Gefühle nicht ausdrücken. Silberne Löffelchen klingeln in den Espressotassen, und die Schlussakkorde tanzen Kakao-Moleküle im besten Tiramisu meines Lebens. Italiener essen nicht, sie leben.

In dieser Nacht schlafe ich wie ein Murmeltier. Bald schiebt sich die Sonne in den Himmel, und ein wohlgenährter blonder Büßer tritt in Wollsocken, hochgeschlossenen Wanderschuhen und Regenjacke den Gang nach Canossa an. Irgendwie sind sich die italienischen Wetterfrösche nicht grün: Manche sagen Regen voraus, andere behaupten, es werde ein trockener, heißer Tag. Sicher ist, dass der Weg nicht mehr nach Süden führt, sondern nach Westen in die Apenninen, knackige vierhundert Meter aufwärts.

Wie mag sich Heinrich IV. auf diesen letzten Kilometern wohl gefühlt haben? Wehmütig? Glücklich? Ängstlich? Oder war ihm einfach nur schweinekalt? Der König hatte ein gewaltiges Heer im Schlepptau, einen Sack voller Waffen und den Bauch voller Wut. Wie oft hatte er den Papst verflucht? Wie oft dachte er darüber nach, ihn einfach abzumurksen, seinen Kopf mit den Haaren an einen Baum zu nageln und die Burg Canossa in Schutt und Asche zu legen? Ich bin etwas kurzatmig, mein Kopf braust, der Magen rumort. Vielleicht liegt es an der Flasche Rotwein im Ristorante di Canossa – eine halbe hätte auch gereicht, aber halb besoffen ist rausgeschmissenes Geld. Oder liegt es doch an meiner Aufregung? Ich habe nicht die geringste Ahnung, was oder wer mich heute erwartet. Ich weiß nur, dass es ganz sicher nicht der Papst sein wird. Das beruhigt mich.

Es ist Pfingstsonntag, ein würdiges Datum für mein großes Finale. Normalerweise campe ich an diesem Wochenende mit meinem Vater, seiner Großfamilie und meinem besten Freund Gurke auf einem kleinen Zeltplatz in Leeden, fünfzehn Kilometer vor Osnabrück. Und genau an diesem wunderbaren Ort umarmte ich einst einen Cola-Automaten und machte ihm einen herzzerreißenden, schwer alkoholisierten Heiratsantrag: «Lieber Cola-Automat», lallte ich, «du bist der Einzige, der mich wirklich liebt. Immer wenn ich durstig bin, gibst du mir etwas zu trinken. Willst du meine Frau werden?» Der Automat hätte wenigstens nein sagen können, doch um ehrlich zu sein, hat er nie geantwortet. Stattdessen verschwand er vor ein paar Jahren spurlos. Wahrscheinlich ist er mit der gelben Telefonzelle durchgebrannt, die neben ihm stand.

Mein bedenklicher Hang zum Alkoholismus ist eine der Sünden, die ich heute nach Canossa tragen werde. Neben denen meines Urgroßvaters Heinrich und denen meines Groß-Groß-Groß-Schwipp-Schwapp-Schwupp-Cousins elften Grades, Christian Wulff. Einer in der Familie muss ja mal Verantwortung übernehmen.

Italien ist noch nicht erwacht. Die grüne Kindereisenbahn im Stadtpark von Reggio steht still, die Fensterläden sind geschlossen, nicht mal die Italienfahnen an den Fassaden der verwaisten Einkaufsstraßen bewegen sich. Ein betrunkenes Party-Mädchen mit zerzausten Haaren und verlaufenem Make-up wankt mir auf der Piazza della Vittoria entgegen, grinst obszön und wackelt weiter. Ein Greis mit Schiebermütze und weit offenstehendem Mund sitzt auf einem Streukasten, den Oberkörper auf seinen Gehstock gestützt, und sieht mir nach. «Attenti al cane!», steht an einem Gartenzaun, doch der graue Hund mit den angefressenen Ohren bleibt regungslos und stumm in der Einfahrt stehen. Kirchen, Marienbilder, Friedhöfe, Hochhäuser, der Autobahnzubringer, die Stadt franst allmählich aus, und ich stiefle durch den Abspann meines großen Abenteuers. Schlaglichter. Alles fliegt wie im Traum an mir vorbei, flackert auf und verglüht.

Der Kraftwürfel ist zurück auf dem Wander-Highway. Kein Gehweg, kein Seitenstreifen, keine Leitplanke, hinter der ich mich verstecken könnte. Es ist absoluter Wahnsinn, hier zu Fuß zu gehen, aber ich habe mich an diesen Wahnsinn längst gewöhnt. Und irgendetwas sagt mir: Heute wirst du nicht überfahren. Nicht heute.

In den Dornbüschen neben der Landstraße hängt ein moosbewachsenes Schild, darauf ist eine Art Playmobil-Figur im mittelalterlichen Damengewand zu sehen: «Le Terre di Matilde di Canossa». Manche verehren diese Matilde wie eine Göttin, weil sie sich wie Wonder Woman durch die Macho-Society des Mittelalters geschlagen haben soll. Zu besonders mutigen Mädchen sagt man hier: «Bravo, du bist stark wie eine Matilde!» Die adlige Dame konnte angeblich genauso gut mit dem Bogen schießen wie mit dem Schwert kämpfen, und sie gewährte dem Papst Asyl auf ihrer Festung. Eigentlich war Gregor VII. auf dem Weg nach Augsburg, der Pontifex wollte selbst über die Alpen ziehen, sich mit den deutschen Fürsten treffen und einen neuen König wählen. Das Ende des Tyrannen war schon längst beschlossene Sache, doch als der Papst erfuhr, dass Heinrich ihm entgegenkam, geriet er in Panik und verschanzte er sich auf Matildes Burg. Er rechnete fest damit, dass Seine Majestät ihm die Rübe einschlagen wollte.

Und womit rechne ich heute? Ich erwarte nichts. Ich denke auch an nichts. In meinem chaotischen Spaghetti-Gehirn herrscht absolute Ruhe, Zen, und das ist ein großartiges Gefühl. Ich bin einfach nur froh darüber, dass mich das silberne Porsche-Cabrio verfehlt hat, das eben an mir vorbeigeschossen ist. Auch die Motorradfahrer fliegen tief. Ich hatte gehofft, dass am Sonntag auf den Straßen weniger los ist, doch offenbar macht halb Italien einen Ausflug nach Canossa. Schließlich soll es dort wunderschön sein, sagte Renato aus Gladenbach.

Der Grünstreifen im Industriegebiet von Montecavolo, zehn Kilometer vor der Burg, ist liebevoll mit roten Rosen bepflanzt. Eine Käserei wirbt für ihren Parmigiano Reggiano, ein Hochzeitsgroßmarkt möchte mir Brautmoden verkaufen, und vor einer Bronzemanufaktur steht ein lebensgroßer Padre Pio. Zu Lebzeiten konnte dieser Heilige angeblich an zwei Orten gleichzeitig sein, mittlerweile findet man den Guten überall in Italien. Pio hat die linke Hand auf sein Herz gelegt, mit der rechten segnet er mich und vollbringt zur Feier des Tages ein kleines Wunder. Hinter der Kleinstadt ist die enge Landstraße für Autofahrer gesperrt: Ausgerechnet heute findet auf der Via Canossa ein Radrennen statt. Was für eine Ironie. Schwärme von Pedalrittern kommen mir entgegen. Es ist, als kehrten Contador, Jan Ullrich, Erik Zabel und all die anderen von der Burg Canossa zurück, wo sie endlich auf Knien um Vergebung für ihre Dopingsünden gebeten hätten.

Hinter manchen Fahrergruppen rollen orangefarbene Lautsprecherwagen mit grellen Warnlichtern und neongelben Fahnen. «A destra, ragazzi!», hallt es in Rechtskurven, «A sinistra!» in den Kurven nach links. Natürlich ist niemand besonders glücklich darüber, dass ich mitten durch ein Pfingstrennen streune. Vor allem in den Serpentinen, wenn die Radler fast waagerecht auf dem Asphalt liegen und mit Tunnelblick durch die engen Kurven sausen, ist es heikel. Dann presse ich mich an den Rand der Straße, streiche über meine Glücksbringer in der Brusttasche, vertraue auf meine Wandererfahrung und den lieben Gott. Manche Fahrer beschimpfen mich, sie rufen «Cazzo!», «Vaffanculo!», «Figlio di puttana!», und auf eine Übersetzung möchte ich an dieser Stelle lieber verzichten. Ragazzi, wisst ihr denn nicht, dass hier der Spross einer glanzvollen Osnabrücker Fahrraddynastie marschiert? Ich bin im Namen des Herrn unterwegs, ich habe eine Mission, ich kann jetzt nicht aufgeben.

Hinter dem Dorf Salvarano leuchtet ein blaues Straßenschild:

Bedogno 3
Canossa 5

Noch fünf Kilometer bis Canossa, und mein Grinsen ist so breit wie das Haifischlächeln von Silvio Berlusconi. Wann habe ich mich jemals so sehr über ein doofes Straßenschild gefreut? Als wäre ich mit einer aufgescheuchten japanischen Touristengruppe auf Europa-Tournee, ziehe ich meine Kamera aus dem Rucksack und knipse einfach alles, was mir auffällt. Das dämliche Schild, die klatschroten Mohnblumen im Gras, die minzgrünen Lorbeerbäume und den Wein, der an den Hängen kurz vor der Blüte steht.

Glückwunsch, ich habe diese Wanderung mal wieder perfekt getimt – pünktlich zur Mittagshitze beginne ich mit dem Aufstieg in die Berge, und die Strecke schraubt sich über viele Hügel schleichend nach oben, auf und ab, wieder auf und wieder ab. Es sind die vielleicht längsten fünf Kilometer meiner Reise, sie erinnern mich an den Weg des kleinen Glücks, Sudden Rush und den Schwächeanfall kurz vor Lanslebourg. Noch einmal stapfe ich durch ein erbarmungslos brütendes Solarium, Wolken sind nicht in Sicht, auf meiner schwarzen Kappe hat sich ein weißer Salzrand gebildet, meine langen Haare sind pitschnass, weiße Schlieren aus Sonnenmilch quellen aus den Poren meiner Stirn und rinnen mir in die Augen, Tropfen fallen von der Spitze meines Kinns auf das glänzende Leder der Schuhe, die Thermoskanne und meine beiden Wasserflaschen sind leer, die Schokoladen-Müsliriegel zerfließen im Rucksack, das linke Knie beginnt zu quietschen wie ein rostiges Scharnier, und plötzlich sticht es auch noch in meiner Hüfte. Wow, ein ganz neuer Schmerz, herzlich willkommen im Club. Trotzdem komme ich voran, das Adrenalin trägt mich von Hügel zu Hügel. Wandern heißt auch Leiden, und ich ziehe unermüdlich weiter.

Noch immer zischen die fluchenden Litfaßsäulen Welle um Welle an mir vorbei, so als würde Heinrichs wütender Geist auf den höchsten Zinnen der Burg toben und bunte Blitze auf mich herabfeuern. Der alte König muss mich hassen, ich zerstöre gerade seinen Mythos. Links und rechts der Straße lauern große braune Mülltonnen mit weit aufgerissenen Mäulern. Die meisten Radler haben sie offenbar verfehlt, denn ein Meer aus weißen Deckelchen und zerdrückten Plastikflaschen bedeckt den Boden der letzten, quälend langen Steigung. Du packst das nicht, sagen meine Unterschenkel, du packst das nicht, sagt mein quietschendes Knie, du packst das nicht, sagt meine Hüfte. Ich packe das, sagt mein Verstand, und ich kämpfe mich Schritt für Schritt immer höher bis auf den Kamm.

Oben treffe ich auf eine Kreuzung, an der jemand auf mich wartet. Ein verdutzter Rentner in neongelber Warnweste. «Castello Canossa?», frage ich. «Si, si! A sinistra, nach links, nur zwei Kilometer!», antwortet der Streckenposten ganz automatisch. Trotzdem zieht er ein Gesicht, als hätte er gerade ein Gespenst gesehen. Mein Kopf ist puterrot, wahrscheinlich ist es eine Frage von wenigen Minuten, bis sich das Fleisch von meinen Knochen löst. «Overheated, overheated!», rufen meine Freunde immer, wenn mir das passiert. Ich bin und bleibe nun mal ein nordischer Typ. Innerlich kochend, schleppe ich mich noch ein paar hundert Meter weiter und glaube bald, eine Fata Morgana zu sehen, denn hinter der letzten Kurve steht ein Erfrischungsstand: ein schwarzes Partyzelt, ein Tapeziertisch und fünfhundert kleine, eisgekühlte Plastikflaschen. Als hätte man das alles für mich aufgebaut und schon seit Wochen auf meinen Zieleinlauf gewartet. Ein Junge mit

Schirmmütze und Radlerhosen drückt mir halb mitleidig, halb bewundernd eine Flasche Wasser und eine Banane in die Hand. Derweil beschallen zwei DJs das Tal mit Popmusik.

Ein Pressefotograf kommt auf mich zugeeilt und möchte unbedingt eine Aufnahme von mir machen. Er sagt, in meinem Aufzug würde ich großartig vor dem Castello Canossa aussehen, ein wenig wie dieser deutsche König aus dem Mittelalter. «Castello Canossa?», rufe ich und drehe mich blitzartig um. Genau in der Sekunde, in der ich die Burg das erste Mal sehe, singt der viel zu früh verstorbene Robert Palmer aus den Lautsprechern «Oh, oh mercy, mercy me». Witzig. So hatte ich mir diesen großen Moment nicht vorgestellt. Allerdings hätte ich auch nie geglaubt, dass es auf dem furchterregenden Mont Cenis Milka-Alpenmilchschokolade gibt.

Die legendäre Burg Canossa ist zwar nur noch eine Ruine, trotzdem wirkt sie sicher noch genauso erhaben wie vor eintausend Jahren. Sie hat etwas Magisches. Ihre letzte, steinerne Außenwand trotzt Wind und Wetter auf einem gigantischen, über und über mit Bäumen bewachsenen Felsen. Der riesige, zerklüftete Stein überragt alle anderen Hügel dieser Gegend. Es wirkt, als hätte ihn ein Riese in die grüne Landschaft geworfen. Um die Klippe herum stehen fünf Häuschen mit roten fleckigen Ziegeldächern wie Fliegenpilze. Benvenuti a Canossa. Ist das zu fassen, ich bin wirklich da!

«Sunday Bloody Sunday», «Roxanne» und «Sweet Child o' Mine» begleiten mich bis an den Fuß der Festung. Jemand hat sich die Mühe gemacht, direkt unter dem Felsen ein rot-weißes Wanderschild aufzustellen: «Castello di Canossa: 0,1 km». Das gefällt mir. Canossa schien immer so unwirklich und völlig unerreichbar, nun ist es meine Wohnung in Hamburg, die utopisch weit entfernt scheint. Ganz genau 999,99 Kilometer Luftlinie. Welcher Trottel würde die ganze Strecke zu Fuß laufen?

Neben dem Briefkasten und der Klingel am Eingang der Burg hängt eine Hausordnung. Man bittet mich, die Ringmauer nicht zu beschädigen, keine Brände zu legen und nicht auf Bäume zu klettern. Ich habe Glück, die rostige Pforte ist geöffnet, ich trete ein und schreite langsam und würdevoll die flachen, langgezogenen Stufen hinauf. Ganz wie ein König – oder wie ein alter italienischer Mann. Eben so, wie es sich gehört, Alberto Bolognesi wäre stolz auf mich. Die Hänge links und rechts der steinernen Treppe sind mit rotem Flatterband abgesperrt. In den Büschen liegen Rohre, Schubkarren, Gasflaschen, Planiermaschinen und Eimer mit Bauschutt. Na, wenigstens wird mal renoviert.

Heinrich IV. muss ein unheimlich vitales Immunsystem gehabt haben. Angeblich winselte Hochwohlgeboren drei Tage und drei Nächte vor dem Burgtor um Gnade – barfuß im Schnee, nur mit einem dünnen Büßergewand bekleidet. Seine Krone und alle anderen königlichen Insignien hatte er abgelegt, fast nackt stand er da und bettelte wie ein einfacher Sterblicher um Erbarmen. Doch erst am vierten Tag ließ der Papst die Tore der Festung öffnen und nahm den verlorenen Sohn zurück in die liebenden Arme der Kirche. Der Bann war gebrochen, Heinrich rettete seinen Thron, und manche sagen, Gregor VII., der Stellvertreter Christi, hätte erfolgreich seine Muskeln spielen lassen. Doch das ist naiv. Heinrich hat seinen gehassten, gottesfürchtigen Feind schlicht und einfach erpresst. Oder anders gesagt: Er schlug ihn mit seinen eigenen Waffen. Selig sind die Barmherzigen, denn sie werden Barmherzigkeit erlangen. Welche Wahl hatte der Papst denn noch? Hätte er den armen Sünder etwa erfrieren lassen sollen? Der König bekam, was er wollte, doch er empfand keine Reue. Sieben Jahre nach seinem Gang nach Canossa zog er nach Rom, setzte den ungeliebten Pontifex ab und ließ sich von einem neuen Papst zum Kaiser krönen. Er hatte eine Schlacht verloren, aber nicht den Krieg.

Obwohl sie sich aus tiefster Seele verachteten, sollen sich Papst und König auf der Burg Canossa in die Arme gefallen sein und bitterlich geweint haben. Ich habe mir fest vorgenommen, heute nicht sentimental zu werden. Es klappt ganz gut, offenbar habe ich die meisten meiner ungeweinten Krokodilstränen in den Alpen vergossen. Nur ein paar Nachzügler kullern meine Wangen hinunter. Mein Gott, was habe ich nicht alles überlebt: die Landstraßen, das wilde Norddeutschland, die Zeugen Jehovas, die Alpen, sogar die große Überquerung des Jura-Gebirges zu Fuß. Was soll mich jetzt noch schocken? Wovor muss ich Angst haben? Warum sollte ich je wieder an mir zweifeln? Es gibt keine Grenzen für den, der sie nicht hinnimmt.

Und wer empfängt mich auf der Burg? Kein Papst, keine Blaskapelle, auch nicht die Queen. Es ist der Hausmeister. Ein langhaariger, schmerbäuchiger Latino im Camouflage-T-Shirt, der apathisch an der Mauer eines kleinen Museums lehnt und raucht. «Buongiorno!», rufe ich. «Ciao», mault er zurück und wendet sich ab. Ich würde ihm so gerne sagen, dass ich fast drei Monate zu Fuß gelaufen bin, nur um hier oben auf diese alten Steine zu starren. Ich möchte ihm vom Muffelwild erzählen, von meiner ersten Beichte, von Amphibienfahrzeugen auf dem Rhein, von der grünen Fee und vom Pfeifen der Murmeltiere in den Alpen. Aber es würde ihn wohl kaum interessieren. Er hat nur Augen für den bordeauxroten Stringtanga, der sich unter der Segelhose einer Touristin abzeichnet. Nur manchmal, zwischen zwei Zigaretten, rafft er sich auf und verscheucht Kinder, die auf den Mauerresten herumturnen.

Wer ist noch hier oben? Die üblichen Verdächtigen. Ein Deutscher in Radlerhosen, Baseballkappe, beige Weste, Sandalen, und natürlich baumelt eine Spiegelreflexkamera vor seinem Kugelbauch. Seine Frau ist eilig auf der Damentoilette verschwunden, die mitten in den historischen Stein gehauen wurde. Und das Canossa-Museum? Es ist, nun ja, klein. In den Glasvitrinen hängen bunte Keramikscherben aus dem 14. bis 16. Jahrhundert, eine rostige Eisenschere, ein Tonteller aus der Renaissance mit Blumenmotiv und nicht viel mehr. Es gibt zwar eine Audio-Tour wie im Dom zu Speyer, doch ich verzichte lieber. Stattdessen trage ich mich in das schwarze Gästebuch ein. «Olga da Russia» schrieb «Bel Museo!», «Dieter aus Darmstadt» fand das Museum «sehr interessant», ich notiere, dass ich der erste Deutsche bin, der den Gang nach Canossa tatsächlich zu Fuß geschafft hat. Na ja, fast.

Sollte es auf der Burg jemals wieder Ausgrabungen geben, werden die Archäologen eines Tages auf zwei bemerkenswerte Artefakte stoßen: eine Thermoskanne aus dem 21. Jahrhundert und eine mysteriöse Messingscheibe mit der Gravur «Campionato internazionale dilettanti 1960». Wer weiß, vielleicht spukt mein Urgroßvater, der wasserscheue alte Heinrich, ab sofort nicht mehr unter unserem Weihnachtsbaum, sondern auf den bröckelnden Resten des Castello Canossa. Dort, wo er hingehört.

Mein Handy vibriert. «Glückwunsch, Schätzeken! Ich denke, du bist am Ziel», schreibt Lotte. Doch welches Ziel meint der Knallfrosch aus dem Kohlenpott? Ja, ich habe Canossa erreicht. Ja, die Tränen sind geflossen. Aber bin ich auf meiner Reise auch erwachsen geworden? Hoffentlich nicht. Ich lege den Rucksack ab, setze mich auf eine Mauer im Schatten einer Kiefer und blicke auf die letzte Außenwand der Burg Canossa.

Ein wenig fühle ich mich wie der seltsame Kobold auf meinem Küchensims in Hamburg. Der hässliche kugelrunde Glücksbringer mit den riesigen Augenhöhlen erinnert übrigens an einen buddhistischen Mönch aus dem sechsten Jahrhundert. Daruma soll ein Freak gewesen sein, ein grimmiger Brummbär mit wildem Bartwuchs und weit hervorquellenden Augen. Er zog durch Asien und lehrte die Kunst des Yoga, der Meditation und des Zen. Manche behaupten sogar, er sei der Erfinder des Kung-Fu und anderer Kampfkünste. Um seinen Geist von negativen Gedanken zu reinigen, hockte er sich, in eine rote Decke gehüllt, unter einen Baum und starrte auf eine raue Felswand. Viele Jahre saß er so da. Er schlief nicht, er trank nicht, er aß nicht, er sprach nicht und blinzelte auch nicht mit den Augen. Weil der Mönch seine Arme und Beine nicht benutzte, bildeten sie sich allmählich zurück, doch das kümmerte ihn kein bisschen. Nichts konnte die Konzentration des Meisters stören. Nur einem einzigen Schüler gelang es kurzzeitig, seine Aufmerksamkeit zu erhaschen – er hackte sich vor Darumas Augen einen Arm ab. Nach neun Jahren schlief der Mönch versehentlich ein.

Als er wieder aufwachte, geriet er so sehr in Zorn über sich selbst, dass er sich vor Wut die Augenlider abschnitt. Wie es das ohne Arme schaffte, ist mir zwar nicht klar, aber auf diese brachiale Weise soll er eines Tages die Erleuchtung erlangt haben.

Vielleicht ist jeder auf diesem Planeten ein kleiner Kobold, ein Daruma. Wir alle suchen nach innerem Frieden, Erfüllung und dem Sinn unseres Lebens. Die einen klettern auf alle Viertausender Europas, setzen ihr Geld an der Börse auf Rot oder Schwarz oder lassen sich die Brust mit glitschigen Plastikbeuteln vergrößern. Das macht sie glücklich. Andere heilen den Haarausfall ihrer Hunde mit Handauflegen, glauben an einen Tischler mit Monsterkropf, Segelohren und Fußnagel-Kugeln oder verfallen der grünen Fee. Manche konvertieren sogar zum Katholizismus und geißeln sich mit einem dreistündigen Oster-Marathon.

Und ich? Ich bin einer fixen Idee hinterhergerannt, und manchmal erkenne ich mich äußerlich kaum noch wieder. Ich trage einen seltsamen, kräuseligen Fusselbart, der sich an den Seiten leicht rot färbt, und meine Ananas-Haare stehen unter der ausgeblichenen Castro-Kappe so weit ab wie die spitzen Ohren der Gremlins. Man müsste sich ernsthaft Sorgen um mich machen, wäre da nicht etwas in meinem Blick, dass mich jeden Morgen und jeden Abend aufs Neue freut, wenn ich in den Spiegel sehe: absolute Ruhe. Innerlich bin ich so sehr bei mir selbst wie schon ewig nicht mehr. Ich brauche keine Telefonkonferenzen, keine Deadlines, keine Meetings, keine Markenkerne, keine Sendeplätze, keine Quoten, keine Zielgruppen und auch keinen anderen Unsinn. Das alles hat hier und heute keine

Bedeutung mehr für mich. Ich bin 1637 oder was weiß ich wie viele Kilometer zu Fuß gelaufen, und zwischen mir und meiner Welt in Hamburg liegt ein ganzes Universum. Alles, was ich noch brauche, sind Tortelli mit Ricotta, Spinat und einer Prise Salz. Und eine Liebe, die zu Hause seit elf Wochen, fünf Tagen und zwölf Stunden geduldig auf mich wartet. Wie sagte der Pfarrer noch gleich? Manche beten, manche fasten, manche geben Almosen. Und manche gehen eben nach Canossa.

Dank

Es würde viel zu lange dauern, alle zu erwähnen, die mich auf meinem Gang nach Canossa unterstützt haben. Was soll's, ich tue es trotzdem. Ich danke König Heinrich IV., ohne den dieses Buch gar nicht möglich gewesen wäre. Gunnar Schmidt für seine Vision, Marco Lange für seine Inspiration, Marc Mischke und Alberto Bolognesi für ihre ausgezeichnete Navigation durch die Alpen. Ganz besonders möchte ich mich bei den drei kreativen Franks bedanken: Frank Ortmann für seine Geduld, Frank Pöhl-mann für seine Präzision, Frank Zauritz für seine große Kunst. Natürlich wäre dieses Buch nichts ohne die selt-samen Storys aus dem Hause Gastmann, diesem Denver-Clan von einer Familie. Liebe Marianne, lieber Klaus, lie-ber Max und liebe Anneliese, achtzigtausendmal Dank für ein Leben voller lustiger, bunter Geschichten. Ich danke meinem Lieblingskatholiken Matthias Bender, meinem Lieblingsbörsianer «Mr. Dax» Dirk Müller und meinem Lieblingsorakel «Lotte» aus Irgendwo. Der Vieille Poste in Lanslebourg, dem Giardino Farfalle in Avigliana und der Wildnisschule Wildeshausen. Und bevor ich anfange, Tri-cky Ricky, der grünen Fee und Bruno Gröning zu danken, sollte ich unbedingt noch die Jungs von freeeye.tv erwäh-nen – Rainer Blank, Max von Klitzing und den eiskalten, gefühllosen Produzenten Matthias «Mahavendra» Sdun. Ihr drei seid die Good Guys in der bösen, bösen Medien-welt, danke dafür. Verflixt, meine Freunde darf ich nicht vergessen. Manche haben mich zwischendurch sogar mal angerufen. Ganz besonders danke ich Thomas Kaulbach, dem einzigen Anwalt, dem ich vertraue, und Dr. Helge Riepenhof, dem einzigen Arzt, dem ich vertraue. Natürlich auch Gurke, Tobi, Basti, Schucki, Inka und vor allem meiner Sandkastenfreundin Sandra Pfreundt, die ich in der letzten Danksagung dummerweise vergessen habe. Damit bitte ich auch alle um Verständnis, die ich dieses Mal vergesse. Ihr kommt ganz sicher ins nächste Buch. Wer weiß, vielleicht wandere ich ja die Chinesische Mauer entlang oder trage Eulen nach Athen. Noch einmal ein ganz großes «Complimenti» an Renato aus Gladenbach für seine fabelhaften Cannelloni al Forno (genug gelobt?). Und eigentlich müsste ich auch den Zeugen Jehovas für ihre Gastfreundschaft, das hübsche pastellfarbene Gesangbuch und den Stapel Wachtürme danken, doch es ist schon viel später, als ich dachte.

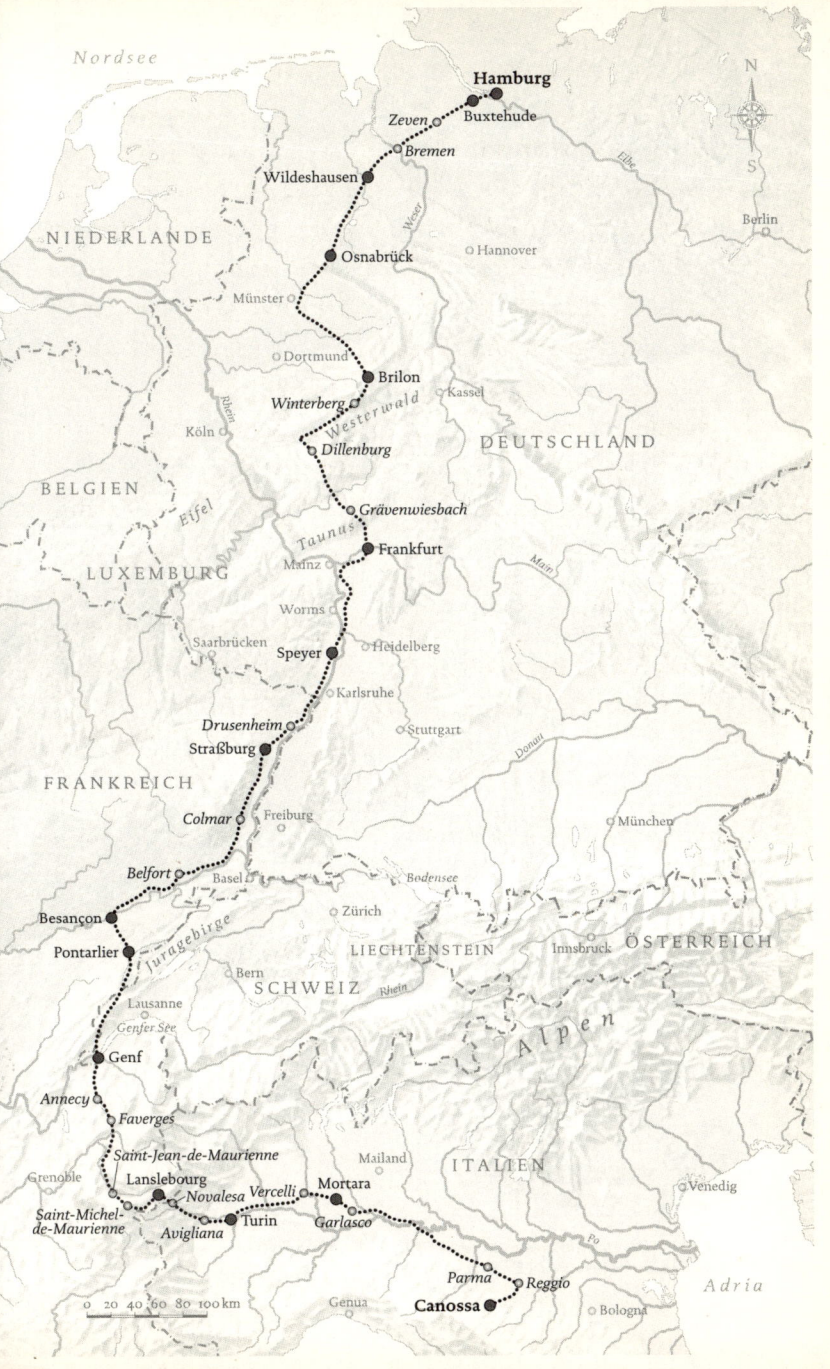